사회문제의 경제학

사회문제의 경제학

헨리 조지 지음 | 전강수 옮김

2013년 9월 2일 초판 1쇄 발행
2023년 8월 10일 초판 6쇄 발행

펴낸이 한철희 | 펴낸곳 돌베개 | 등록 1979년 8월 25일 제406-2003-000018호
주소 (10881) 경기도 파주시 회동길 77-20 (문발동)
전화 (031) 955-5020 | 팩스 (031) 955-5050
홈페이지 www.dolbegae.co.kr | 전자우편 book@dolbegae.co.kr
블로그 blog.naver.com/imdol79 | 트위터 @Dolbegae79 | 페이스북 /dolbegae

책임편집 소은주
표지디자인 박진범 | 본문디자인 박정영·이연경·이은정
마케팅 심찬식·고운성·조원형 | 제작·관리 윤국중·이수민
인쇄·제본 영신사

ISBN 978-89-7199-563-1 (03300)
이 도서의 국립중앙도서관 출판시도서목록(CIP)은 e-CIP 홈페이지
(http://www.nl.go.kr/ecip)에서 이용하실 수 있습니다.(CIP제어번호: CIP2013015991)

책값은 뒤표지에 있습니다.

사회문제의 경제학

Social Problems

헨리 조지 지음 ── 전강수 옮김

돌베개

그때에 그들도 이렇게 말할 것이다. "주님, 우리가 언제 주님께서 굶주리신 것이나, 목마르신 것이나, 나그네 되신 것이나, 헐벗으신 것이나, 병드신 것이나, 감옥에 갇히신 것을 보고도 돌보아드리지 않았다는 것입니까?"

그때에 임금이 그들에게 대답하기를 "내가 진정으로 너희에게 말한다. 여기 이 사람들 가운데서 지극히 보잘것없는 사람 하나에게 하지 않은 것이 곧 내게 하지 않은 것이다" 하고 말할 것이다.

—마태복음

* **차례**

독자에게 9
러시아어 번역판 서문—톨스토이 10

1장 점점 커지는 사회문제의 중요성 17
2장 정치적 위험 28
3장 도래하는 사회적 압력 40
4장 상반되는 두 경향 52
5장 집적·집중의 행진 64
6장 현재의 사회상태에 내재하는 불의 75
7장 이것이 정말 최선의 세상일까? 87
8장 우리 모두가 부유해지려면 101
9장 첫 번째 원칙 115
10장 인간의 권리 129
11장 쓰레기 갖다 버리기 145
12장 과잉생산 160
13장 실업 173
14장 기계의 영향 185
15장 두 가지 노예제도 195
16장 공공부채와 간접세 211
17장 정부의 기능 222
18장 무엇을 해야 하는가? 247
19장 가장 위대한 개혁 257
20장 미국 농민 276
21장 도시와 농촌 293
22장 결론 301

옮긴이의 말 307

일러두기

- 이 책은 1883년에 처음 발간된 헨리 조지의 *Social Problems*를 우리말로 옮긴 것이다. 번역에 이용한 대본은 1939년판이다.
- 외국 인명, 지명 등의 고유명사는 국립국어원의 외래어 표기법에 따랐다.
- 본문과 인용문의 굵은 글씨 부분은 모두 저자가 강조한 것이다.
- 본문 중 ( ) 설명 부분은 모두 옮긴이가 덧붙인 것이다.
- 본문 중 성경 인용문의 번역은 주로 개역개정판과 개역한글판을 따랐으나 새번역판을 따른 곳도 있다.

독자에게

나는 이 책을 1883년에 뉴욕에서 썼다. 이 사실을 생각하면 내가 이 책 곳곳에서 언급하는 연도와 장소를 이해할 수 있을 것이다. 나는 이 책에서 우리 시대의 중대한 사회문제를 구명하고자 노력했지만, 전문적인 내용을 다루지는 않았으며, 정치경제학의 원리를 철저하게 설명하는 데 필요한 추상적인 추론을 전개하지도 않았다. 이 책에는 『진보와 빈곤』*Progress and Poverty*에서 다루지 않았거나 가볍게 다룬 내용들과 함께, 앞으로 『진보와 빈곤』을 읽으려고 하는 사람들에게 유익한 내용들도 들어 있다.

―헨리 조지

러시아어 번역판 서문※

헨리 조지는 이 책 후반부의 한 장[19장]에서 다음과 같이 썼다.

이 주제에 대해 한 번도 공부해보지 않은 사람들에게는 단순한 세제개편을 가지고 모든 개혁 중에서 가장 위대하고 가장 큰 영향을 끼칠 개혁이라고 주장하는 것이 터무니없게 보일 것이다. 하지만 앞 장들에서 내가 밝힌 일련의 생각을 잘 따라온 사람이라면 누구라도 이 간단한 제안 속에 가장 위대한 사회혁명이 포함되어 있다는 사실을 이해할

※ 두 가지 영역英譯 글을 번역 대본으로 썼다. 하나는 톨스토이의 친구 니콜라예프S. D. Nikolaev가 번역한 것으로서, Kenneth C. Wenzer, *An Anthology of Tolstoy's Spiritual Economics*, University Rochester Press, 1997에 실려 있다. 다른 하나는 한 조지스트Georgist 단체의 사이트(www.cooperativeindividualism.org)에 게재되어 있는데 번역자는 확인할 수 없다. 둘의 내용은 대체로 유사하지만 표현에서 약간의 차이가 있고, 후자에는 전자에 들어 있는 일부 내용이 누락되어 있다—옮긴이.

것이다. 이 혁명에 비하면 프랑스의 구체제를 무너뜨린 혁명이나 미국 남부의 노예제도를 타파한 혁명은 아무것도 아니다.

헨리 조지가 제안한 혁명의 의미는 이처럼 엄청난데도 오늘날까지 사람들은 그 의미를 이해하지도, 인정하지도 않고 있다. 이렇게 된 주된 이유는 그의 사상이 왜곡되거나 무시되어왔기 때문이다. 대부분의 사람들은 헨리 조지의 이념을 사유재산제를 변혁하려는 사상들 가운데 하나로 여긴다. 즉, 사회주의적인 방식의 토지 국유화로 이해하는 것이다. 스스로 학식이 있다고 생각하는 사람들은 헨리 조지의 사상에 극단적으로 반대한다. 그들은 헨리 조지가 말하지도 않은 사실들을 근거로 그의 사상을 쉽게 일축해버리거나, 헨리 조지가 근본적으로 반대한 현실의 기존 질서는 그렇게 반박될 수 없다는 이유로 그의 사상에 반대한다. 한편, 헨리 조지를 전혀 모르면서도 부정적인 반응을 보이는 무식한 사람들—상류사회 사람들, 지주들, 기타 부자들—은 막연히 그가 어떻게 해서든 토지를 현재의 소유자들에게서 몰수하려 한다고 생각한다. 그들은 원래 보수적인 데다가 자기 보호 본능이 강해서 쉽게 헨리 조지의 사상을 거부한다. 그들은 이렇게 말할 것이다. "압니다! 알아요! 토지에 세금을 부과하겠다는 건 지금도 세금에 눌려 사는 토지 소유자들에게 토지세를 추가로 더 내라는 거잖아요." 아니면 이렇게 말할 수도 있다. "압니다! 알아요! 토지 소유자들이 자기 토지에서 행한 개량의 결과물에 대해 세금을 내야 한다는 거잖아요."

헨리 조지가 이 위대한 이상에 대해 철저하고도 근본적인 설명을 한 지 30년이 지났지만, 그것은 아직도 대다수의 사람들에게 전혀 알려지지 않고 있다.

그렇게 될 수밖에 없는 사정이 있었다. 억압받는 다수의 대중을 위해 소수의 지배층을 희생시킴으로써 국민생활의 전체적 질서를 변혁하고자 했던 헨리 조지의 경제사상은 너무나 설득력이 있고 논박하기 어려운 주장일 뿐만 아니라, 무엇보다도 매우 간단해서 누구라도 쉽게 이해할 수 있고, 또 일단 이해하기만 하면 실행에 옮기지 않을 도리가 없다. 그러므로 거기에 대항하려면 왜곡하거나 무시하는 수밖에 없다. 지난 30년 동안 이 두 가지 방법은 실제로 활용되어 무척 성공적인 성과를 거두었다. 그 결과, 사람들에게 헨리 조지의 저작들을 주의해서 읽고 그에 대해 생각해보라고 권유하기가 어려워졌다. 영국, 캐나다, 미국, 오스트레일리아, 독일 등지에 단일세를 알리는 다양한 정기간행물들이 있다는 것은 사실이다. 그 간행물들은 비록 발행부수는 매우 적지만 내용은 아주 훌륭하다. 하지만 교육받은 사람들 사이에 헨리 조지의 사상은 여전히 알려져 있지 않고, 그에 대한 무관심은 점점 더 커지고 있는 것 같다.

사회는 헨리 조지의 사상처럼 평화를 위협하는 사상을 다룰 때면 마치 벌이 자기 힘으로 죽일 수 없는 해충을 다루듯이 한다. 벌은 벌집에 끈끈이를 입혀둠으로써, 해충을 죽일 수는 없지만 그것이 더 침입해서 해를 끼치는 것은 막을 수 있다. 유럽인들이 헨리 조지와 그 추종자들의 사상처럼 사회질서—아니, 실은 그 주기적 무질서—에 유해한 사상을 바로 그렇게 대했다. "빛이 어둠에 비치되 어둠이 깨닫지 못하더라."〔요한복음 1장 5절〕

하지만 진정으로 유익한 사상은 소멸시킬 수가 없다. 아무리 억압한다 할지라도 그것은 계속 살아 있을 것이다. 그것을 억압하는 데 이용되는, 모호하고 단순하며 현학적인 사상과 말보다 더 오래 살아남을 것이다. 진리는 얼마 지나지 않아 그것을 가리고 있는 장막을 불태우며 타오를 것이고, 마침내 전 세계에 빛을 비추게 될 것이다. 헨리 조지의 철학이 바로 그런 사상이다.

나는 바로 지금, 우리 러시아에 때가 왔다고 생각한다. 현재 러시아에서는 혁명이, 그것도 아주 심각한 혁명이 일어나고 있다. 혁명의 원인은 모든 사람에게 자기 땅을 갖게 해주지 않았다는 데 있다. 러시아에서는 토지는 모든 사람의 공동재산이며 세금은 사람의 노동이 아니라 토지에만 부과되어야 한다는 헨리 조지 식 사고가 대다수 인민들 사이에 늘 존재했고 오늘날까지도 존재하고 있다.

헨리 조지는 모든 조세를 토지 지대地代에 부과하면 가장 중요한 사회제도가 자연법칙에 부합하게 된다고 주장한다. 그는 또 토지가치, 즉 지대는 전체 사회를 위해 쓰여야만 한다고 주장한다. 전체 사회가 이 방안을 채택하는 것은, 사람이 손이 아니라 발로 걷는 것만큼 자연스러운 일이다.

러시아 농민들은 헨리 조지 식 사고를 갖고 있었을 뿐만 아니라 정부가 힘으로 방해하지 않았을 때는 늘 그것을 실천에 옮기려고 노력했다. 통계학자 올로프Orlov는 1870년대에 농민과 토지의 관계에 관해 다음과 같이 썼다.

농민들은 세무 공무원들에게는 매우 익숙한, 다양한 유형의 조세들을 이해하지도, 구분하지도 못한다. 여러 가지 세금과 부과금, 그리고 마을 부담금은 한꺼번에 (납세 농민들의 숫자에 따라) 하나의 금액으로 계산되어 먼저 미르mir〔제정 러시아 당시의 촌락공동체〕에 부과된 다음, 공동체 구성원들 사이에 다시 할당된다. 농민들 사이에서 납세자paying soul라는 말은 미르에서 분배받은 땅과 동의어로 이해되고 있다. 납세자는 토지를 떼어놓고는 생각할 수 없는 존재인 것이다. 더욱이 소울soul이라는 말은 실제로 미르 부담금을 내는 미르 내의 특정 필지를 가리킨다. 자기 집의 소울 수를 묻는 질문에 둘이라고 답하는 사람과 셋이라고 답하는 사람이 있다고 하자. 전자는 미르 토지를 두 필지 보유하고 있다고 말하는 것이고, 후자는 세 필지 보유하고 있다고 말하는 것이다. 명칭이 무엇이건, 제도가 어떠하건, 과세대장에 의거하여 공동체가 부과하는 모든 부담금은 미르 내의 토지와 연계되어 있다.

이 짧은 인용문 가운데 러시아 인민들과 토지와 조세 사이의 관계가 잘 묘사되어 있다. 그것은 헨리 조지가 설파하고 제안했던 것과 똑같다. 이 관계가 의미하는 바는 단순히 토지를 재분배하자는 것이 아니다. 통상 사람들은 헨리 조지의 저작 속에 그런 내용이 들어 있다고 생각하지만, 그건 사실이 아니다. 그것이 의미하는 바는 모든 사람에게 자기 노동의 생산물을 빼앗기지 않을 권리와 토지가 주는 모든 유익을 향유할 수 있는 기회를 보장하자는 것이다. 이것이 바로 노동과 토지권에 대해 러시아 사람들이 갖고 있는 시각이다. 유럽인들이, 헨리 조지의 주장이 실천에 옮겨질 경우 전체 기존 질서와 자신들의 기득권이 무너질 것이라 생각하여 그의 정치경제학에 적대적인 태도를 취하고 그것을 은폐하고자 애쓰는 것은 이해할 만하다. 그러나 우리 러시아에서는 인구의 90퍼센트 이상이 농업에 종사하고 있고, 헨리 조지의 이론은 러시아 인민들의 정의감에 정확하게 부합한다. 러시아에서 현재의 사회구조가 유지되는 한, 우리는 그의 사상을 실천으로 옮김으로써 (지금 진행 중인 혁명이 악한 방향으로 오도하고 있는) 위대한 정의실천운동을 완성하는 데 마음을 쏟을 필요가 있다.

헨리 조지가 쓴 뛰어난 책, 연설문, 그리고 기사 중에서, 이 책은 의심의 여지가 없는 최고의 작품이다. 이 책에서 드러나는 간결함, 명료함, 논리적 엄밀성, 논박하기 어려운 논증방식, 문체의 아름다움, 진리와 선과 사람에 대한 진실하고도 깊은 사랑이 그것을 입증한다.

1906년 9월 22일
레프 톨스토이 Lev Tolstoy

1
점점 커지는 사회문제의 중요성

살다 보면 우리의 모든 힘을 필요로 하는 때가 온다. 그것을 느낄 때 우리는 환상을 버리고, 최고의 지성과 에너지를 동원하여 결정을 내리고 행동해야만 한다. 인민들의 삶도 마찬가지다. 특별히 지성과 열정이 필요한 때가 있다.

지금 우리가 바로 그런 시기에 들어선 것 같다. 지금까지 인류는 대응하지 않으면 파멸할 수밖에 없는, 마치 스핑크스의 수수께끼와도 같은 문제들에 수없이 봉착했다. 그러나 지금과 같이 크고 복잡한 문제들이 생긴 적은 없다. 사실 이것은 이상한 일이 아니다. 금세기〔19세기〕 마지막에 중대한 사회문제가 발생한 것은 이 시대의 특징인 물질적·지적 진보의 결과다.

사회의 발전과 종種의 발전 사이에는 밀접한 유사성이 존재한다. 최하등 동물의 경우, 부위별 차이가 거의 없고, 욕구와 능력이 단순하며, 움직임이 자동적이고, 본능이 식물과 거의 구별되지 않는다. 이들 중 일부는 너무나 동질적이어서 몇 토막 내더라도 토막 난 부분들이 살아 움직인다. 하지만 고등동물은 그렇게 단순하지 않고 복잡하다. 각 부위는 별도의 기능을 갖고서 다른 부위들과 상호 관계하는 기관organ으로 발전하며, 새로운 욕구와 능력이 생긴다. 고등동물이 식량을 확보하고 위험을 피하기 위해서는 하등동물보다 훨씬 더 높은 지능이 필요하다. 만일 물고기, 새, 야수 등이 폴립polyp〔자포동물이 한때 취하는 체형〕보다 지능이 높지 않다면, 그것들은 탄생하자마자 죽을 수밖에 없을 것이다.

이 법칙—조직이 점점 더 복잡해지고 정교해지면 더 큰 능력과 힘이 주어지지만 욕구와 위험도 증가하고 따라서 더 높은 지능이 필요하게 된다는 법칙—은 자연계의 모든 곳에서 관찰 가능하다. 동물 등급을 따라 올라가다 보면 마지막에는 인간이 나온다. 인간은 모든 동물 중에서 가장 정교하게 조직된 존재다. 그런데 더 큰 능력을 발휘하려면 다른 동물들에게 없는 더 높은 지능이 필요할 뿐만 아니라 더 높은 지능이 없으면 인간은 아예 생존 자체가 불가능하다. 인간은 피부가 너무 얇고, 손발톱이 너무 잘 부러지며, 달리기, 산 오르기, 헤엄치기, 구멍 파기 같은 활동에 너무 서툴다. 만일 다른 동물들보다 더 높은 지능이 없다면, 인간은 추위에 얼어 죽거나, 식량을 구하지 못해 굶어 죽거나, 야수의 본능만 있으면 되는 싸움에 뛰어난 다른 동물들에게 죽임을 당하고 말 것이다.

지능은 자연계의 계층구조에서 고등동물로 올라갈수록 높아지지만, 마지막으로 인간에게 오면 비약적으로 높아진다. 인간의 지능은 동물의 지능에 비해 월등하게 높아서, 양자의 차이는 정도의 차이라기보다는 종류의 차이라고 해야 할 것 같다. 인간에게 오면 본능, 즉 무의식적인 지능이 의식적인 이성으로 바뀌며, 하나님에게서 온 듯한 적응력과 발명력은 연약한 인간을 자연계의 왕으로 만든다.

동물 등급의 사다리는 인간이 끝이다. 인간보다 등급이 높은 동물은 없으며, 게다가 동물로서의 인간은 지금껏 조금도 개선되지 않았다. 하지만 다른 방향의 진보가 시작된다. 종의 발달이 끝나는 곳에서 사회의 발전이 시작된다. 문명의 발달은 인간의 능력을 엄청나게 증가시킨다. 그 결과, 문명인과 미개인 사이에는 고등동물과 바위에 붙은 굴oyster 사이의 간격을 연상시킬 정도로 엄청나게 큰 간격이 존재하게 되었다. 이런 방향의 진보가 이뤄지는 곳에서는 항상 새로운 전망이 열린다. 진보하는 문명이 미래의 인간들에게 어떤 지식과 능력을 부여할지에 대해서는 상상이 불가능하다.

앞서 언급한 법칙─인간이 끝인 진보에서 발견되는 법칙─은 인간에게서 시작되는 이 진보에서도 그대로 관철된다. 한 단계 진보할 때마다 훨씬 더 높은 지능이 요구되는 것이다. 사회가 시작되면 사회적 지능이 필요하게 된다. 그것은 개인의 지능을 통합하여 여론이나 공적 양심, 그리고 공적 의지를 형성하며, 법률·제도·행정 등으로 표현된다. 사회가 발전할수록 점점 더 높은 수준의 사회적 지능이 요구되기 마련이다. 왜냐하면 개인들 간의 관계가 점점 더 밀접해질 뿐만 아니라 중요해지고, 사회조직은 점점 더 복잡해져서 새로운 위험에 노출되기 때문이다.

야만상태의 가족은 먹을 식량과 입을 옷을 스스로 생산하고, 자기 집을 스스로 짓고, 이동할 때는 스스로 운반수단을 마련한다. 이와 같은 독립성을 현대 도시 주민들의 복잡한 상호 의존성과 비교해보라. 현대인들은 야만인들에 비해 훨씬 더 많은 물자들을 더 확실하게 마련하지만, 이는 수천 명이 협력하기 때문에 가능한 일이다. 현대인들에게 마실 물과 전깃불을 보내는 것은 정교한 기계시설인데, 그것은 많은 사람들의 끊임없는 노동과 주의를 필요로 한다. 현대인들은 야만인들로서는 믿기 어려운 속도로 여행할 수 있다. 그러나 그때 그들은 자기 목숨을 다른 사람들의 손에 맡긴다. 철로가 끊어진다든지, 기관사가 술에 취한다든지, 전철원轉轍員〔선로 전환기를 조작하는 사람〕이 부주의하다든지 할 경우, 그들의 목숨은 끝장이다. 그리고 그와 마찬가지로 욕구 충족을 위해 노동력을 사용하는 일도 개인의 직접적인 통제를 벗어난다. 노동자는 큰 기계의 일부가 되는데, 문제는 그 기계가 노동자의 능력이나 예상으로 통제하기 어려운 원인들 때문에 언제라도 멈출 수 있다는 점이다. 그리하여 개인의 복지는 모든 사람의 복지에 점점 더 의존하게 되고, 개인은 점점 더 사회에 종속되게 된다.

　게다가 새로운 위험도 등장한다. 야만사회는 토막이 나도 살아 움직이는 생물체를 닮았다. 반면 고도로 문명화된 사회는 고도로 조직된 동물과 비슷하다. 긴요한 부분이 상하거나 하나의 기능이 제거되면 사망한다. 야만인의 마을이 불태워지고 사람들이 추방당하는 일이 있을 수 있다. 그런 경우에도 자연에서 직접 생존물자를 구하는 데 익숙한 야만인들은 삶을 유지할 수 있다. 하지만 고도 문명사회에서 사는 사람은 자본, 기계, 분업에 길들어 있기 때문에 이런 것들을 빼앗기고 자연 가운데 내던져질 경우, 아무 힘도 발휘하지 못한다. 공장제도factory system하에서는 신발 한 켤레를 만드는 일에 값비싼 기계의 도움을 받는 60명 정도의 사람이 협력한다. 그런데 60명 가운데 어느 누구도 신발 한 켤레를 혼자서 만들 수는 없다. 이것은 모든 생산 부문에서 나타나는 경향이다. 심지어 농업에서도 마찬가지다. 신세대 농부들 가운데 도리깨를 쓸 줄 아는 사람은 몇 명이나 될까? 지금 농촌 여성들 가운데 양모로 외투를 만들 수 있는 사람은 몇 명이나 될까? 다수의 농민들은 심지어 자기가 먹는 버터도 만들지 않고 자기가 먹는 채소도 기르지 않는다. 분업이 발달하면 생산력은 엄청나게 증가하지만, 개인은 필요한 물건 중에 몇 가지—혹은 심지어 한 가지의 일부—만 생산하며, 한 번도 만난 적이 없는 다른 사람들에게 의존하게 된다. 반면에 사회조직은 더 민감해진다. 원시 마을 공동체는 그리 멀리 떨어지지 않은 다른 마을들에 재앙이 덮칠 때 그것을 느끼지도 못한 채 여느 때처럼 일상적인 삶을 영위할 수 있다. 하지만 우리가 이미 도달한, 밀접하게 결합된 문명사회에서는 어느 한 곳에서 전쟁이나 기근 혹은 경제위기가 발발하면 다른 곳에 강한 영향을 미친다. 원시 공동체라면 쉽게 극복할 충격이 고도로 문명화된 사회에서는 파멸을 초래할 수 있다.

    과거 역사를 가득 채우고 있는 격렬한 갈등이 오늘날의 문명사회에서 발생할 경우 얼마나 파괴적인 결과를 초래할지 생각해보면 놀랍기 짝이 없다. 증기기관과 기계의 시대가 열린 이후에는 고도로 문명화된 국가들 간의 전쟁은 인민 간의 갈등이나 계급 간의 갈등이라기보다는 군대들 간의 대결로 변했다[사람보다는 무기가 더 중요해졌다는 뜻이다]. 흥분이 최고조에 달하면 어떤 일이 벌어지는지 알고 싶다면 파리코뮌Paris Commune의 투쟁을 보는 것만으로 충분하다. 1870년 이후 사람들은 석유보다 훨씬 파괴적인 물질에 대해 알게 되었다. 니트로글리세린 조금을 상수도관 밑에서 폭발시키는 짓을 몇 번만 하면 대도시 하나를 사람 살기 어려운 곳으로 만들어버릴 수 있다. 철교나 터널 몇 개를 폭파하면 티투스Titus〔로마 베스파시아누스 황제의 아들로 유대인들의 반란을 진압하고 예루살렘을 점령했으며 나중에 로마 황제가 되었다〕가 예루살렘을 포위했을 때보다 기근이 더 빨리 확산될 수 있다. 가스관에 공기를 주입하면서 성냥불을 붙이면 모든 거리가 파괴되고 모든 집이 무너져 내릴 것이다. 30년 전쟁은 독일의 문명을 일보 후퇴시켰지만, 그와 같이 격렬한 전쟁이 지금 일어난다면 독일을 거의 파괴해 버릴 것이다. 파괴적인 힘이 엄청나게 증가했을 뿐만 아니라 전체 사회조직이 훨씬 더 취약해졌다.

 단순한 사회에서는 주인과 하인, 이웃과 이웃이 서로 알고 접촉하며 산다. 그런 접촉이 위기 때 사회를 단결시킨다. 그러나 오늘날은 그런 분위기가 사라지는 추세다. 런던에서는 한집에 사는 사람들이 옆집에 사는 사람들을 알지 못한다. 바로 붙은 방에 사는 세입자들이 서로 완전한 남남이다. 시민 충돌이 일어나서 당국의 질서유지 기능이 마비되었다고 하자. 그러면 엄청난 수의 주민들이 공포에 사로잡혀 폭력을 일삼는 군중으로 변모할 것이다. 그들에게 단결과 연대의 정신은 없다. 결국 런던은 일군의 도적떼들에 의해 약탈과 방화가 자행되는 곳으로 전락하고 말 것이다. 런던은 가장 큰 대도시지만 다른 대도시들도 있다. 런던에 타당한 이야기는 뉴욕에도 타당하며, 인구 수가 수십만 명대에서 수백만 명대로 꾸준히 늘고 있는 많은 도시들에도 마찬가지로 타당하다. 이처럼 엄청난 수의 인간이 모인 곳, 하지만 지옥에 있던 부자와 아브라함의 품에 있던 나사로 사이에 놓여 있던 것과 같은 큰 구렁텅이가 사람들을 분리시키고 있는 곳, 그곳이 현대 문명의 중심이다. 그곳은 사막보다 더 외로운 곳이고, 부와 빈곤이 각축하는 곳이며, 지근거리에 살면서도 한 사람은 흥청대고 다른 사람은 굶는 일이 벌어지는 곳이다. 큰 충격이 발생해서 복잡하고 취약한 사회조직을 뒤흔든다든지 경찰관이 곤봉을 내팽개치거나 빼앗긴다든지 하는 일이 일어나면, 큰 깊음의 샘들the fountains of the great deep이 터지며[성경 창세기 7장 11절에 나오는 표현으로 노아의 홍수 때 땅속에 있던 큰 물줄기가 터져 올라온 것을 묘사한 것이다], 과거 어느 때보다도 더 빠른 속도로 혼란이 찾아온다. 현대 문명은 강해 보이지만 스스로를 파괴할 힘을 강화하고 있을 뿐이다. 사막과 숲 속이 아니라 도시 빈민가와 시골 길가에 옛날 훈족이나 반달족을 닮은 야만인들이 기거하고 있다.

문명인의 내면에 여전히 야만인이 숨어 있다는 사실을 잊어서는 안 된다. 옛날에 압제를 자행하거나 반란을 일으켰던 사람들, 피에 굶주린 듯 분노하여 작은 다툼에도 죽기 살기로 싸웠던 사람들, 도시를 불태우고 제국을 파멸시켰던 사람들, 그들은 본질적으로 오늘날 우리가 매일 만나는 사람들과 다르지 않다. 사회가 진보하면서 지식과 부드러운 매너와 세련된 취향이 축적되고 공감능력이 커졌지만, 아직도 인간은 가죽 옷을 입고 돌 하나로 맹수와 싸우던 때와 마찬가지로 분노로 눈이 멀 수 있다. 그리고 현대 사회에서 드러나는 몇 가지 경향은 과거에 그렇게 자주 파괴적인 분노로 불타올랐던 격정에 불을 붙일 우려가 있다.

현재 문명세계에서 진행되고 있는 급속한 변화는 역사상 유례가 없는 일이다. 19세기 유럽에서 비로소 인간은 삶을 제대로 영위하기 시작한 것 같다. 도구를 이해하고 자신의 힘을 인식하게 되었기 때문이다. 달팽이처럼 느릿느릿했던 변화의 움직임이 돌연 질주하는 기관차처럼 엄청난 속도를 내기 시작했다. 물론 이처럼 급속한 진보는 생산방법과 물질적 생산력에서부터 시작되었다. 그러나 산업의 변화는 사회변화를 수반하기 마련이고 결국 정치적 변화를 불가피하게 만든다. 어린아이가 자라면 옷이 몸에 맞지 않게 되듯이, 사회가 진보하면 기존 제도는 새로운 사회에 맞지 않게 된다. 진보하는 사회에서 사회문제를 제대로 처리하려면 전보다 더 높은 지능이 필요하다. 진보와 변화의 속도가 빠를수록 더 그렇다.

현재 일어나고 있는 급속한 변화가 큰 주의를 요하는 문제들을 야기하고 있다는 사실은 도처에서 확인 가능하다. 문명세계 곳곳에서 위험과 폭력의 징조가 나타나고 있다. 신조信條가 죽어가고 믿음이 변하고 있으며, 보수주의의 영향력은 점차 소멸하고 있다. 미국의 민주제건 유럽의 군주제건, 정치제도는 제대로 작동하지 못하고 있다. 정부가 어떤 형태든, 대중 사이에 불안감과 비통함, 그리고 견딜 수 없는 상황으로부터 탈출하기 위한 맹목적인 노력이 증가하고 있다. 이 모든 것을 선동가들의 가르침 탓으로 돌리는 것은 열이 날 때 맥박이 빨라진 탓으로 돌리는 것과 마찬가지다. 지금은 낡은 병 속에서 새 포도주가 발효되기 시작한 상황이다. 범선帆船에다 대양을 오가는 일급 증기선의 엔진을 달면, 엔진이 작동하는 순간 범선은 산산조각이 나고 말 것이다. 마찬가지로 현재 모든 사회관계를 급속히 변화시키고 있는 새로운 힘은 그 압력을 견디지 못하는 사회조직과 정치조직들을 산산조각 낼 것이다.

증가하고 있는 필요와 변화하고 있는 상황에 맞추어 사회제도를 개혁하는 일은 우리에게 주어진 과제다. 분별력, 애국심, 인간애, 종교심 같은 감정들은 한결같이 우리에게 그 과제를 맡으라고 촉구한다. 물론 무모한 개혁은 위험하다. 그러나 맹목적인 보수주의는 더 위험하다. 우리에게 닥쳐오기 시작한 문제들은 매우 심각한 것들이다. 제때 해결하여 대재앙을 방지할 수 있을지 우려될 정도다. 하지만 그 심각성은 그 문제들을 솔직하게 인정하고 용감하게 해결하려고 하지 않는 데서 기인한다.

한 나라뿐 아니라 현대 문명 전체를 위협하는 이와 같은 위험들은 더 높은 단계의 문명이 탄생하기 위해 싸우고 있다는 것—전에는 충분했던 상황과 제도로는 이제 사람들의 욕구와 열망을 충족시킬 수 없게 되었다는 것—을 보여준다.

부와 권력을 운이 좋은 소수의 수중에 집중시키고 그 외의 사람들을 인간 기계로 취급하는 문명은 필연적으로 무질서를 조장하고 파괴를 초래한다. 그렇지만 가장 가난한 사람들이 지금 부자들이 누리는 안락함과 편리함을 모두 누리는 문명, 감옥과 빈민구호소, 그리고 구제단체가 필요 없는 문명을 실현하는 것은 가능한 일이다. 목적에 부합하는 수단을 강구할 수 있는 사회적 지능이 출현하기만 하면 된다. 모든 사람을 풍요롭게 만들 수 있는 힘은 이미 우리 손에 있다. 한쪽에서는 빈곤과 결핍이 문제가 되고 있음에도, 다른 한쪽에서는 생산능력의 과잉으로 인해 곤란을 겪고 있다. 기업가들은 말한다. "우리에게 시장market만 줘보시오. 그러면 끝없이 재화를 공급하겠소!" 그런데 실업자들은 외친다. "우리에게 일자리만 줘보시오!"

사회문제를 처리하는 데 발휘되는 지능이 개인의 필요를 충족시키고 물질적인 목적을 달성하는 데 발휘되는 지능을 따라가지 못하고 있다는 사실이 모든 악의 근원이다. 자연과학은 성큼성큼 전진하는 반면 정치과학의 발전은 느리다. 부를 생산하는 기술은 크게 진보했지만 공평한 분배를 달성하는 일에서는 아무런 진전도 없었다. 지식은 엄청나게 증가했고 산업과 상업은 혁명적으로 변했다. 그러나 자유무역과 보호무역 중 어느 쪽이 유리한지에 대해서는 아직까지 합의가 이뤄지지 않았다. 우리는 50년 전에는 상상도 할 수 없었던 근사한 기계를 만들었지만, 정치적 부패 앞에서는 바보처럼 무력하다. 이스트 강 다리〔미국 뉴욕 시의 브룩클린 다리를 가리킨다〕는 기계적 기술이 이룩한 최고의 성과다. 그러나 그 다리를 세우기 위해 브룩클린의 유력한 한 시민이 6만 달러를 여행용 가방에 담아 뉴욕으로 가져와서 뉴욕 시 의회 의원들에게 뇌물로 바쳐야만 했다. 그 대단한 다리를 고안해낸 인간의 정신이, 미쳐서 망가진 채로 드러누워 있는 육체 안에 갇혀 있는 꼴이다. 그 육체의 성장은 오로지 현미경을 통해서만 확인할 수 있을 뿐이다. 다리 위에 수많은 사람이 지나갈 경우를 상정하여 그 무게를 추정하고 그에 맞추어 설계를 정교하게 조정할 정도로 뛰어난 기술이 활용되었지만, 그런 기술도 불량 철사가 케이블 안에 섞여 들어가는 것을 막을 수는 없었다.

문명이 진보하기 위해서는 사회문제의 처리에 더 많은 지능이 투입되어야 한다. 그런데 그것은 소수가 아니라 다수의 지능이라야 한다. 정치를 정치인에게만 맡겨둘 수는 없다. 또 정치경제학을 대학교수들에게만 맡겨둘 수도 없다. 국민들이 스스로 생각하지 않으면 안 된다. 행동할 수 있는 것은 국민밖에 없기 때문이다.

선생을 자처하는 한 인사가 『문명저널』이라는 잡지에, 사회를 구원하려면 각 개인이 자기 일에만 신경 쓰도록 해야 한다는 내용의 글을 실었다. 이것은 이기심의 복음이다. 자기가 잘사니까 다른 사람들도 모두 만족하며 살아야 한다고 생각하는 사람들의 마음을 편하게 해주기 때문이다. 그들에게 이 복음은 부드러운 플루트 소리와도 같다. 그러나 사회 구원, 즉 인간성의 자유롭고 완전한 발전은 형제애의 복음, 그리스도의 복음에 의해서만 가능하다. 사회가 진보하면 할수록 각 개인은 모든 사람의 복지에 더 신경을 쓰지 않을 수 없게 된다. 사회 진보가 아무도 빠져나갈 수 없는 연대의 틀 안에서 모든 사람을 점점 더 가깝게 결속시키기 때문이다. 법률과 예의범절을 잘 지키고 자기 가족을 잘 돌보는 사람이 있다고 하자. 하지만 그는 가끔씩 언급하는 것 말고는 사회 전체의 복지에 아무런 관심이 없고 억압당하는 사람들을 전혀 생각하지 않는다고 하자. 그런 사람은 진정한 그리스도인이 아니다. 좋은 시민도 아니다. 시민의 의무는 그것보다는 더 많고 더 어렵다.

사회문제를 해결하는 데 필요한 지능은 단지 지적 능력만을 의미하지 않는다. 그것은 종교적 감성에서 나오는 생명력과 인간의 고통에 대한 동정심에서 나오는 따뜻함을 가지고 있어야 하며, 소수의 이기심이건 다수의 이기심이건 이기심을 초월해야 한다. 또 그것은 정의를 추구해야만 한다. 모든 사회문제의 바탕에는 사회적 불의가 자리하고 있기 때문이다.

2
정치적 위험

오늘날 미국이 전 세계 국가들의 리더로서 현대 문명의 선봉에 서 있다는 것은 의심의 여지가 없는 사실이다. 미국 국민은 유럽 출신 사람들로 이뤄진 여러 국민들 중에서 가장 동질적이고, 가장 활동적이며, 동화력 또한 가장 뛰어나다. 그들의 지성과 안정감은 다른 나라 국민들에 비해 평균적으로 높다. 그들은 현대 산업 발달의 성과를 가장 적극적으로 받아들였으며, 가장 발 빠르게 새로운 발견과 발명을 이용하고 있다. 미국의 정치제도는 근대적 사고에 가장 잘 부합하고 있다. 지리적 위치 덕에 유럽 국가들을 괴롭히고 있는 위기와 어려움에서 벗어나 있으며, 광대한 미점유 토지가 존재하기 때문에 앞으로도 성장 가능성이 높다.

이제까지의 증가율이 계속된다면 19세기 말에는 (영어를 쓰는) 미국인들의 수가 거의 1억 명에 육박할 것으로 보인다. 이는 최고 번성기

로마제국의 인구만큼이나 많은 숫자다. 현재의 인구 증가율이 유지된다면, 미국의 인구는 20세기 중반—요즘 태어나는 아이들은 이때까지 살아 있을 것이다—에는 현재의 유럽 인구보다 많아질 것이며, 20세기 말에는 19세기 초의 전 세계 인구와 거의 비슷해질 것이다.

그런데 미국이 가진 힘은 인구수보다 더 빠르게 증가하고 있고 그 속도는 갈수록 빨라지고 있다. 발견과 발명이 또 다른 발견과 발명을 자극하고 있다. 미국인들 앞에 열릴 미래에 대해 희미하게나마 상상해볼 수 있는 것은, 향후 50년간 미국의 산업은 지난 50년간 경험한 진보를 초라하게 만들 정도로 놀라운 성과를 달성할 것이라는 점이다. 인구의 중심이 이동하기도 전에, 부와 예술의 중심, 사치와 교육의 중심이 대서양 건너편에서 이쪽 편으로 이동할 것이다. 마치 누군가가 유럽 문명이 자유롭게 꽃필 수 있는 장소로 만들기 위해 이 대륙을 점찍어놓고 지난 몇 세기 동안 다른 사람들이 보지 못하게 숨겨왔던 것만 같다.

그러나 미국에서 성장과 진보가 매우 빠르고 현대 문명의 여러 특징들이 다른 어느 곳보다 더 빠르고 강하게 드러나고 있다는 사실의 이면을 볼 필요가 있다. 바로 그 때문에, 현대 문명이 직면하고 있는 문제들도 이곳에서 가장 분명하게 노정될 것이며, 이러한 문제들에 대해 긴박하게 대처해야 할 필요성 또한 엄청날 것이다.

과거의 역사를 모르면, 우리는 미국의 급속한 성장이 약속하는 위대한 결과에 대해 일종의 두려움—이집트의 아마시스Amasis of Egypt가 "신들이 유한한 존재에게 그런 번영을 허락할 리 없다"는 이유로, 승승장구하고 있던 폴리크라테스Polycrates와의 동맹을 파기〔헤로도토

정치적 위험 29

스의 『역사』에 나오는 이야기]했을 때 가졌던 것과 비슷한 감정―을 가지기가 쉽다. 그 점을 인식하면서도 우리는 최소한 다음에 대해서는 확신할 수 있다. 즉, 우리가 경험하고 있는 급속한 발전은 여러 가지 위험을 야기할 것이며, 깨어 있는 지성과 진지한 애국심만이 그것들을 막을 수 있다는 사실 말이다.

과거 문명의 역사에 대해 곱씹어보는 사람이라면 누구든지 무릎을 칠 만한 의미 있는 사실이 한 가지 있다. 부유하고 강대한 민족들은 어김없이 자유를 상실하며, 오직 작고 가난하고 고립된 공동체에서만 자유가 유지된다는 사실이 바로 그것이다. 그렇기 때문에 시인들은 늘 자유의 여신이 바위와 산은 사랑하지만 부와 권력과 영화, 그리고 북적거리는 도시와 정신없이 바쁜 시장은 꺼린다고 노래하며, 역사학자들은 물질적 부요富饒함을 인류의 부패와 노예화의 기원으로 지목하는 것이다.

자유는 자연스러운 것이다. 시민이 평등한 권리를 갖는다는 것은 인류 문명 초기에 사람들이 갖고 있던 기본 인식이었으며, 정치조직은 그것에 기초를 두고 있었다. 평등권에 기초를 둔 제도가 다수를 소수의 노예로 만드는 제도로 변질되는 가운데 권력이 집중되는 현상이 생겨난 것은 사회가 발전하면서부터다. 어떻게 이러한 현상이 생기는지 살펴보기로 하자. 모든 제도에는 통치권력이 수반되는 법인데, 사회가 성장하면 제도의 기능에 대한 상찬이 많아지고 권력이 집중되는 경향이 나타난다. 제도들 중에 강력한 것은 다른 제도의 권력을 흡수하는 경향을 드러낸다. 결국 사회가 성장함에 따라 정부 운영은 특권층의 몫이 되고 만다. 사람들의 숫자가 증가하고 전체에 비해 개인의 힘과 중요성이 점점 줄어들면, 정부는 대중의 감시와 통제를 벗어나기 시작한다. 소수 전사戰士들의 리더나 작은 마을의 우두머리는 공동의 동의에 의해서만 지휘나 통치를 할 수 있으며, 억울한 일을 당하는 사람은 언제든지 동료들에게 호소할 수 있다. 그러나 부족이 민족이 되고 마을이 인구가 많은 나라로 확대되면, 공식적인 조치가 없더라도 수장首長의 권력은 실질적으로 훨씬 더 커진다. 사람들의 숫자가 증가함에 따라 그가 하는 일을 면밀히 감시하는 것은 점점 더 힘들어지고 항의가 성공을 거두는 것은 더더욱 어려워지기 때문이다. 그가 행사하는 권력은 개인으로서는 도저히 저항할 수 없을 정도로 커진다. 이렇게 권력이 집중됨에 따라 사람들이 처음에 갖고 있던 인식은 점차 사라지고, 대중은 오직 통치자에게 봉사하기 위해 태어났다고 여기는 사고방식이 자라난다.

요컨대 사회가 성장하면 정부는 점차 사람들로부터 독립되고 사람들을 넘어서는 존재로 변질되며 권력은 점차 지배계급이 장악하게 된다. 여기서 지배계급이라 함은 사적 소유권이나 세습적 지위를 가진 계층만을 의미하는 것은 아니다. 역사에서 드러나듯이 사적 소유권과 세습적 지위 때문에 권력이 집중되는 것이 아니라 권력이 집중되기 때문에 사적 소유권과 세습적 지위가 생기는 것이다.

각 사람이 서로를 알고 공동의 관심사는 모든 사람의 눈을 벗어나기 어려운 작은 마을에서는 주민들의 자유로운 자치가 가능하다. 하지만 많은 사례를 통해 이미 드러났듯이 대도시에서는 그와 같은 자치제도가 악당조직의 정부 장악 수단으로 악용될 수 있다. 우리나라의 연방의회나 주州의회에서 볼 수 있듯이 국가가 성장하고 이해관계가 다양해짐에 따라 유권자들이 알고 하는 투표나 관심을 갖고 하는 투표의 비율은 점점 낮아진다. 행정부와 사법부의 부서들도 끊임없이 국민의 감시를 벗어나려는 경향을 보인다.

사회 성장으로 인한 변화에다 산업기술의 개선이 가져오는 변화가 결합된다. 증기기관과 기계는 분업을 발달시키고 부와 권력의 집중을 초래했다. 그 결과, 한 개인이나 한 기업이 고용하는 노동자의 숫자가 100명, 많은 경우 1,000명에 달하게 되었다. 소규모 가게주인과 소상인들은 대기업의 직원이나 영업사원으로 변신하고 있다. 이미 우리 주위에는 수입과 인건비 지출에서 가장 큰 주를 능가하는 기업들이 존재한다. 이와 같이 집중이 심화되는 것과 아울러 대기업들의 결합능력도 커지고 있다. 철도회사, 탄광업자, 철강회사, 성냥 제조업자들은 가격을 규제하거나 정부권력을 이용하기 위해 얼마나 기꺼이 연합하는지 모른다! 모든 산업 부문에서 개인은 도저히 상대할 수 없는 패거리들이 형성되어 정부에 힘을 행사하며 이익을 꾀하고 있다.

방대한 부를 가진 개인이나 기업이 정부를 부패시키고 일반 대중에게서 정부에 대한 통제력을 빼앗을 때는 합법적인 방법뿐만 아니라 불법적인 방법도 동원한다. "100만 달러를 가진 자보다 더 소심한 존재는 없다. 단, 200만 달러를 가진 자는 빼고……." 거대한 부를 소유한 사람들은 집권당이 아무리 부패했다 할지라도 항상 지지한다. 부자들은 본능적으로 변화를 두려워하므로 개혁을 위해 노력하는 법이 없다. 잘못된 통치에 대항해서 투쟁하지도 않는다. 정치권력을 가진 자들로부터 위협을 받더라도 대항하거나 다른 사람들에게 호소하지 않는다. 대신에 위협하는 권력자들을 매수해버린다. 부를 축적한 자들이 정부를 부패시키고 정치를 거래로 전락시킬 때 직접 권력을 장악하기도 하지만 이런 방법도 활용한다는 데 유의하라. 사법부와 의회를 상대로 조직적인 로비를 벌이는 업자들은 부자들의 기대뿐만 아니라 두려움에도 의존한다. 경기가 침체할 때 로비업자들이 즐겨 쓰는 수법 중 하나는 법안을 발의시키는 것이다. 그러면 관련 있는 부자 몇 사람이 그 법안을 저지하기 위해 로비업자들에게 돈을 지불하기 마련이다. 부자들이 정치자금을 기부하는 것은 권력자의 호감을 사기 위해서다. 그럴 필요가 없을 때 그들은 바로 등을 돌려버린다. 아서 대통령Chester A. Arthur〔미국 제21대 대통령〕이 낚시하러 플로리다로 떠나자 철도회사들이 그와의 관계를 끊어버리는 것을 보라.

정부가 부패하면 할수록 부자들이 이용해 먹기는 더 쉬워진다. 입법부를 매수할 수 있는 곳에서는 부자들이 법을 만든다. 사법부를 매수할 수 있는 곳에서는 부자들이 법정을 좌지우지한다. 그런 까닭에 부자들이 깨끗한 정부보다 부패한 정부를 반드시 더 좋아한다는 법은 없지만, 그들은 부패를 유발하는 역할을 하기 마련이다. 극도로 부유한 사람들과 극도로 가난한 사람들로 이뤄진 사회는 권력을 장악한 사람의 손쉬운 먹잇감이 되고 만다. 극도로 가난한 사람들에게는 저항에 필요한 정신과 지성이 없고, 극도로 부유한 사람들은 기존 질서에 너무 많은 것이 걸려 있다.

미국에서 가공할 만한 재산이 형성되고 거대한 부가 기업의 수중에 축적되고 있다는 것은 국민들이 정부에 대한 통제력을 상실하고 있음을 의미한다. 민주주의의 형식은 유지될 수 있을지 모른다. 하지만 민주주의의 형식이 갖춰진 곳에서도 다른 정치체제에서처럼 독재와 실정失政이 자행될 수 있다. 사실 형식적 민주주의는 가장 쉽게 독재와 실정으로 전락한다. 형식은 중요하지 않은 것이다.

옛날 로마인들은 왕을 내쫓고 난 다음 왕이라는 이름 자체를 혐오했다. 그러나 그들은 처음에는 보스boss라는 의미밖에 갖지 않았던 시저Caesar와 황제Imperator라는 이름 앞에 다시 굽실거려야 하는 처지로 전락하고 말았다. 시저와 황제는 그 이전의 왕들보다 더 절대적인 폭군으로 변모했다. 우리도 이미 여러 도시와 주에서 보스라는 익숙한 이름을 가진 정치적인 시저들을 키워왔다. 이런 일이 계속된다면 언젠가는 전국 수준의 보스가 출현할 것이다. 지금은 아직 초기 단계지만 이 일은 계속 진행되고 있다.

로마제국에서 시저가 지녔던 위상을 가진 '미국의 보스'가 출현할 날이 도래할 수도 있다. 어쨌든 적어도 다음의 사실만은 확실하다. 명실상부한 민주정부는 부의 분배가 평등한 곳, 즉 대다수의 시민들이 빈곤에 매이지도, 부에 사로잡히지도 않은, 인격적으로 자유롭고 독립적인 존재로서 살 수 있는 곳에서만 성립할 수 있다. 사람들이 재산을 자격요건으로 삼는 데는 일말의 의미가 있다. 생계를 주인에게 의존해야만 하는 사람은 자유인이 아니다. 노예에게 투표권을 주는 것은 노예 주인에게 표를 주는 것과 다를 바 없다. 공장주와 탄광 운영자가 투표에 관여하는 데서 볼 수 있듯이 보통선거는 부자들의 정치적인 힘을 약화시키기는커녕 강화할 수도 있다.

두려움이나 특혜가 없는 상태에서 안락한 삶을 유지할 자유와 투표할 자유는 함께 주어져야 한다. 그래야만 민주공화국의 건전한 기초가 확보될 수 있다. 1평방인치의 땅에 대한 권리조차도 없는 사람,

가진 것이라곤 두 손밖에 없고 빈곤 때문에 동료와 일자리 경쟁을 벌여야만 하는 사람을 생각해보라. 어떻게 그에게 조국이 있다고 할 수 있겠는가? 부랑자들의 투표에도 매우 우스꽝스럽고 위험한 방법이 동원되고 있어서 문제가 되고 있다. 나는 극빈자들을 빈민구호소에서 투표장까지 실어 나르는 일로 선거 결과가 결정된 경우를 알고 있다. 이런 결과가 좋은 정부를 만들어내기는 어렵다.

모든 정치문제의 저변에는 부의 분배와 관련된 사회문제가 존재한다. 우리 국민들은 이 사실을 깨닫지 못하고 돌팔이들의 말에 귀를 기울이고 있다. 이 돌팔이들은 질병을 근본적으로 치유하는 데는 관심이 없고 증상을 고치겠다는 약속만 내뱉는다. "투표로 좋은 사람을 뽑자." 돌팔이들의 말이다. 좋다. 새 꼬리에 소금을 뿌려서 새를 잡자!

우리는 사실을 직시할 필요가 있다. 미국에서 민주정부의 실험은 명백히 실패했다. 모든 곳에서, 모든 문제에서 실패했다는 뜻은 아니다. 그러나 이런 종류의 실험을 완벽하게 해야만 실패를 증명할 수 있는 것은 아니다. 대서양 연안에서 태평양 연안까지, 북쪽의 오대호에서 남쪽의 멕시코 만까지 미국 전역에 걸쳐 국민에 의한 정부는 강자와 악당에 의한 정부로 변질되어왔으며 지금도 변질되고 있는 중이다.

물론 국민들은 계속해서 투표를 한다. 하지만 그들의 힘은 약해지고 있다. 선거에서 돈과 조직이 점점 더 중요해지고 있다. 어떤 선거구에서는 뇌물이 만연하고, 많은 유권자들이 으레 돈을 받고 표를 판다. 또 어떤 선거구에서는 대기업의 고용주들이 으레 선거에 개입한다. 도시와 주, 그리고 연방의 정치에서 지배집단의 힘이 증가하고 있다. 그 힘이 너무 강해서 일반 시민은 자기 지역 정부에 대해, 중국에 살 경우 갖게 될 정도밖에 영향력을 행사하지 못하는 지역이 많다. 사실상 그는 통치계급의 일원이 아니라 피지배자의 일원에 불과하다. 때때로 현실에 신물이 나서 '다른 사람'에게 투표하거나 '다른 정당'에 투표하기도 한다. 그러나 대개 주인 몇 사람만 바꾸고 말거나 소속이 바뀐 동일한 주인들을 선출할 뿐이다. 일반 시민은 이런 상황을 받아들이기 시작한 것 같다. 정치란 정직하고 자존심이 있는 사람은 관여하기 어려운 영역이므로 정치인에게 맡기는 편이 좋겠다고 생각하는 사람들이 많아진 걸 보니 말이다.

우리는 조금씩 지배계급, 즉 집정관Pretorian계급을 구별 짓고 있다. 그들은 정치권력을 획득하고는 팔아먹는 자들이다. 예전과 달리 지금 부상하고 있는 정당 지도자들은 웅변가나 정치인이라기보다는 민첩한 경영자에 가깝다. 그들은 노동자들을 다룰 줄 알고, 부자들을 결속시킬 줄 알며, 돈을 벌고 쓸 줄 안다. 추종자들을 모으고, 그들을 결집시키는 데도 능하다. 서로 경쟁할 때보다는 연합할 때 이익이 더 많아진다는 사실을 깨달은 철도회사 경영자들이 서로 연합하듯이, 한 정당조직이 다른 정당조직을 보완하고 있다. 그리하여 난공불락의 패거리들이 형성되고, 선거 결과가 어찌 되든 대부호들은 목적을 달성한다. 이런 패거리들과 기업들의 손에 완전히 장악당한 주정부들이 있다. 그런 곳에서는 혁명적인 민중봉기 외에는 그들을 무너뜨릴 방법이 없다. 사실 연방정부도 이미 국민의 통제를 벗어나버린 건 아닌지 의심스럽다. 얼마 전부터 연방정부를 장악하면 기득권을 보장받을 수 있다는 것이 분명해졌다. 그리고 한 번이기는 하지만, 선거를 통해 선출되지 않은 사람이 대통령 자리를 차지한 적도 있다. 이는 당시 선출된 사람에게 문제가 있었고 그의 지지자들이 원칙을 지키지 않아서 일어난 일이지만, 아무튼 그런 일도 있었다.

거대 철도회사의 경영자들은 "국민들은 저주나 받아라!"라는 말을 하고도 남을 사람들이다. 그들은 국민의 힘이 필요할 때면 국민의 주인들〔정치인들을 가리킨다〕을 매수한다. 미국의 지도는 주를 색깔로 구분한다. 하지만 정치권력의 실질적 소재지를 보여주는 지도를 그려 보면 거기에 주의 경계 따위는 아무 의미가 없을 것이다. 그 지도에는 밴더빌트Cornelius Vanderbilt〔1794~1877, 미국 철도왕 중 한 사람으로 밴더빌트 대학을 설립했다〕왕국을 표시하는 큰 조각이 떡하니 그려질 것이고, 굴드Jay Gould〔1836~1892, 미국 철도왕 중 한 사람으로 금융 투기로도 유명했다〕왕국도 밝은 색으로 표시될 것이다. 또 다른 쪽에는 스탠포드 Leland Stanford〔1824~1893, 미국의 철도재벌로 상원의원을 지냈고 스탠포드 대학을 설립했다〕와 헌팅턴Henry Huntington〔1850~1927, 미국 철도왕 중 한 사람〕의 제국과 빌라드Herny Villard〔1835~1900, 미국의 언론인이자 철도재벌〕의 신흥제국도 그려질 것이다. 펜실베이니아 센트럴 철도회사가 장악한 지역은 볼티모어 앤드 오하이오 철도회사가 지배하는 지역과 구분될 것이다. 연방 상원의회는 연방의 주권자인 국민을 대표해야 함에도, 실제로는 철도왕railroad kings이나 대부호들—때로 지배세력에 적대적이지 않은 네바다 주나 콜로라도 주 출신 광산 거래 중개인이 의석을 돈으로 사는 일이 있기는 하지만—을 더 많이 대표하고 있다. 상원뿐만 아니라 법원도 기업의 심복들로 가득 채워져 있다. 대영주가 자기 직속사제를 주교로 만들곤 했듯이 철도왕은 자기 고문변호사를 최종 순간에 의지할 판사로 만들고 있다.

그렇다고 우리는 싼 정부cheap government를 만들지도 못했다. 왕가를 유지하면서 그들을 베르사유나 산수시Sans Souci 같은 궁전에 살게 해주고, 신하들과 근위병, 재단사, 정원 경비원을 배치하고, 밴더빌트 부인의 무도회보다 더 호화로운 무도회를 열 수 있게 해주고, 굴드의 요트보다 더 근사한 요트를 건조하도록 해준다고 하더라도, 지금 허울뿐인 국민의 정부에서 낭비되고 착복되는 것보다는 훨씬 싸게 먹힐 것이다. 뉴욕 공작, 필라델피아 후작, 샌프란시스코 백작을 세워 그들에게 옛날 귀족의 수입을 보장해주고 각 도시를 다스리게 할 경우, 현재 낭비되고 착복되고 있는 돈의 50퍼센트만으로도 충분할 것이다. 고상한 취향을 가진 절대 권력자들이 뉴욕 주의 새 청사처럼 사치스럽고 천박한 기념비적 건물들을 지어대고 있다. 막 휴회한 의회에서 볼 수 있듯이 유럽의 가난한 노동자들로부터 우리를 보호하겠다며 자비로운 척하는 의원들은, 마치 해적이 나포한 선박을 인수할 사람들을 전혀 고려하지 않는 것처럼 납세자들을 전혀 고려하지 않은 채 전리품을 챙기느라 여념이 없다.

국민들도 이러한 사실을 대충 알고 있으며 그래서 불만도 많다. 그러나 변화하는 상황에 맞게 정치조직을 개혁하는 데 필요한 지성적인 관심이 부족하다. 대중은 개혁을 시스템을 변화시키는 것이 아니라 단지 사람이나 정당을 바꾸는 것으로 생각하는 것 같다. 정치에는 어린아이에 불과한 대중은 실제로는 깊고도 일반적인 원인이 있는 사회현상을 나쁜 사람들이나 악한 정당 탓으로 돌린다. 우리나라의 양대 정당은 다른 정당과 싸워 정권을 유지하거나 빼앗는 것 말고는 주장할 수 있는 일이 사실상 없다. 양대 정당의 외곽에도, 통화문제에 대해서는 어느 정도 확실한 생각을 갖고 있지만 사회적 불만을 대변하는 데는 모호한 입장을 취하는 그린백 당원들Greenbackers〔그린백 당은 19세기 후반 미국에서 활동했던 정당으로 반독점을 표방했으며 불환지폐를 쓰자고 주장했다〕, 정치권 밖에서 정치개혁을 이루려고 하는 정부조직 개혁가들, 노끈으로 기관차를 묶자는 제안을 하는 반독점주의자들anti-monopolists밖에 없다. 노동단체들조차 8시간 근무제 시행, 노동통계국 설치, 숙련공의 선취특권〔다른 채권자에 우선하여 변제를 받을 수 있는 특권〕 보장, 교도소 계약 금지와 같은 공약에서 한 걸음 더 나아가기를 두려워하고 있는 것 같다.

　이 모든 것은 이해력의 부족과 생각의 소심함을 보여준다. 정부가 점점 더 부패하고 국민들의 손을 떠나는 것은 우연이 아니다. 만일 정말로 우리나라 정부를 국민의, 국민을 위한, 국민에 의한 정부로 만들고 싶다면, 우리는 정치에 극진한 관심을 기울여야만 한다. 우리의 견해를 검토하여 낡은 생각은 버리고 새로운 생각을 받아들일 준비를 갖추어야만 한다. 편견을 버리고 자유로운 정신에 입각해 판단해야만 한다. 바람의 방향이 어떻게 변하든 돛을 똑같이 유지하면서 똑같은 항로를 고집하는 항해사는 절대로 안전한 항구에 도달할 수 없다.

3
도래하는 사회적 압력

아직 거리의 나무들은 잎을 틔우지도, 꽃송이를 틔우지도 않은 이른 봄날이다. 브로드웨이 아래쪽을 지나가다 보면 투박하게 차려입은 채 박스와 보따리, 그리고 온갖 종류의 짐을 끌고 들어오는 사람들의 물결을 보게 된다. 봄이 완연해지고 여름이 오면 밀려들어오는 사람들은 더 늘어날 것이고 겨울이 오더라도 이 물결은 멈추지 않을 것이다.

이는 유럽에서 출발해 아메리카 대륙으로 오는 거대한 인파다. 창세 이후 최대 규모의 이주가 일어나고 있다. 다른 곳에서 오는 그보다 작은 물결도 있다. 아메리카 대륙으로 밀려드는 이 거대한 물결은 작은 물줄기로 나뉘어 한 줄기는 보스턴과 필라델피아로, 다른 한 줄기는 포틀랜드, 퀘벡, 몬트리올로, 그리고 또 다른 한 줄기는 뉴올리언스, 갤버스턴Galveston, 샌프란시스코, 빅토리아로 흘러들어간다. 이 물줄기들이 흐르는 도중에 다른 지역에서 오는 물줄기가 더 합류한다. 1848년 이후 아일랜드 인구는 아메리카 대륙으로 이주하는 사람들이 늘어나는 바람에 3분의 1 이상 줄어들었다. 아일랜드에서 나올 수 있는 사람들이 소진되자 이번에는 영국인들의 이민이 증가하고 있고 독일인 이민자의 수도 엄청나게 많아지고 있다. 독일인 이민은 전체 이민 중에서 최대 비중을 차지하고 있다. 또 아일랜드인들이 그랬던 것처럼 수백만 명의 이탈리아인들이 극심한 빈곤에 시달리다가 이민선에 몸을 싣고 있다.

캐슬가든Castle Garden[1855~1890년 사이에 이민업무를 담당했던 미국 최초의 공식 이민센터]에 가면, 유럽 각지에서 온 사람들이 다양한 옷을 입고 서로 다른 말을 하는 것을 구경할 수 있다. 노르웨이의 피오르Fjord 지역으로부터, 러시아와 헝가리의 평원으로부터, 왈라키아Wallachia[오늘날 루마니아의 남부 지역]의 산간 지방으로부터, 그리고 과거 고전 문명의 중심지였던 지중해 해변과 섬들로부터 수많은 사람들이 거대한 이주 물결에 합류하고 있다.

이 물결의 속도는 해마다 더 빨라지고 있다. 증기선이 매년 개선되면서 아메리카 대륙과 유럽 대륙 간의 실제 거리가 좁혀지고 있으며, 유럽 철도가 매년 확장되면서 내륙 지방에 사는 사람들이 항구로 나가기가 점점 더 쉬워지고 있다. 전신, 신문, 학교, 우편이 발달하면서 오랫동안 한곳에 뿌리내리고 사는 사람들에게서 강하게 나타나는 이주에 대한 반감—잘 몰라서, 그리고 느낌만으로 판단하기 때문에 생긴다—이 줄어들고 있다. 하지만 이런 대이동에도 불구하고 유럽의 인구는 꾸준히 증가하고 있다.

한편, 미 대륙에서는 동부에서 서부로, 오래된 주에서 새로운 주로, 훨씬 더 큰 규모의 이주가 일어나고 있다. 미국인들은 유럽인들보다 훨씬 쉽게 이주를 결정한다. 그리고 유럽으로부터 인구 유입이 증가하고 있지만, 미국 내부의 자연적 인구 증가에 비하면 전체 인구 증가에 미치는 영향은 점점 감소하고 있다. 시카고, 세인트폴, 오마하, 캔자스시티에 가보면 서부 이주 인파가 줄어들지 않고 증가하고 있음을 확인할 수 있다. 불과 얼마 전까지만 해도 사람의 발길이 닿지 않은 초원과 처녀림이 있는 새로운 서부였던 곳에서 더 새로운 서부로의 이주가 끊이지 않고 계속되고 있다.

서부로의 인구 확산은 동부 해안 지역에 사람들이 처음 정착한 이래 꾸준히 지속되어왔다. 그것은 미국인들의 상황을 설명할 때 매우 두드러지는 특징이다. 만일 서부 진출이 불가능했더라면 우리에게서 현재 우리의 모습을 찾아보기는 어려웠을 것이다. 우리가 임금과 편안함에 대해, 그리고 평균적 지성에 대해 더 높은 기준을 갖게 된 것은 서부 진출이 가능했기 때문이다. 뛰어난 자립심, 기력, 독창성, 적응력, 동화력을 갖게 된 것도, 그리고 미국이 유례없는 성장을 하게 된 것도 마찬가지 이유에서다. 우리가 자랑하는 미국의 모든 특징은 우리의 배후에 미사용 토지가 있었다는 데서 기인한다.

우리는 이주해 온 유럽인들이다. 이는 우리 대부분이 '하층계급' 출신임을 의미한다. 편안한 위치에 있고 미래의 전망이 밝은 사람들은 보통 이민을 가지 않는다. 이민을 떠나는 사람들은 대개 생활이 불만족스럽고 쪼들리는 사람들, 미래의 전망이 어두운 사람들이다. 유럽에는 미국 내 특정 계층에게 족보와 가문의 문장紋章을 만들어주고 돈을 버는 문장원紋章院(herald's college, 왕실과 귀족의 문장과 족보를 관리하는 기관)들이 있다. 우리 대부분이 먼 조상을 찾을 수 없다는 사실이 이런 종류의 자존심을 지키는 데는 유리할지 모른다. 우리 조상들 중에 청교도 순례자와 퀘이커교도 같은 사람들이 일부 있었다는 것은 사실이다. 그러나 초기 정착민들조차 대다수는 '하나님을 예배할 자유'를 얻기 위해 미국에 온 것이 아니다. 그들이 미국에 온 것은 유럽에서의 삶이 가난하고 불만스럽고 성공적이지 못했기 때문이다. 그것도 아니면 성격이 무모할 정도로 모험적이었기 때문이다. 그들 중에는 추방당해서 온 사람들이나, 감옥 가는 것을 피해서 온 사람들, 그리고 납치당해서 온 사람들이 많다. 몸이 팔려 노예로 온 사람들, 고용계약에 따라 견습생으로 온 사람들, 용병으로 온 사람들도 많다. 유럽에 그대로 있었다면 타락하고 위험해졌을 사람들이 이곳에 와서 인격적 성장을 경험한 것은 서부 진출과 함께 새로운 땅과 기회가 주어졌기 때문이다. 그것은 미국과 조건이 비슷한 호주에서도 일어난 일이다. 호주에서는 범죄자의 후손은 물론이고 범죄자 자신들까지도 자타가 존경할 만한 시민들로 변모했다.

신세계의 발견이 현대 문명의 발달과 어떤 관계가 있는지에 대해 제대로 인식하고 있는 사람이 얼마나 되는지 모르겠다. 여러 가지 측면에서 콜럼버스의 신대륙 발견은 그리스도의 탄생 이래 유럽 역사에서 가장 중요한 사건이다. 지치고, 불만에 차 있고, 눌리고, 짓밟힌 사람들을 배출해온 공간으로서 미국이 유럽에 얼마나 중요한 의미를 갖는지, 또 미국에서 사람들이 누릴 수 있는 더 많은 자유와 기회를 누린다는 사실이 유럽인들의 사고와 삶에 얼마나 큰 영향을 끼쳤는지에 대해서는 말로 설명할 필요가 없을 것이다. 콜럼버스가 유럽과 아시아 사이의 시시한 황무지를 발견했거나 인도, 중국, 멕시코처럼 인구가 많은 대륙을 발견했더라면 현재 유럽의 상황이 어떻게 바뀌었을지 상상해보는 것만으로도 충분할 것이다.

그렇다면 서부 진출 가능성의 종식은 현대 세계에서 발생할 수 있는 가장 중대한 사건으로 자리매김할 것이다. 그런데 지구가 둥글기 때문에 그것은 언젠가는 끝이 날 수밖에 없다.

실제로 이 사건은 우리 코앞에 다가와 있다. 이미 그 그림자가 우리 위에 드리우고 있다. 그렇다고 해서 미 대륙에서 인구과잉이 발생할 위험성이 존재한다는 뜻은 아니다. 또 현재의 성장률이 지속된다면 미사용 토지나 부분적으로 사용되는 토지가 머지않은 장래에 사라질 것이라는 뜻도 아니다. 그러나 소위 인구 압력의 영향을 느끼게 될 날, 다시 말해 유럽에서 미국의 해변 지역으로 이민자를 내모는 것과 같은 종류의 압력을 이곳에서도 느끼게 될 날은 멀지 않았다. 지금 유럽은 인구과잉 상태에 있지 않다. 아일랜드에서는 그렇게 많은 이민자가 나왔지만 경작지는 전체 국토의 6분의 1도 되지 않는다. 한때 사람이 많이 살던 마을에 지금은 풀이 무성하고 동물들만 살고 있다. 스코틀랜드에서는 100년 전까지만 해도 인가가 있었던 곳이 사슴이 거니는 숲과 새 사냥터로 변했다. 기차를 타고 영국의 풍요로운 농업 지대를 지나다 보면, 집이 별로 보이지 않는다는 사실을 발견하게 될 것이다. 그곳의 집 숫자는 몇 년 전만 해도 물소들이 떼를 지어 살던 플래트 강〔미국 네브라스카 주에서 미주리 주로 흐르는 강〕계곡에서 볼 수 있는 집의 숫자만큼이나 적다.

12개월 전 울타리에 꽃이 필 무렵 나는 영국에서 한 아름다운 길을 지나갔던 적이 있다. 그 길은 '솔즈베리 평원의 목자'Shepherd of Salisbury Plain의 오두막 가까이에 난 길이었다(나는 '솔즈베리 평원의 목자' 이야기를 어릴 적 한 소책자—그 소책자는 종교적 양식糧食이라는 명목으로 배포되었는데, 지금도 영국과 미국에는 어린아이들에게 소책자를 보급하는 단체들이 활동하고 있다—에서 읽은 적이 있다). 그 길의 한쪽에는 비옥한 땅이 드넓게 펼쳐져 있었지만 농사지은 흔적은 보이지 않았다. 토지 소유자가 농민들이 낼 용의가 있는 수준보다 더 높은 임대료를 요구했기 때문이다. 반대쪽에는 사슴 몇 마리 외에는 누구도 밟지 않은 귀족 소유의 공원이 드넓게 펼쳐져 있었다. 그 지역 출신인 내 친구는 장원manor의 영주가 마을의 녹지에 울타리를 쳐서 사유화한 후부터 오두막에 사는 사람들은 거위 한 마리도 키울 수 없게 되었고 마을의 어린아이들은 뛰어놀 장소를 잃어버렸다며 심하게 투덜거렸다. 많은 장소가 거기 있었지만 어린아이들에게는 차라리 아프리카나 달에서 지내는 편이 더 나았다.

나는 미국 서부 지역에서도 먼 거리를 고생하며 지나오면서 빈 땅을 통과했지만 막상 정착할 만한 곳은 찾지 못한 이민자들을 본 적이 있다. 모든 샘물과 시내에 울타리가 쳐진 나라에서 자선의 혜택을 받지 못한다면, 여행자는 사막에서와 마찬가지로 목말라 죽을 수도 있다. 맨해튼 섬에는 빈 땅이 많이 있다. 그러나 맨해튼 섬처럼 사람들이 밀집해 있는 곳은 세계 어디에도 없다. 뉴욕에는 신선한 공기가 많다. 맨해튼 땅 40에이커를 소유하고 있는 사람은 유럽 해변의 요트에 머물기 때문에 뉴욕의 공기로 숨을 쉬지 않는다. 하지만 매년 여름 수천 명의 어린아이들이 바로 그 신선한 공기가 부족해서 목숨을 잃는다. 만일 자비로운 사람들이 깨끗한 공기를 위한 기금에 기부하지 않았더라면 수천 명의 아이가 더 죽었을 것이다. 미국 해변으로 이민자들을 밀어내는 사회적 압력이 작용하는 것은 유럽의 모든 토지가 사용 중이라서가 아니라 모든 토지가 사유화되었기 때문이다. 우리도 곧 비슷한 일을 겪게 될 것이다. 우리나라의 토지가 모두 사용되지는 않겠지만 모두 울타리가 쳐질 것이다.

우리는 여전히 광활한 공유지가 있다고 이야기한다. 또 토지국의 보고서는 사유화되지 않은 공유지가 많이 남아 있음을 보여주는 통계를 더 크게 부풀린다. 그러나 이미 정착에 적합한 공유지를 찾기가 매우 어려워져서 정착을 원하는 사람들 대다수는 그냥 민간 소유지를 사는 편이 더 싸게 먹힌다고 생각하고 있고, 캘리포니아 주와 서북부 지역의 지대는 토지 수확량의 4분의 1 내지 2분의 1 수준까지 상승했다. 공유지로 분류된 토지 속에는 목축업이나 겨우 할 수 있거나 그것조차 할 수 없는 땅—산맥, 사막, 건조한 평원 등—이 포함되어 있다는 사실을 기억할 필요가 있다. 또 공유지 중 비옥한 토지는 이미 상당한 면적이 아직 허가도 나지 않은 철도사업을 위해 무상 불하되었거나 그리될 예정이어서 이주민들이 접근할 수 없다는 사실도 기억할 필요가 있다. 게다가 물을 독차지함—물이 없으면 땅은 무용지물이다—으로써 사실상 토지를 차지하는 경우도 많고, 그 밖에 합법적이건 불법적이건 이주민들의 접근을 막을 수 있는 여타 권리를 확보함으로써 사실상 토지를 차지하는 경우는 더 많다. 이주민들은 가격을 지불하거나 오랫동안 노동을 담보로 맡기겠다고 동의하지 않는 한 토지에 접근할 수 없다.

그럼에도 아직까지 미국의 토지는 비교적 싸다. 그러나 이런 상태가 오래 지속될 수는 없다. 인구의 자연적 증가가 계속되고 있고 이민자가 밀려들어오고 있기 때문에 가용 토지는 조만간 소진될 것이다. 그 결과, 정착 가능한 토지 중에서 가장 열등한 토지마저도 우리가 상상하지 못했던 수준까지 가격이 올라갈 것이다. 20여 년 전에 오하이오 주 출신의 웨이드Wade 의원은 상원에서 연설하면서, 19세기 말에는 우량 농지 1에이커의 가격이 최소한 50달러는 갈 것이라고 예측한 바 있다. 그의 예측이 옳았음을 우리는 이미 눈으로 보고 있다. 현재의 증가율이 지속된다면 19세기 말에 미국의 인구는 1880년에 비해 4,000만 명 이상 더 많아질 것이다. 이 말은 향후 17년 사이에 남북전쟁 종전 당시 미국 전체 인구보다 더 많은 인구가 증가하여 거주공간을 요구하게 될 것이라는 뜻이다.

도대체 그들은 어디서 값싼 땅을 찾을 수 있을까? 이제는 더 뻗어나갈 서부도 없다. 우리는 서부로, 서부로 진출하여 이미 태평양에 도달했고, 태평양 너머에는 수많은 사람들이 바글거리며 살고 있는 동양이 있다. 샌디에이고에서 퓨젓 사운드Puget Sound〔워싱턴 주 북서부의 만〕에 이르는 연안 지역의 계곡들 가운데 사람이 정착하지 않았거나 점유하지 않은 곳은 한 군데도 없다. 이주민들은 이미 미국 땅에서 가장 먼 구석 지역까지 진출했다. 이주민의 압력이 너무 커서, 투기와 이주의 물결이 북쪽으로는 캐나다 국경을, 남쪽으로는 멕시코 국경을 넘어서기 시작했으며, 몇 년 전까지만 해도 아무도 거들떠보지도 않았던 땅—예컨대 겨울이 6개월이나 지속되고 기온이 영하 40도까지 떨어지는 땅, 강수량이 부족해서 곡물 재배가 항상 위험에 직면하는 땅, 관개가 없으면 전혀 경작이 불가능한 땅 등—에 사람들이 정착하고 땅값은 올라가고 있다. 미 대륙 서부는 광활하지만 경작 가능한 토지가 동부만큼 많지 않다. 지도상에 표시되지 않은 '광대한 아메리카 사막'은 실제로 존재한다.

오늘날 미국에는 이주민들이 정부로부터 농지를 분배받아 자영농장을 소유할 수 있다는 전망을 품고 갈 수 있는, 그러면서 아직 사람이 살지 않고 토지 소유권이 성립하지 않은 우량 토지는 거의 남아 있지 않다. 사나운 이주의 물결은 이미 인디언 보호구역까지 덮치고 있다. 연방정부가 규제하지 않는다면 그 지역들을 휩쓸어버릴 기세다. 미국의 인구밀도는 아직까지 1평방마일당 여섯 명을 약간 넘는 수준에 머물러 있지만, 텍사스 주의 광활한 공유지가 이미 민간인의 손에 모두 넘어갔으며, 작년 한 해 동안 토지 매입 열풍이 거세게 불어서 텍사스 주 전체 면적보다 수천 에이커 더 넓은 토지가 매각되었다.

인구가 자유롭게 퍼질 수 있는 곳이 한 군데도 남지 않을 때 토지의 가치가 어떻게 될지 알고 있는 자본가들—특히 외국 자본가들—이 지금 미국에서 토지를 마구 사들이고 있다. 우리는 그것이 어떤 결과를 초래할지 충분히 짐작할 수 있다. 그들의 토지 매입은 예전에는 조용히 진행되어왔지만, 지금은 개인적으로 또는 연합단체의 구성원으로 우리 미국 땅을 많이 소유하지 않은 영국인 귀족이나 은행가는 거의 없다. 외국인 명의의 대토지 매입은 매일 이뤄지고 있다. 앞으로 우리 미국인 수백만 명이 이들 부재지주와 계약을 맺어야 한다.

미국 인구가 증가하고 미국의 미개척지가 전유되는 사이에 토지의 생산능력이 계속 감소하고 있다는 사실을 잊어서는 안 된다. 그것은 사실상 토지의 양이 감소한다는 것과 마찬가지 이야기다. 일반적으로 말해 미국의 농업은 소모적인 농업이다. 우리는 토지에서 취한 것을 토지로 되돌려주지 않는다. 곡물이 수확되고 나면 토양은 척박해진다. 우리는 나무를 베고는 다시 심지 않는다. 토양의 비옥함은 오랜 기간에 걸쳐 서서히 진행된 자연적 과정의 소산이다. 우리는 그렇게 자연이 선물로 준 비옥함을 밀, 면화, 담배, 고기의 형태로 해외에 실어 보내거나 대도시의 하수구를 통해 바다에 내버리고 있다.

증가하고 있는 미국 인구가 더는 신개척지로 자유롭게 퍼져나갈 수 없게 될 날이 코앞에 와 있다. 지금은 수출되고 있는 엄청난 양의 잉여농산물을 미국인들을 위해 사용해야만 하는 날, 자연자원이 모두 독점될 때 오는 사회적 압력을 이곳 미국에서 느끼기 시작하는 날이 다가오고 있다. 그때는 지금까지와는 반대로 미국에서 사회적 압력이 높아져 유럽의 사회적 압력을 가중시키는 일이 벌어질 것이다. 이제껏 미국이 맡았던 인구 배출구 역할을 할 만한 다른 장소를 한번 찾아보면, 이와 같은 사실이 얼마나 중대한 의미를 갖는지 깨닫게 될 것이다. 아무리 찾아도 못 찾을 것이다. 미국의 북쪽에 위치한 영연방 국가(캐나다를 의미한다)는 경작 가능한 토지가 상대적으로 적을 뿐만 아니라, 서스캐처원Saskatchewan(캐나다 서부의 주) 주와 붉은 강Red River(미국 북부에서 발원하여 캐나다 위니펙 호수로 흘러드는 강) 주변의 계곡들에는 이미 토지 투기 열풍이 불고 있다.

멕시코는 미국 기업과 미국 자본, 미국 무역을 위해서는 기회를 제공하고 있지만, 미국에서 들어가는 이주민을 위해서는 거의 아무런 기회도 제공하지 않는다. 사나운 인디언들이 지켜온 북부 지역에는 이주민들이 정착할 수 있는 공간이 일부 남아 있지만, 아주 적은 면적에 지나지 않는다. 멕시코 고원과 중남미에서 미국인들이 살기에 적합한 지역에는 이미 많은 사람들이 살고 있다. 옛날에 색슨족이 고대 브리튼족을 멸절시켰던 것과 같은 방법을 쓰지 않고서는 그들을 몰아낼 수 없다. 물론 앵글로색슨족의 자본과 기업과 영향력이 그 지역을 지배할 것이며 많은 미국인들이 거기에 갈 것이다. 하지만 그것은 영국인들이 인도나 영국령 기아나에 가는 것과 똑같은 일이다. 토지는 이미 다 분배되었고 일손을 헐값으로 구할 수 있는 곳에서 미국인들의 서부 진출과 같은 이주의 물결은 일어날 수가 없다.

아프리카도 사정은 마찬가지다. 유럽인들은 그 광대한 대륙 남단에 영구적인 거점을 마련했지만, 열대의 더위와 강인한 종족의 존재로 인해 북쪽으로 진출하는 데는 실패했다. 반면 아프리카 북부 지역에서는 유럽인 중 라틴계 사람들이 그곳 풍토에 잘 적응했다. 그들은 언젠가 때가 되면 지중해 연안 아프리카 지역의 옛 영광을 회복할지도 모른다. 그러나 그 지역이 더 많은 사람들이 진출할 수 있는 공간을 제공하기는 어려울 것이다. 적도 아프리카는 어떤가 하면, 우리는 그곳을 탐험하고 문명화시키고 개발할 수 있을지는 몰라도 식민지로 만들 수는 없다. 기후 때문이기도 하지만 백인들 앞에서 사라지기는커녕 더 증가하는 종족들 때문이다. 오스트레일리아의 경우, 유럽에서 미국으로 몰려간 것과 유사한 이민 물결이 조만간 경작 가능 토지를 뒤덮을 것이며, 벌써 미국에서처럼 빠르게 토지 선점이 이뤄지고 있다. 그렇다면 이제 최대의 대륙, 먼 옛날 유럽인들이 서쪽으로의 대장정을 시작했던 곳, 아시아로 다시 가보자. 알다시피 아시아는 모든 민족과 종교의 모태다. 지금 그곳에는 현대 세계에 대해 전혀 알지 못하는 사람들이 엄청나게 많이 살고 있다. 아시아인들이 서구 문명의 충격으로 눈을 뜨게 된다면 그것은 미래에 일대 사건이 될 것이다.

그러나 내가 여기서 그런 문제에 대해 고찰하려는 것은 아니다. 내가 말하고 싶은 것은, 우리가 곧 미국 문명의 발달에 가장 중요한 영향을 끼친 조건 하나를 잃게 된다는 점이다. 그것은 미국인들의 삶에 자유와 기회를 부여하고 유럽 선진국들에서 작용하고 있던 사회적 압력을 완화한, 처녀지로의 진출 가능성이다. 처녀지로의 진출이 가능하던 시절에는 전혀 무해했던 현상들도 상황이 바뀔 경우 매우 위험해질 수 있다. 화약은 좁은 곳에 밀어 넣기 전까지는 폭발하지 않는다. 천천히 올라가는 유압 프레스에 손을 얹는다고 해보자. 기계는 아주 부드럽게 손을 들어 올릴 것이다. 하지만 잠깐만 기다려라! 저항에 직면할 테니.

4
상반되는 두 경향

현대의 삶은 과거에 비해 너무나 자유롭고 수준 높고 풍성하고 다양해서, 앞선 세대를 생각하면 경멸까지는 아닐지라도 동정을 느낄 수밖에 없다.

얼마 전만 해도 부가 있어도 살 수 없었던 편의품과 사치품들을 지금은 보통 사람들도 쉽게 이용할 수 있다. 우리 아버지 세대는 꼬박 하루가 걸렸던 여정을 우리는 불과 한 시간 만에 쉽고 편안하게 여행한다. 아버지 세대가 여러 주 걸려서 보냈던 메시지를 우리는 불과 몇 분 만에 보낸다. 우리는 아버지 세대가 아주 가까운 지역에 대해 느꼈던 것보다 더 큰 친밀감을 먼 나라에 대해 느낀다. 아버지 세대에게는 마치 자물쇠로 단단하게 잠긴 자연의 비밀처럼 느껴졌던 것들이 우리에게는 보통 일처럼 느껴진다. 오늘날 세상은 더 넓어졌고, 우리의 시야는 확대되었다. 일생 동안 우리는 더 많이 보고, 더 많이 일하고, 더 많이 배우게 될 것이다.

지식의 확산과 정보의 전파가 얼마나 빨라졌는지 생각해보라. 우리 자녀들이 사용하는 교과서와 우리 아버지들이 사용했던 교과서를 비교해보라. 저렴한 인쇄술이 어떻게 대중으로 하여금 보석과도 같은 문학작품에 접근할 수 있게 했는지, 그리고 소설가, 역사학자, 수필가, 시인의 독자층을 얼마나 많이 확대했는지 생각해보라. 요즈음 가게 여종업원들이 즐겨 읽는 저질 소설이나 잡지가, 그 원형이라 할 수 있는 과거의 유치한 발라드 ballad〔이야기가 담겨 있는 시나 노래〕나 '마지막 남기는 유언과 고백'보다 얼마나 더 뛰어난지 비교해보라. 극빈층도 일간신문을 통해 모든 사회계층의 움직임과 세계 도처의 소식을 엿볼 수 있다는 사실을 생각해보라. 매주 100만 명에 가까운 사람들에게 모든 영역과 모든 나라의 삶의 모습—도시의 조감도, 웅장하고 아름다운 풍경, 유명 인사들의 모습, 의회와 전당대회가 열리는 장면, 멋진 법정의 재판 광경, 야만인의 야생생활, 화려한 예술작품, 영광스러운 건축물, 산업현장, 발명기술의 성과 등—을 보여주는 잡지를 한번 보라. 이런 파노라마는 지금은 매주 평범한 남자와 여자의 눈앞에 펼쳐지지만, 불과 한 세대 전에는 아무리 부자라도, 아무리 강력한 인물이라도 볼 수 없었던 것이다.

이런 것들은 물론이고 이와 관련된 많은 것들은 반드시 생각과 느낌에 강한 영향을 미친다. 미신이 사라지고 있고, 편견이 무너지고 있다. 사고방식과 관습이 서로 동화되고 있고, 공감이 확산되고 있으며, 새로운 열망이 대중을 더 활발하게 만들고 있다.

우리는 어떤 느낌도 받아들이려는 마음을 가지고 세상에 태어난다. 어린아이의 눈에는 모든 것이 새롭지, 특별히 어느 하나가 다른 것보다 더 놀랍지는 않다. 평범한 경험을 초월한 차원에 무엇이 있든 그에 관해 생각할 때, 우리는 주변 사람들의 믿음을 받아들인다. 그 시대에 많은 사람들이 받아들이고 있는 견해보다 조금이라도 더 수준 높은 견해를 가지려면 강력한 지성을 갖춰야만 한다. 다수의 의견이 사회를 지배하는 곳에서는, 대다수의 사람들이 (오늘날 대다수의 사람들이 지구를 태양 주위를 공전하는 구球로 인식하는 것과 마찬가지로) 한 치의 주저함도 없이 지구를 거대한 코끼리가 떠받치고 있는 평지로 인식하는 일이 얼마든지 일어날 수 있다. 이론과 우화, 그리고 미신이 상식적 믿음 속에 자리를 잡을 경우, 너무 틀려서 받아들일 수 없는 이론, 너무 터무니없어서 받아들일 수 없는 우화, 너무 저속해서 받아들일 수 없는 미신이란 존재하지 않는다. 그렇게 받아들이는 믿음 때문에 사람들이 고문과 죽음 앞에 자신을 내놓기도 하고, 어머니들이 자기 자녀를 제물로 바치기도 한다. 일부다처제보다 더 부자연스러운 것이 또 어디 있겠는가? 그러나 일부다처제가 얼마나 오랫동안, 얼마나 광범위한 지역에서 지속되었는지 생각해보라.

이런 상황에서 보는 것을 받아들이고, 듣는 것을 믿는 것은 선한 결과를 낳기도 하고 악한 결과를 낳기도 한다. 사회의 진보를 가능하게도 하고, 느리고 고통스럽게도 하는 것이다. 각 세대는 크게 힘들이지 않고 이전 세대가 어렵게 얻은 지식을 유산으로 받기도 하지만, 이전 세대로부터 왜곡과 오류를 유산으로 받아 그 노예가 되기도 한다.

폭정이 유지되고 미신이 지속되는 것은 그 때문이다. 일부다처제는 부자연스러운 것이다. 누구나 겪는 보편적인 경험에서 분명히 확인되는 사실들이 이를 증명해준다. 세상에 태어나는 남자와 여자의 비율이 일정하고, 건강한 남자와 여자가 서로에게 끌리는 감정이 배타적이라는 사실을 생각해보라. 아이들이 느리게 성장하고 발달한다는 사실은 한 남자가 한 여자와 연합하는 것이 자연의 의도임을 시사한다. 이와 같이 일부다처제는 가장 분명한 사실과 가장 강력한 본능에 반하는 것인데도 그것이 제도적으로 받아들여진 사회에서 교육받은 사람들에게는 완벽히 자연스럽게 보인다. 그래서 오랜 노력과 분투만이 이런 생각을 뿌리 뽑을 수 있다.

노예제도도 마찬가지다. 플라톤이나 아리스토텔레스 같은 사람들조차 사람을 소유하는 것을 말을 소유하는 것만큼이나 자연스럽게 여겼다. 19세기에 이 '자유의 땅'에서조차 인간의 육체를 사유화하는 데 반대한 사람들은 오랫동안 사회질서를 무너뜨리고 모든 재산권을 폐지하려는 공산주의자, 이교도 혹은 선동가라는 비난을 받았다. 군주제도, 귀족정치도 그리고 아직도 의심의 여지가 없이 받아들여지는 다른 많은 부자연스러운 것들도 마찬가지다. 가장 적게 일을 하는 사람이 노동생산물의 가장 많은 부분을 취하는 것보다 더 부자연스러운—다시 말해 올바른 이치와 사실, 그리고 자연법칙에 반하는—일이 있을 수 있을까? "누구든지 일하기 싫어하거든 먹지도 말게 하라." 〔데살로니가후서 3장 10절〕 이것은 사도 바울의 말이지만 분명한 자연법칙이기도 하다. 하지만 온 세상에서 노동 대중이 먹는 음식은 보잘것없는 반면, 손으로도 머리로도 생산에 아무런 기여도 하지 않은 사람들은 오히려 사치스럽게 살면서 호화로운 음식을 먹는다. 우리는 이러한 사실에 익숙해졌고, 그래서 그것이 자연스럽게 느껴진다. 이는

상반되는 두 경향 55

일부다처제, 노예제, 군주제, 귀족정치 등이 이미 그러한 것들에 익숙해진 사람들에게는 자연스럽게 느껴지는 것과 마찬가지다.

그러나 이런 상황을 자연스럽게 여기던 사고방식이 무너지고 있다. 의문을 허락지 않았던 미신들도 사라지고 있다. 자연과학의 발견, 다른 시대와 다른 사람들에 대한 지식의 증가, 교육의 확산, 이민과 여행의 증가, 비판적 정신의 발흥, 그리고 도처에서 진행되고 있는 낡은 방법의 변화가, 대중으로 하여금 나무를 패며 물을 긷는 역할에 만족하게 만들었던 오랜 믿음을 무너뜨리고 있다. 그 덕분에 사고방식은 유연해지고 공감은 확산되고 있으며, 인간이 평등하고 서로 형제라는 생각이 널리 퍼지고 있다.

세계 도처에서 대중은 자기 아버지 세대라면 만족했을 상황에 대해 불만을 품고 있다. 이런 사람들에게 이전에 비해 상황이 훨씬 좋아졌다고 말하는 것은 헛된 짓이다. 그들에게 자기 아버지 세대라면 꿈도 꾸지 못했을 편의품과 오락거리와 기회가 바로 옆에 있다고 알려주는 것도 헛된 짓이다. 많이 가진 사람은 왜 더 많이 가질 수 없을까 의문을 품는 법이다. 욕망은 채울수록 더 커진다. 사람은 소와 달라서 만족의 기준이 고정되어 있지 않다. 사람들로 하여금 야망을 갖게 만들고 새로운 욕구를 느끼게 만들면 그들의 운명을 더 힘들게 만드는 경우와 마찬가지로, 그들은 자신들의 운명에 불만을 느끼게 된다. 우리는 개선될 수 없다고 생각하는 일에 직면하면 체념한다. 그러나 개선이 가능하다고 느끼면 우리는 다루기 힘든 존재가 되어버린다. 이것은 토크빌Alexis De Toequeville〔1805~1859, 프랑스의 역사학자이자 정치가〕이 놀랍게 여긴 역설, 즉 대중은 처지가 개선될수록 더 견디기 힘들어

한다는 사실을 설명해준다. 그러니 노예 법령이 노예에게 읽기를 가르치면 처벌한다는 규정을 둔 것이나 공교육 반대론자들이 혁명을 유발할 것이라는 이유로 공교육을 반대한 것에는 그 나름의 근거가 있는 셈이다.

    그런데 현대 문명세계에는 악이 오래 지속되는 가운데 다루기 힘든 일이 늘어난다는 사실보다 더 놀라운 일이 있다. 도처에 자연적 평등성의 의미를 깨우쳐주고, 대중에게 열망과 포부를 심어주며, 지금까지 특권과 부가 불평등하고 불의하게 분배되어왔음을 점점 더 예리하게 깨닫게 만드는 것투성이다. 그러나 그와 동시에, 이런 불평등을 굉장히 빠른 속도로 증가시키는 요인들도 수없이 많다. 대토지 소유가 로마의 중심부를 잠식하던 때 이래로 오늘날과 같이 엄청난 재산이 축적되었던 적은 없다. 요즘처럼 완전한 프롤레타리아가 형성되었던 적도 물론 없다. 나는 신문을 읽다가 아름다운 드레스, 값비싼 다이아몬드, 한 송이에 2달러가 드는 향기로운 장미꽃 다발, 물처럼 흐르는 고급 와인 등의 이야기를 담은 밴더빌트 가家 무도회 관련 기사 옆에서 짧은 기사 하나를 보게 되었다. 그것은 서른아홉 명의 사람들—그중 열여덟 명은 여성이다—이 근처 기차역에서 하룻밤을 묵다가 다음 날 아침 모두 법정으로 끌려가서 6개월 형을 받았다는 내용이었다. "여성들은 감옥으로 끌려가면서 비명을 지르고 흐느껴 울었다"고 그 기사는 전하고 있었다. 그리스도는 여성에게서 태어났다. 또 여성인 막달라 마리아를 축복하며 다정하게 대했다. 하지만 우리는 하나님의 형상으로 지어진 인간들을 해충처럼 취급하며 예사로 감옥에 집어넣고 있다.

철도는 새로운 물건이다. 아직 산업이 본격화되지도 않았다. 그런데도 이미 매달 수백만 달러를 버는 한 사람과, 그를 위해 적게는 일당 90센트, 많게는 일당 1달러 50센트만 받고도 기꺼이 일을 하려는 수천 명의 가난한 사람들을 갈라놓았다. 현 상황이 지속된다면 다음 세대에 거대한 재산이 형성되는 것을 누가 막을 수 있겠는가? 그리고 그것과 관련이 있는 부랑자의 증가는 또 누가 막을 수 있겠는가?

생산력을 놀랍게 증가시키는 모든 발명과 개선은 소수의 수중에 부를 집적·집중*시키는 동시에 많은 사람들의 처지를 더욱 절망스럽게 만드는 경향이 있다. 이제 막 열정에 불이 붙기 시작한 사람들을 자신이 누릴 수도 없는 부를 생산하는 기계처럼 만들어버린다. 단언컨대 모든 근대적 산업 발달은 대량생산과 세밀한 분업을 초래하며 대자본 소유자에게 과도한 특혜를 부여하는 결과를 낳는다. 전화나 타자기 같은 발명품조차 부의 집적·집중을 초래한다. 대규모 사업의 경영을 용이하게 하며, 사업범위의 확장을 제약하는 요소들을 완화하기 때문이다.

기계는 노동자의 영향력을 벗어날 뿐만 아니라 오히려 노동자를 부리는 고용주의 자리에 올라선다. 노동자는 단순한 보조자나 재료 공급 장치 같은 존재로 전락한다. 소수의 감독자들 외에는 판단력, 숙련, 두뇌가 필요 없다. 자동 장치에 필요한 단순 노동에 종사하며 매

---

* concentration의 번역이다. 마르크스주의자들은 한 자본가의 수중에 있는 자본의 규모가 커지는 것을 집적이라 부르고, 기존의 여러 자본이 결합하거나 한 자본가에게 흡수되는 것을 집중이라 부르는데, 헨리 조지가 쓴 concentration은 두 가지 의미를 다 포함하고 있는 것으로 보인다. 그래서 집적·집중으로 번역했다. 단, 다른 곳에서는 문맥에 따라 그냥 집중으로 번역하기도 했다─옮긴이.

일 똑같이 반복되는 일과를 감당하는 것이 소수의 감독자를 제외한 대다수 노동자들의 운명이다.

옛날 수공업 체제에서 노동자는 장시간 힘들게 일했다. 그러나 그때 노동자는 고된 일을 하는 가운데 동료애를 느꼈고, 다양한 활동에 종사했다. 또한 창조적 숙련을 발휘하는 데서 오는 기쁨과 자신의 손끝에서 무언가 만들어지고 결국에는 완성품이 되는 것을 보는 즐거움을 누릴 수 있었다. 그는 자기 집에서 일을 하거나 고용주 옆에서 일을 했다. 모방, 수다, 웃음, 토론이 가능했기 때문에 노동이 부담 없고 즐거웠다. 도제는 직인journeyman〔중세 유럽의 장인길드에서 장인에게 고용되어 일했던 노동자〕이 되는 날을 기다렸고, 직인은 장인이 되어 자기 도제를 두는 날을 기다렸다.

그때의 노동자는 몇 가지 도구와 약간의 원료만 갖고 있으면 독립성을 지킬 수 있었다. 그는 자신이 생산한 완성품을 사용할 사람들을 직접 상대했다. 곧바로 돈을 벌 수 있는 시장을 찾지 못하는 경우에도 물품을 교환할 시장은 있었다. 그러므로 생계가 위협받거나, 가족을 부양하기에 너무나 절망적인 상황이 찾아올지도 모른다는 끔찍한 공포의 그림자가 그에게 드리우는 일은 결코 없었다.

산업화 시대 이후 모든 곳에서 사라지고 있는 대장장이를 생각해보라. 아니, '대장장이와 양철공'black and white smith이라 해도 좋겠다. 숙련 노동자는 두 가지 일을 다 했기 때문이다. 대장간은 주로 길가에 있었다. 대장장이는 문을 열어두고는 가끔씩 자연을 보며 일을 했다. 대장간 앞을 지나가는 모든 것도 볼 수 있었다. 여행자들은 뭔가 물어보려고 발길을 멈췄고, 이웃들은 새로운 소식을 듣고 전하기

상반되는 두 경향 59

위해, 아이들은 뜨거운 쇠가 벌겋게 달아오르는 것과 빨간 불꽃이 튀는 것을 구경하기 위해 대장간을 들렀다. 대장장이는 말발굽을 달아주기도 했고, 마차바퀴를 달기도 했으며, 각종 도구를 벼리고 담금질하기도 했다. 또 어떤 때는 망가진 난로 속 장작 받침쇠를 용접하거나 뛰어난 기술로 굴뚝용 갈고리를 만들기도 했고, 별다른 할 일이 없을 때는 쇠로 못을 만들기도 했다.

광대한 부지 위에 세워진 거대한 공장에 한번 가보라. 그곳에서는 수천 명의 노동자들이 증기기관과 기계의 도움을 받으며 수공업 시절보다 훨씬 적은 비용으로 다양한 용도의 철제품을 만들고 있다. 문마다 "절대 출입 금지"라는 팻말이 붙어 있기 때문에, 외부인은 사무실의 허락을 받지 않으면 이곳에 들어갈 수가 없다. 출입 허락을 받았다 하더라도, 그곳에 있는 노동자들에게 말을 건네서는 안 된다. 대화가 허용된다고 하더라도 달라질 것은 별로 없다. 덜커덕거리는 기계 소음과 벨트와 바퀴의 윙윙거리는 소리로 인해 아무 말도 들을 수 없을 것이기 때문이다.

만일 당신이 이런 공장 안에 들어간다면 거기서 당신은 똑같은 일만 반복하고 있는 사람들을 보게 될 것이다. 그들은 온종일 철봉을 커다란 압연기에 집어넣거나, 철판을 강철 조jaw〔물건을 끼워 고정시키는 도구〕에 끼우거나, 너무 시끄러워서 제대로 생각조차 할 수 없는 소란 가운데서도 하루, 아니 1년 내내 1분에 60번씩 철 조각을 넘겨주고 넘겨받는다.

이렇게 큰 공장 전체에 완제품이 나오기까지 (도처에서 사라져가고 있는 수공업 생산체제에서 훈련을 받았던 사람을 제외하고는) 지극히 작은 부분을 담당하는 것 이상의 역할을 할 수 있는 사람은 없다. 젊은이들은 짧은 시간에 특정 기계를 다루는 법을 배운다. 그러고는 그만이다. 그는 아무것도 더 배우는 것 없이 백발의 노인이 될 수도 있다. 자식들이 자라면 더 많은 소득이 필요한데, 그가 소득을 늘릴 수 있는 유일한 방법은 아이들을 일터로 내보내는 것이다. 물론 그는 기계와 주식의 형태로 수백만 달러의 자본을 보유한 공장주가 되려는 꿈을 꿀 수도 있다. 하지만 그러려면 차라리 영국 왕이 되거나 로마 교황이 되기를 꿈꾸는 편이 낫다. 철도 승객이 기차의 움직임에 대해 아무런 권한이 없는 것처럼, 그도 고용조건에 대해 아무런 권한이 없다. 언제든지 그로서는 예방할 수도 없고 예측할 수도 없는 일이 일어나서 기계는 멈추고 그는 공장 밖으로 쫓겨날 수도 있다. 그때 그는 곡괭이나 삽도 제대로 다루지 못하는 철저한 비숙련 노동자에 불과할 것이다. 경기가 좋아서 고용주가 돈을 척척 벌어들이는 시절이라면 파업이나 파업 경고가 일정한 효력을 발휘할 수 있다. 하지만 경기가 나빠질 조짐이 조금이라도 보이면 바로 임금이 삭감된다. 이에 맞설 유일한 방법은 파업뿐인데, 문제는 길든 짧든 파업기간 중에는 임금이 지급되지 않는다는 사실이다.

지금까지 하나의 산업에 대해 언급했는데, 여타 산업에서도 사정은 마찬가지다. 심지어 농업에서도 이런 현상이 나타나고 있다. 대기업이 광활한 목장에서 가축을 사육하고 있고, 대농장은 집도 절도 없는 방랑자 무리를 고용하여 경작을 시키고 있다. 모든 직종에서 노동자들은 노동도구와 노동기회로부터 분리되고 있고, 모든 곳에서 재산 소유의 불평등이 점점 더 심해지고 있다. 그런데 이런 일이, 생각이 빠른 속도로 전파되고, 낡은 보수주의가 후퇴하고, 인간이 평등하다는 생각이 발전하고 확산되고 있는 바로 지금 일어나고 있다는 사실에 주목할 필요가 있다.

일을 하면서도 가난한 사람들과 한가로이 호화로운 생활을 하는 사람들 사이에 너무나 큰 격차가 존재할 경우, 보통 사람들 눈에는 양자가 서로 다른 존재 질서에 속하는 것처럼 보이게 된다. 이 세상에 있는 모든 것은 하나님의 섭리에 따라 지위가 결정된다는 생각이 종교의 이름으로 대중에게 지속적으로 주입되고, 아이들이 아주 어릴 적부터 (성공회 교리문답의 표현을 빌리면) "위에 있는 권세를 공경하고 그것에 복종하는 것"과 "위에 있는 모든 사람 앞에 자신을 낮추고 경의를 표하는 것", 그리고 하나님이 정해주신 삶에서 자신에게 주어지는 일을 감당함으로써 하나님을 기쁘게 하는 것이 하나님과 사람에 대한 의무라고 교육받는 곳에서는 아무리 심한 불평등도 시기심과 분노를 유발하지 않는다. 또 이와 같이 겸손과 자족을 권하는 말이 순종하지 않으면 영원한 형벌을 받을 것이라는 끔찍한 위협과 함께 강제적으로 주입되고, 가난한 사람이 이 세상에서 자신의 운명을 인내심을 갖고 참는다면 사후에 하나님이 그를 사적 소유도 없고 가난도 없는 천국으로 인도해주실 것임을 믿으라고 교육받는 곳에서도 사정은 마찬가지다.

그러나 오늘날 이 세상에서 꿈틀거리고 있는 생각은 이와는 다르다. 약 1,900년 전 로마제국에서 불평등이 엄청나게 심해지고 도처에서 대중이 절망적인 노예상태로 전락하고 있을 때, 한 유대 마을에 교육도 받지 못한 목수 한 사람이 등장했다. 그는 당시의 정통교리와 형식주의를 비웃으며, 하나님이 아버지시고 인간은 평등하며 서로 형제라는 내용의 복음을 노동자와 어부에게 전파하고, 하늘나라가 이 땅에 임하도록 기도하라고 제자들을 가르쳤다. 대학교수쯤 되는 사람들은 그를 조롱했고, 정통교리를 가르치던 사람들은 그를 비난했다. 그는 꿈꾸는 자, 평화를 깨뜨리는 자, '공산주의자'라고 매도당하다가 결국 놀란 기성사회에 의해 (두 명의 도둑과 함께) 십자가에 못 박히고 말았다. 그러나 그의 말은 도망자와 노예들의 입을 통해 퍼져나갔다. 그를 따르는 사람들은 권력과 박해에 맞서 믿음을 지켰고, 마침내 세계를 혁명적으로 변화시키고 부패한 옛 문명에서 새로운 문명의 싹을 틔웠다. 하지만 그 후 특권층이 다시 결집하여 그의 조각상을 궁중과 왕의 무덤에 세우고는 그의 이름으로 불평등을 축복하고, 마치 그가 사회적 불의를 옹호한 것처럼 복음을 왜곡했다. 그러나 이제 다시 하나님이 아버지시고, 모든 인간이 서로 형제며, 어떤 사람도 과도하게 일하거나 궁핍하게 살아서는 안 된다는 위대한 사상이 사람들 사이에 빠르게 퍼지기 시작했다.

강한 바람이 강한 해류를 만날 때 바다는 평온할 수 없다. 이미 전개되기 시작한 두 개의 상반된 경향에 대해 생각하는 사람이라면 누구나 문명세계가 곧 직면하게 될 사회문제의 중대성을 깨닫게 될 것이다. 또 그는 그리스도께서 다음과 같이 말했을 때 어떤 뜻으로 그랬는지 이해하게 될 것이다.

"내가 세상에 화평을 주러 온 줄로 생각지 말라. 화평이 아니요 검을 주러 왔노라."〔마태복음 10장 34절〕

5
집적·집중의 행진

1790년 미국 최초의 인구조사가 시행될 당시에 도시 인구의 비율은 3.3퍼센트였다. 1880년에는 그 비율이 22.5퍼센트로 상승했다. 인구의 도시 집중 현상은 우리 시대의 뚜렷한 특징 중 하나다. 모든 문명세계에서 대도시의 성장 속도는 인구증가 속도보다 훨씬 더 빠르다. 19세기 잉글랜드와 스코틀랜드에서 인구가 늘어난 곳은 모두 도시였다. 인구가 거의 정체되어 있는 프랑스에서도 대도시는 해마다 자꾸 더 커지고 있다. 인구가 계속 감소하고 있는 아일랜드에서도 더블린, 벨파스트 같은 대도시는 꾸준히 성장하고 있다.

증기기관과 기계는 인구의 도시 집중을 야기하는 중대한 요인들이다. 그런데 이것들은 생산과 거래를 집적·집중시키는 데는 훨씬 더 강한 영향력을 발휘한다. 생산과 거래의 집적·집중 현상은 증기기관과 기계가 영향을 미친 곳에서는 어디서나 나타난다. 농업·축산업·

어업·광업과 같은 기초산업에서부터 철도·전신·가스조명이나 전기조명 등 최신 발명과 함께 등장한 신산업에 이르기까지 산업 부문을 가리지 않는 양상이다.

미국 인구조사국의 발표에 따르면 미국에서 농장의 평균 규모는 감소하고 있다. 그러나 이 발표는 미국 전역에서 분명하게 확인되는 사실과 모순될 뿐만 아니라 다른 나라, 예컨대 영국의 농업에서 드러나는 경향과도 모순된다. 게다가 그것은 인구조사국이 작성한 다른 통계와도 모순된다. '제10회 인구조사 개요'에 의하면, 1870~1880년 사이에 미국에서 농장의 숫자는 약 50퍼센트 증가했는데, 농장을 규모에 따라 여덟 개의 등급으로 나누어 조사한 자료를 보면 소규모 농장은 지속적으로 감소한 반면 대규모 농장은 지속적으로 증가했음을 알 수 있다. 3에이커 이하 등급에서는 지난 10년 동안 농장 숫자가 약 37퍼센트 감소했고, 3~10에이커 등급에서는 약 21퍼센트, 10~20에이커 등급에서는 약 14퍼센트 감소했으며, 20~50에이커 등급에서는 8퍼센트에 약간 못 미치게 감소했다. 그러나 50~100에이커 등급에서부터 증가 추세가 시작된다. 농장 숫자는 이 등급에서는 약 37퍼센트, 그다음 100~500에이커 등급에서는 200퍼센트 가까이 증가했다. 또 500~1,000에이커 등급에서는 400퍼센트 가까이, 가장 큰 1,000에이커 이상 등급에서는 700퍼센트 가까이 증가했다.

인구조사국이 이 통계 수치를 보고도 어떻게 미국의 평균 농장 규모가 1870~1880년 사이에 153에이커에서 134에이커로 감소했다고 발표할 수 있었는지 나는 정말 이해할 수가 없다. 그에 대해서는 여기서 탐구할 한 치의 가치도 없다고 생각한다. 누구도 반박할 수 없는 분명한 사실은, 다른 모든 것과 마찬가지로 토지 소유는 집중되고 있고, 농업 경영의 규모 또한 점점 커지고 있다는 점이다. 이와 같은 현상을 초래한 요인을 꼽아보면, 더 많은 자본을 필요로 하는 농기계의 발달, 토지가치의 상승, 철도가 야기한 변화들, 소생산자에 비해 대규모 생산자가 누리는 이점 등이다. 이 현상이 가속화되고 있다는 사실에는 의심의 여지가 없다. 지금 농업의 새 시대는 시작단계에 들어섰을 뿐이다. 이로 인해 생기는 이득이 무엇이건 간에 한 가지는 분명하다. 이 현상과 함께 미국 농민 중 상당수는 소작농이나 노동자로 전락할 것이라는 점이다. 지난 10년 동안 미국에서 소작농이 증가했는지 여부를 밝힐 방법은 없다. 지난번 인구조사 이전에는 소작농에 관한 조사가 이뤄진 적이 없기 때문이다. 그러나 지난번 인구조사를 통해 1880년에 무려 102만 4,601명에 달하는 소작농이 존재했다는 사실은 확인할 수 있다. 명목상 자신의 토지를 소유하고 있지만 실제로는 모기지 이자의 형태로 지대를 바치고 있는 농민의 숫자를 파악할 수 있다면, 그래서 그것까지 더한다면, 놀랄 만한 결과가 나올 것이다.

  다른 산업 부문에서 이와 같은 집적·집중 현상이 어떻게 진행되고 있는지에 대해서는 굳이 언급할 필요가 없다. 도처에서 이전에 독립적이었던 기계공이 공장 직공이 되고 있고, 작은 상점 주인이 큰 점포의 판매원이 되고 있으며, 소상인이 경리나 점원이 되고 있다는 것은 너무도 분명한 사실이다. 그리고 옛 제도에서는 독립적이었던 사람들이 대기업에 집단적으로 고용되고 있다는 것도 마찬가지로 분명한 사실이다. 그러나 사람들은 이러한 현상이 미치는 영향에 대해 거의 인식하지 못하고 있다. 자타가 공인하는 선생들을 포함한 다수의 사람들은 항상 사업에 성공하려면 열정과 근면, 그리고 절제가 반드시 필요하다고 말한다. 또 그들은 항상 아무것도 없이 시작해서 부자가 된 사람을 예로 들며 지금도 누구나 빈손으로 시작해서 부자가 될 수 있다고 주장한다.

우리 시대 부자들의 다수가 빈손으로 시작했다는 것은 사실이다. 하지만 그러한 성공신화를 지금도 쉽게 쓸 수 있다는 것은 사실이 아니다. 변화의 시기에는 언제나 개인이 성공할 수 있는 기회가 주어진다. 그러나 사회관계가 다시 조정되고 나면 그 기회는 사라지고 만다. 우리는 신대륙을 개척하는 과정에서 엄청난 변화를 경험했고, 증기기관을 도입하고 기계를 활용함으로써 예전 세상에서는 도저히 볼 수 없었던 산업의 변화를 일으켰다.

정복자 윌리엄William the Conqueror[1028~1087, 노르만 왕조를 열었던 잉글랜드의 왕]이 잉글랜드를 분할하여 추종자들에게 나눠준 이후 봉건 귀족이 형성되었는데, 이들은 처음에는 모험가들이었다. 그러나 사회가 다시 견고하게 확립되면서 평민들은 감히 꿈꿀 수 없는 세습귀족의 신분이 형성되었다. 윌리엄 시대 모험가의 후손들은 자기 조상들과 같은 계층의 사람들을 마치 나쁜 흙으로 만들어진 존재인 양 멸시했다. 새로운 국가가 빠른 속도로 형성되고 있을 때, 토지가 싸고 산업과 거래가 한창 발흥하는 시기에 시작하는 사람들은 이미 토지는 비싸지고 사회가 확립된 후에 시작하는 사람들이 누릴 수 없는 기회를 누린다.

신생국에서 1세대의 부자들은 모두 빈손으로 시작한 사람들이다. 2세대 이후의 부자들은 대개 상속받은 재산으로 시작한다. 미국에서 부자에 관한 이야기를 들을 때면, 우리는 자연스럽게 "그 사람은 어떻게 돈을 벌었습니까?"라고 묻는다. 그렇게 묻는 이유는 암묵적으로 그가 자수성가한 사람이라고 가정하기 때문이다. 미국에서는 대부분의 사람들이 그렇게 생각한다. 반면에 영국에서는 보통 그런 질문을 하지 않는다. 왜냐하면 영국인들은 대부분 부자는 조상으로부터 재산을 상속받았다고 가정하기 때문이다. 단, 영국의 토지가 오래전에 모두 분할되었다 할지라도, 증기기관과 기계가 도입되면서 생긴 거대한 변화로 인해 영국의 노동계급은 미국에서와 마찬가지로 부자가 될 수 있었다. 이제 그런 기회의 문은 닫혀버렸거나 닫히고 있는 중이다. 기차가 출발해서 천천히 움직일 때는, 한 발짝만 내디뎌도 올라탈 수 있다. 하지만 몇 분이 지나면 그때 발을 내딛지 않은 사람들은 숨 가쁘게 달려도 그 기차를 따라잡을 수가 없다. 기차가 출발할 때 탑승한 사람들이 쉽게 탔다고 해서 최고 속도로 달리고 있는 기차에 올라타는 것도 수월할 것으로 생각한다면 그건 정말 터무니없다. 마찬가지로 증기기관과 기계가 영향을 미치기 시작했을 때 주어진 기회들이 계속 남아 있을 것으로 생각한다면 그것도 정말 터무니없다.

언젠가 맨체스터에서 제조업을 경영하다 은퇴한 부유한 영국인 지인이 자기 인생사를 내게 들려주었다. 나는 그때, 마사麻絲 제조가 전부 수작업으로 이뤄지고 있던 시기에 그가 어떻게 여덟 살의 나이로 마사 제조를 돕는 일을 하게 되었는지, 청년이 되어 어떻게 맨체스터에 가서 아마亞麻 한 꾸러미를 얻게 되었는지, 또 그것으로 어떻게 마사를 만들어 팔았는지, 그 후 어떻게 작은 점포를 내고 거기에 일하는 사람을 두게 되었는지, 기계가 발명되고 증기기관이 도입될 때 어떻게 그것을 이용했는지, 어떻게 큰 공장을 세우고 많은 돈을 벌어서 마침내 여생을 안락하게 보내기 위해 사업을 아들에게 물려주고 은퇴하게 되었는지 소상하게 들을 수 있었다.

나는 그에게 "지금 당신이 청년이라면 맨체스터에 가서 다시 그 일을 할 수 있겠습니까?"라고 물었다.

"아니." 그가 대답했다. "누구도 할 수 없을 거야. 당시 내가 갖고 있던 5실링 대신 5만 파운드가 있어도 못 하겠네."

증기기관이나 기계와 같은 새로운 발명품들이 활발하게 도입된 부문은 어디나 사정이 비슷하다. 르랜드 스탠포드는 캘리포니아에 소떼를 끌고 갔던 사람이다. 그리고 독일 출신의 가난한 소년 헨리 빌라드 Henry Villard(1835~1900, 미국의 언론인이자 철도재벌)는 신문기자가 되어 캔자스시티에서 덴버까지 노새를 타고 갔던 사람이다. 그가 지나갔던 평원은 인디언이 출몰했기 때문에 은행계좌를 가진 사람이라면 누구도 지나가려고 하지 않았을 곳이다.

스탠포드와 그의 동료들은 정부 보조금으로 센트럴 퍼시픽 사를 손에 넣은 이후 승승장구해, 지금은 연장거리가 약 1만 2,000마일에 달하는 철도, 수백만 에이커의 토지, 증기선, 운송회사, 은행, 신문사의 주인이다. 주의회와 연방의회의 의원들과 판사들을 좌지우지하는 것은 말할 필요도 없다. 빌라드도 마찬가지다. 그는 일련의 운 좋은 사건들 덕분에 오레곤 증기선 운항회사와 북태평양 철도회사를 손에 넣었다. 그는 스탠포드가 관할하던 지역의 북쪽 광대한 지역을 지배하는 철도왕으로 성장했고, 스탠포드와 마찬가지로 수천 마일에 달하는 철도, 수백만 에이커의 토지, 신문사의 주인으로서, 정치적 심복과 파리〔비판자나 반대세력을 의미한다〕를 퇴치할 글쟁이들을 거느리고 있으며, 자신이 금못〔철도공사 완공을 기념해 마지막에 박았던 못〕 박는 것을 구경할 귀족과 부호들을 수없이 불러들일 수 있다.

스탠포드와 빌라드에게 주어진 기회는 신생국이 탄생하거나 새로운 발명품이 널리 보급되는 경우에만 생기는 것이다. 더욱이 성공한 스탠포드와 빌라드의 존재는 다른 사람들이 그들처럼 성공하는 것을 불가능하게 만든다. 지금 두 사람이 관할하는 지역에서 철도사업을 시작하려는 사람은 누구나 그들의 부하가 되거나 아니면 그들에게 종속되어야만 한다. 거대 철도왕만이 다른 거대 철도왕과 싸울 수 있다. 철도산업을 장악한 철도왕들은 한 걸음 더 나아가 지선支線 철도, 운송회사, 역마차 노선, 증기선 항로까지 지배하게 되며, 소도시를 만들거나 없앨 수도 있고, 운송이 필요한 사업을 하는 사람의 사정을 속속들이 파악해서 그의 몫으로 돌아가야 할 부분 외에는 모조리 자기 주머니에 집어넣을 수도 있다. 이는 마치 나무가 크게 자라서 주변 땅의 수분을 죄다 빨아들이고 그 큰 그림자로 다른 식물들의 성장을 방해하는 것과 비슷하다.

이러한 집중 현상은 모든 사업에서 나타난다. 큰 공장은 작은 공장을 몰아낸다. 큰 상점은 작은 상점이 경쟁에서 낙오할 때까지 물건을 싸게 판다. 뉴욕 챔버스 가街에 위치한 아메리칸 신문사 건물 옥상에는 신문 배달원의 대리석 조각상이 세워져 있다. 이 거대 기업의 경영자가 신문 배달원으로 사회생활을 시작했던 것이다. 처음에 몇몇 신문 판매업자들이 공동편의를 위해 뭉쳤던 것이 매우 강력한 회사로 성장했다. 자본과 기술을 갖춘 여러 기업이 연속해서 아메리칸 신문사의 독점을 무너뜨리거나 나눠 가지려는 시도를 했으나 다들 거꾸로 무너지고 말았다. 신문 배달원은 서기직을 맡기 위해 인도로 가는 영국 청년이 클라이브 경Lord Robert Clive〔1725~1774, 영국의 군인이자 정치가로 사실상의 인도 총독인 벵골 행정관을 지냈다. 18세에 돈을 벌기 위해 인도로 건너갔다〕의 동상을 올려다보는 마음으로 빌딩 옥상의 동상을 올려다볼지 모른다. 그것은 분명 그 소년에게는 교훈이자 자극이 될 수 있을 것이다. 그러나 인도를 영국의 식민지로 만드는 과정에서 성취된 클라이브 경의 성공을 반복하는 것이 불가능하듯이, 소규모 자본을 가진 사람들이 아메리칸 신문사와 같은 거대 기업의 성공을 반복하는 것도 불가능하다.

인쇄업자는 트리뷴 건물을 올려다보고, 신문기자는 헤럴드 건물을 올려다볼지 모른다. 하지만 지금은 그릴리Horace Greeley〔『뉴욕 트리뷴』 창간자〕나 베네트James Gordon Bennett〔『뉴욕 헤럴드』 창간자〕라 할지라도 굴드 같은 사람의 후원을 받지 않는 한, 뉴욕에서 일급 신문사를 설립하거나 기존의 신문사를 장악하겠다는 꿈을 품지 못할 것이다. 아주 최근에 생긴 도시에서조차 인쇄업자 몇 명과 신문기자 몇 명이 뭉쳐서 일간신문을 발행할 수 있는 시기는 이미 지나가버렸다. AP통신 같은 비공개 기업은 말할 필요도 없이, 이미 신문사는 거액의 자본을 필요로 하는 거대한 기계처럼 되어버렸다. 신문사를 지배하는 자본가의 구미에 맞게 글을 써야만 하는 문예 직공〔기자를 가리킨다〕들이 대부분의 지면을 채우고 있다.

한 세대 전까지만 해도 모든 장비를 갖춘 500톤급 인도 무역선은 매우 큰 배로 취급되었다. 지금 우리는 1,000톤급 규모의 연안선을 건조하고 있다. 대양을 항해하는 일급 증기선이 1,200톤급이나 1,500톤급 규모가 된 것도 그리 오래된 이야기가 아니다. 지금은 대서양을 횡단하는 호화 증기선의 규모가 1만 톤급이다. 그 결과, 선장의 숫자는 예전보다 줄어들었고 선장이 될 수 있는 기회도 예전 같지 않다. 대서양을 횡단하는 큰 증기선의 선장 한 사람이 최근에 내게 말하길, 젊어서 작은 범선을 지휘하던 때보다 봉급이 많지 않다고 했다. 지금은 '운임 할증'이나 '모험'은 불가능하고, 이런 대규모 증기선의 선주는 차치하고 선장이 될 수 있는 가능성도 없다.

세습 카스트제도처럼 엄격한 시스템이 지배하지 않는 한, 뛰어난 능력이나 행운 덕분에 가난에서 벗어나 부자가 되거나 하층계급에서 상층계급으로 올라가는 사람은 늘 존재한다. 그러나 오늘날에는 그런 일이 점점 더 어려워지고 있다는 것이 문제다. 굴드는 현재의 밴더빌트[코넬리우스 밴더빌트의 아들 윌리엄 밴더빌트를 가리킨다]보다 유능한 사람인 것 같다. 만약 밴더빌트가 굴드와 동일한 조건에서 출발했더라면, 그는 쥐덫을 팔러 다니거나 누군가의 직원이 되어 쥐꼬리만한 월급을 받으며 일하고 있을지도 모른다. 반면에 굴드는 자력으로 엄청난 돈을 벌었다. 하지만 굴드의 돈 버는 능력이 아무리 뛰어나다 하더라도 아버지 밴더빌트가 물려준 막대한 재산에 의해 정해지는 출발선을 이길 수는 없다. 현재 막대한 돈을 벌어들이는 사람의 후손이 상속을 받을 때쯤이면, 다른 누구의 후손도 경쟁자가 되기 어려울 것이다.

오늘날 문제가 되는 것은 부의 집중만이 아니다. 막대한 재산이 영속화되는 경향이 나타나고 있다는 점도 문제다. 이에 대한 반대운동은 없다. 부자들의 습관도 그 많은 재산을 탕진할 정도로 사치스럽지는 않다. 큰 도박은 한물갔고, 증권거래소에서의 도박은 부자들보다는 소액 개미들에게 더 위험하다. 주식, 채권, 모기지, 예금, 신탁 등이 부자들의 재산유지를 돕고 있으며, 모든 현대적 기관이 재산을 성공적으로 활용할 수 있는 영역을 확대하고 있다.

반면 단순 노동자들은 점점 더 절망적인 상태에 빠지고 있고, 소자본은 대자본과 경쟁하기가 점점 더 힘들어지고 있다. 큰 철도회사가 작은 철도회사를 집어삼키고 있고, 큰 전신회사 하나가 이미 미 대륙 전체의 전신선telegraph wire을 장악하고 있다. 그 전신회사는 특허 매입비용을 절감하기 위해 발명가들에게 발명을 하지 않는 대가를 지불하는 짓까지 서슴지 않고 있다. 영국에서 대부분의 공공주택이 거대 양조업자들의 손에 넘어갔듯이, 이곳 미국에서도 대기업들이 젊은이들에게 주식 담보대출을 받게 만들고 있다. 또 영국에서 기차 승객들에게 식품과 음료를 판매하는 사업이 한 대기업의 손에 넘어가고 파리에서 많은 지점을 가진 한 거대 외식업체가 소규모 외식업체들의 사업을 잠식했듯이, 이곳 미국에서도 기차 안에서 신문과 땅콩을 파는 소년들은 회사에 고용되어 있고, 화물 운반과 심부름 일도 기업이 맡아 운영하고 있다.

나는 지금 이러한 경향이 공공의 편의를 크게 증진시킬 수 있음을 부인하고 있는 것이 아니다. 그런 경향이 존재한다는 사실을 지적하고 있을 뿐이다. 유럽에서는 봉건제가 등장하던 시기에 자유 토지 소유자를 가신家臣으로 전환시키고 전체 사회를 수직적 계층구조로 만든 커다란 변화가 있었다. 바로 봉건적 주종관계의 성립이다. 지금 문명세계 곳곳에서는 그와 비슷한 변화가 일어나고 있다. 새로운 귀족

제도가 세습제인지 아닌지는 별로 중요하지 않다. 누가 복권에 당첨될지는 아무도 모른다. 그러나 참여하는 대다수의 사람들이 당첨되지 않는다는 것만은 확실하다. 아직까지 사회적 지위가 세습되는 일은 일어나지 않았지만, 언젠가 1,000명의 노동자가 한 명의 고용주를 위해 일해야만 하는 때가 온다면, 비록 그 한 명이 1,000명과 같은 신분 출신이라 할지라도 고용주 대 노동자의 비율은 1대 1,000이 될 것이다. 우리는 '주인'이라는 단어를 좋아하지 않는다. 그건 미국식이 아니다! 하지만 우리에게 주인이 생겼는데도 그 단어의 사용을 거부할 수 있을까? 일자리는 그 때문에 내가 고통을 겪어야 하지만 내게 반드시 있어야 하는 것이다. 내게 그런 일자리를 주는 사람이 내 주인이다. 부르고 싶은 대로 부르게 하라.

6
현재의 사회상태에 내재하는 불의

일부 사람은 부유하고 다른 사람들은 가난한 것이 자연스러운 일이며, 부의 분배가 점점 더 불평등해진다고 해서 제도에 문제가 있는 것은 아니라는 이론이 요즘 나오는 문헌 중에 만연해 있다. 언론, 교회, 학교와 대학에서도 이 이론을 아무렇지 않게 가르친다.

 그 이론을 잠깐 살펴보자. 우리는 이 나라가 자유국가라고 배운다. 모든 사람이 투표권을 행사하며 기회를 누린다. 노동자의 아들이 대통령이 될 수도 있고, 오늘 가난한 소년이 30~40년 후에 백만장자가 될 수도 있으며, 거꾸로 백만장자의 후손들이 가난해질 수도 있다. 이 이상 무엇을 더 바라겠는가? 능력 있고 근면하며 분별력과 선견지명을 갖춘 사람은 대부호가 될 수도 있다. 만일 어떤 사람이 부자가 될 능력이 없다면 그런 능력을 가진 사람에 대해 불평해서는 안 된다. 어떤 사람들이 많이 누리면서도 적게 일하고 있다면, 그것은 그들이나 그 부모들이 돈을 벌고 재산을 모을 줄 아는 우수한 자질을 가졌기 때문이다. 반면 다른 어떤 사람들이 열심히 일하는데도 얼마 벌지 못한다면, 그것은 그들이 무지하고 게으르며 초기 자본을 마련하는 데 필요한 근검절약을 실천하려는 의지가 없어서 먼저 유리한 고지를 차지하지 못했기 때문이다.

사람들이 불평등한 상태에 처하게 되는 것은 타고난 불평등, 즉 사람들이 원래부터 갖고 있던 힘과 역량의 차이에서 기인한다. 한 사람은 1년에 몇백 달러를 벌기 위해 하루에 10시간에서 12시간에 걸쳐 고된 노동을 해야 하는 반면 다른 한 사람은 거의 일을 하지 않고도 수천 달러의 소득을 얻는다면, 이는 전자가 부의 총량을 증가시키기 위해 쓸 수 있는 것이 기껏해야 자기 근육의 힘뿐이기 때문이다. 동물적인 힘 이상의 능력을 발휘하지 않는 그가 동물보다 더 나은 대우를 받기를 기대한다는 건 어불성설이다. 군대로 치면 그는 시키는 대로 똑바로 서 있거나 행진해야만 하는 이등병에 불과하다. 반면에 후자는 군대 전체를 이끌고 권한을 행사하는 지휘관 또는 장군이라고 할 수 있다. 그는 생각하고, 계획하고, 필요한 것들을 조달해야만 한다. 그가 많은 봉급을 받는 것은 다른 사람들보다 훨씬 더 뛰어난 능력을 발휘하고 훨씬 더 중요한 역할을 감당하기 때문이다.

더 많은 교육을 받고 더 뛰어난 기술을 지닌 사람이 더 많은 보수를 받는 것은 당연하지 않은가? 남보다 뛰어나기 위해 열심히 공부한 사람들에게 큰 상이 주어지지 않는다면, 무언가 잘하기 위해 고생스럽게 공부할 이유가 있겠는가? 라파엘이나 루벤스 같은 화가에게 페인트공보다 더 많은 보수를 주지 않는 것은 엄청난 불의일 뿐만 아니라 위대한 화가의 성장을 막는 결과를 낳는다는 점에서 문제가 크다. 사회적 불평등을 없애려다가는 진보에 대한 자극도 없애게 될 것이다. 여기에 이의를 제기하는 것은 자연의 법칙에 이의를 제기하는 것이나 마찬가지다. 그러려면 차라리 하루의 길이나 달의 변화를 두고 화를 내거나 계곡과 산, 그리고 적도 지역과 극지방이 존재한다고 불평하는 편이 낫다. 모종의 폭력적 수단을 동원하여 부를 평등하게 나눈다면 해로운 결과밖에 얻을 수 없을 것이다. 게다가 얼마 뒤에는 이전과 같은 커다란 불평등이 다시 생길 수밖에 없을 것이다.

 이와 같은 내용은 실제로 우리가 늘 듣고 있는 가르침이다. 어떤 사람들은 그것이 자신들의 허영심을 채워주고 이해관계에 부합하고 바라는 바를 만족시켜주기 때문에 받아들인다. 하지만 그런 이야기를 지겹도록 들어왔기 때문에 받아들이는 사람들도 있다. 폭넓은 지지를 얻고 있는 모든 잘못된 이론과 마찬가지로 이 이론도 상당한 진실을 포함하고 있다. 그러나 그 진실은 다른 진실로부터 격리된, 거짓이 섞인 진실이다.

 선체에 구멍이 나 있는데 물을 퍼내려고 애쓰는 것은 쓸데없는 짓이다. 그러나 이는 물이 새는 것을 막고 배를 말리는 것이 불가능하다는 뜻은 아니다. 마찬가지로 현 상황에서는 재산의 불평등을 임의로 잠시 완화하더라도 그것은 다시 생겨날 것이다. 그러나 이는 불평등을 초래하는 조건들을 바꿀 수 없다는 뜻은 아니다.

 현재의 재산 소유에 불평등이 존재하는 것은 인간의 자질과 능력에 차이가 있어서가 아니다. 나는 손이 매우 빠른 식자공과 매우 느린 식자공을 본 적이 있다. 그런데 내가 본 식자공들 중 가장 빠른 사람도 가장 느린 사람에 비해 식자 속도가 두 배 이상 빠르지는 않았다. 다른 분야도 사정은 크게 다르지 않을 것으로 생각한다. 보통 사람들에게는 키가 여섯 번째냐 일곱 번째냐 하는 것이 큰 차이일지 모르지만, 지금까지 알려진 최고 거인도 지금까지 알려진 최단신 작은 난쟁이에 비해 키가 네 배 이상 크지는 않았다. 여기에 관심을 가지고 지켜본 사람들 중에 어느 누구도 신체적인 차이에 비해 정신적인 능력의 차이가 더 클 것이라고 말하지는 않을 것이다. 그러나 이상하게도 이 세상에는 이미 다른 사람들보다 수억 배 더 부유한 사람들이 존재하고 있다.

생산하는 사람이 소유해야 하고 저축하는 사람이 누려야 한다는 것은 인간의 이성과 자연적 질서에 부합하는 말이다. 여기에 비춰보면 현재의 불평등은 정당화될 수 없다. 사실, 대부호들 중에 공정하게 부를 획득한 사람이 몇 명이나 될까? 그들이 소유한 부 가운데 소유자 자신이나 그들에게 부를 건네준 사람들이 생산한 것의 비중이 얼마나 될까? 이런 부를 형성하는 데는 뛰어난 근면성과 기술 이상의 무엇인가가 작용하지 않았을까? 물론 그와 같은 자질들이 출발을 유리하게 할 수는 있다. 하지만 재산 보유액이 수백만 달러에 달하는 사람들을 보면 독점적 요소, 즉 다른 사람이 생산한 부를 전유하는 행위가 개입되지 않은 경우를 발견하기 어렵다. 그들에게서는 뛰어난 근면성, 기술 또는 자기부인self-denial과 같은 요인은 전혀 찾아볼 수 없고, 그저 다른 사람보다 운이 더 좋았거나 훨씬 더 파렴치한 행동을 일삼았다는 흔적만 드러나는 경우가 많다.

최근 내 지인 한 사람이 샌프란시스코에서 세상을 떠나면서 400만 달러의 유산을 남겼다. 그 돈은 영국에 있는 것으로 알려진 상속자들에게 지급될 예정이다. 지금까지 나는 그 사람보다 더 근면하고 더 기술이 뛰어나며 더 많이 절약하지만, 유산으로 단돈 1센트도 남기지 못하는 사람들을 많이 보았다. 그는 자신의 근면성, 기술, 절약정신으로 부를 얻은 것이 아니다. 영국에 있는 운 좋은 그의 친척들, 이제 여생 동안 아무 일도 안 해도 되는 사람들이 그 유산을 얻기 위해 생산을 한 적이 없듯이, 그도 생산을 통해 그 재산을 얻은 것이 아니다. 그는 일찌감치 샌프란시스코에 땅을 사서 가지고 있었는데 도시가 성장하면서 땅값이 폭등하는 바람에 부자가 되었다. 그의 재산은 그가 번 것이 아니고 지표면의 한 부분을 독점함으로써 다른 사람이 번 것을 전유할 수 있었기 때문에 얻어진 것이다.

다른 날, 피츠버그에서 300만 달러의 유산을 남기고 사망한 사람이 있다. 그가 특별히 근면하고 기술이 뛰어나고 절약정신이 뚜렷했는지 아닌지는 잘 모르겠다. 그러나 그가 그만한 부자가 된 것은 그런 장점들 덕분이 아니라, 워싱턴에 가서 '유럽의 빈민노동으로부터 미국 노동자들을 보호'한다는 명분으로 세율 60퍼센트의 관세를 부여하는 법안을 통과시키기 위한 로비를 지원했기 때문이다. 그는 결국 그 일에 성공하여 고율 관세의 혜택을 마음껏 누릴 수 있었다. 죽는 날까지 그는 철저한 보호무역주의자였으며, 자유무역은 미국의 '유치산업'infant industry을 붕괴시킬 것이라고 말하곤 했다. 그가 천사와도 같은 자신의 '유치산업'에서 벌어들인 300만 달러는 분명 생산에 기여해서 생긴 것이 아니다. 그것은 다른 사람들이 번 것을 퍼 담을 수 있게 한 관세제도가 그에게 준 선물이었다.

대부호들을 분석해보면 이런 독점, 전유, 약탈과 같은 요소들이 그들이 그처럼 많은 재산을 모을 수 있었던 이유를 대부분 설명한다는 사실을 알게 된다.

거대한 부가 자본의 생산력에서 기인하는 것처럼 말하는 사람들이 있다. 그들 중에는 두 부류가 있는데, 한쪽은 현재의 사회제도를 괜찮다고 보는 사람들이고 다른 한쪽은 자본을 맹렬히 비난하며 이자를 철폐해야 한다고 주장하는 사람들이다. 전자는 번 돈을 열심히 저축하고 모인 돈을 생산에 재투입하여 자본을 자연스럽게 증식시키는 사람이 부자가 된다고 생각한다. 후자는 1달러를 6퍼센트의 복리이자로 100년간 빌려줄 경우 엄청난 금액이 된다는 계산을 내세워, 거대한 재산이 축적되는 것을 막으려면 이자를 철폐해야 한다고 주장한다.

그러나 근면하게 일해서 얻은 자본의 정당한 증식을 통해 거대한 재산이 형성된 사례를 찾기는 매우 어렵다.

로스차일드 가家의 재산은 헤센 카셀의 백작Landgrave of Hessen-Cassel(독일은 1871년 정치적 통일을 실현하기 전에는 여러 개의 영방국가(봉건 제후들이 세운 지방국가)로 구성되어 있었는데 헤센 카셀은 그중 하나였다)이 자기 백성을 영국에 팔아넘겨 미국 독립전쟁에서 우리 조상들과 싸우게 하고 받은 돈에서 비롯되었다. 그 작은 폭군이 큰 폭군들로부터 백성들의 목숨 값으로 받은 돈이 출발점이었던 것이다. 그 돈이 현재와 같이 거대한 부로 늘어나는 데는, 백성을 지배하고 파괴적인 전쟁을 치르기 위해 돈이 필요했던 유럽 왕들에게 대출을 알선했던 것이 큰 역할을 했다. 영국은 이집트 총독에게 돈을 대출—총독은 궁궐을 꾸미고, 요트를 사고, 첩과 무희들을 거느리고, 마차 여러 대 분의 다이아몬드를 (그것도 미국의 윌리엄 셔먼 장군에게 선물했던 것과 같은 것들로) 사는 데 그 돈을 탕진했다―해주고는, 가난한 이집트 농민들을 쥐어짜서 막대한 이자를 받아내고 있다. 그와 마찬가지로 로스차일드 가의 재산은 근면하게 일해서 벌어들인 것도 아니고 자본이 증식해서 생긴 것도 아니다.

영국에서 부자 중의 부자인 웨스트민스터 공작Duke of Westminster이 갖고 있는 막대한 재산은 순전히 다른 사람들이 번 것을 전유한 결과다. 러시아 군주들이 마음에 드는 자들에게 수천 명의 러시아인들을 농노로 주면서 하사했던 막대한 재산과 마찬가지로, 웨스트민스터 공작의 재산은 공작 자신이나 그 조상들이 번 것에서 나오지 않았다. 오래전에 죽은 한 영국 왕이 현 웨스트민스터 공작의 조상에게 땅을 하사했는데 그 땅이 런던에 편입되었다. 다시 말하면 그 영국 왕은 그 조상에게, 현 공작이 현재의 영국인 수천 명으로부터 그들이 번 것을 전유할 수 있는 특권을 부여한 것이다. 멍청한 영국인들은 지금까지도 그 특권을 인정하고 있다.

그와 마찬가지로 영국의 주조업자와 양조업자들의 거대한 재산도 상당 부분 독점과 사업 집중 행위를 통해 축적되었다.

이제 미국의 애스터 가로 눈을 돌려보자. 애스터 가의 재산은 웨스트민스터 공작이나 다른 영국 지주들의 경우와 마찬가지로 대부분 다른 사람들이 번 것을 전유한 것이다. 애스터 가의 제1대 애스터가 그 당시 살고 있던 특정 사람들과 협정을 맺은 덕에 지금 그의 후손이 다른 사람의 후손으로부터 '세금'을 징수할 수 있다(즉, 현재 뉴욕에 살고 있는 수천 명으로부터 그들이 번 것 중 상당 부분을 내라고 요구할 수 있다). 애스터

가 재산의 주요 부분은 생산이나 저축으로 생긴 것이 아니다. 어떤 사람도 토지를 생산하거나 저축할 수는 없다. 설사 애스터 가 사람들이 모두 독일에 남아 있었거나 한 사람도 존재하지 않았다 하더라도 맨해튼 섬의 토지는 지금 그대로 여기 있었을 것이다.

밴더빌트 가는 어땠을까? 제1대 밴더빌트는 고된 노동으로 돈을 벌어 저축하던 선원이었다. 그러나 그로 하여금 어마어마한 재산을 남길 수 있도록 해준 것은 노동이나 저축이 아니라 약탈과 독점이었다. 그는 돈을 충분히 마련하자마자 그것을 이용해서 다른 사람의 소득을 강탈하기 시작했다. 그는 라이벌들을 따돌린 후 증기 여객선 항로를 독점했다. 그 후 그는 철도사업에 뛰어들어 동일한 수법을 사용했다. 키드 선장Captain Kidd(1654~1701, 영국의 유명한 해적)이 땅에 묻었던 재산과 마찬가지로 밴더빌트 가의 재산은 노동과 저축에서 나오지 않았다.

굴드의 사례를 보자. 굴드 씨는 처음에는 뛰어난 근면성과 자기부인으로 형성한 적은 재산을 가지고 시작했을지 모른다. 그렇지만 그를 억만장자로 만든 것은 그런 자질이 아니었다. 그가 돈을 모을 수 있었던 것은 철도산업을 엉망으로 만들고, 판사를 매수하고, 입법부를 부패시키고, 주식 가격과 요금을 조작하기 위해 패거리나 기업연합을 결성하는 일을 서슴지 않았기 때문이다.

퍼시픽 철도회사들(첫 번째 대륙 횡단 철도를 건설한 센트럴 퍼시픽 철도회사와 유니언 퍼시픽 철도회사를 가리킨다)이 창출한 거대한 재산도 그와 비슷한 과정을 거쳤다. 토지, 증권, 보조금을 받아내기 위한 로비, 크레디트 모빌리에 사와 콘트랙트 앤드 파이낸스 사(대륙 횡단 철도 건설을 관장케 하기 위해 유니언 퍼시픽 철도회사와 센트럴 퍼시픽 철도회사가 각각 설립한 회사들]의 '맹활약', 그리고 독점화와 요금 바가지 씌우기 등이 그 거대한 재산을 만든 주요 요인들이었다. 스탠더드 오일회사, 베세머 철강 연맹, 위스키세 연맹, 루시퍼 성냥 연맹과 그 외 '유럽의 빈민노동으로부터 미국 노동자들을 보호'한다는 명분으로 세워진 다수의 연맹들이 형성한 재산도 그와 마찬가지다.

특허 성공으로 생긴 재산에 대해 이야기할 수도 있겠다. 토지가치의 상승 덕에 생기는 재산과 마찬가지로 이 재산도 다름 아닌 독점에서 기인한다. 지금 나는 특허법의 사익 추구적 성격에 대해 논하고 있는 것은 아니지만, 말이 나온 김에 한마디 하자면 특허로 돈을 버는 사람들 중 대다수는 발명한 사람들이 아니다.

모든 거대한 재산, 아니 오늘날 당당히 재산이라 불릴 만한 모든 것의 배경에는 이와 같은 독점, 약탈, 도박의 요소들이 자리하고 있다. 최근 미국 내 최대 제조업체의 대표 한 사람이 내게 "우리가 돈을 버는 곳은 늘 하는 사업 분야가 아니라, 우리가 독점권을 얻을 수 있는 분야입니다"라고 말했다. 나는 그의 말이 보편적인 진실이라고 생각한다.

미국에서 토지가치의 상승이 재산 형성에 얼마나 중요한 역할을 해왔는지, 또 하고 있는지 생각해보라. 물론 이것은 말 그대로 독점이다. 토지가치의 상승은 토지 소유자가 부를 증가시켰음을 의미하지 않는다. 토지 소유자는 땅을 한 번도 보지 않았을 수도 있고, 땅을 개선하기 위해 아무 일도 하지 않았을 수도 있다. 그는 멀리 떨어진 도시에 살고 있을 수도 있다. 실제로 그런 사람이 적지 않다. 토지가치의 상승은 단지, 인간이 존재하기 전부터 있었던 것을 차지함으로써 다른 사람의 노동이 생산하는 부 가운데서 점점 더 많은 부분을 취할 수 있는 힘을 가진다는 것을 의미할 뿐이다. 독점이 얼마나 많은 재산을 만들었는지, 관세와 국내 조세제도가 파렴치한 자들에게 얼마나 많은 이익을 안겨주었는지 생각해보라. (본질적으로 독점사업인) 철도와 전신, 가스, 수도, 기타 유사한 독점들이 부의 집중에 얼마나 많이 기여했는지, 또 특별 요금, 기업 연합, 기업 결합, 매점買占, 주식 물타기, 주가 조작, 반대세력을 제거하거나 매수하기 위한 파괴적인 지출(거기에 드는 돈은 결국 공공이 지불할 수밖에 없다), 그리고 이런 일들이 암시하는 다른 많은 일들이 거대한 재산을 형성하는 데 얼마나 중요한 역할을 했는지 생각해보라. 그러면 적어도 부의 불평등한 분배가 강탈에 기인하는 바가 상당히 크다는 사실을 알게 될 것이다. 열심히 일하는 사람들은 너무도 적게 벌고 거의 아무 일도 하지 않는 사람은 그리도 많이 버는 이유는 대개 전자가 만드는 것이 어떤 방식으로든 후자에게 흘러가서 그들의 소득을 부풀리기 때문이다.

　상선의 선원들이 해적질로 돈을 벌려고 해적이 되어버리는 일이 끊이지 않는다고 해서 해적질이 옳고 그것을 진압하려는 노력을 해서는 안 된다고 말할 수 없듯이, 사람들이 만드는 것보다 더 적게 버는 쪽에서 만드는 것보다 더 많이 버는 쪽으로 이동하려는 경향이 계속된다고 해서 그런 상태가 옳다고 할 수는 없다.

　나는 지금 부자들을 비난하고 있는 것도 아니고, 이런 이야기를 통해 시기심이나 증오를 불러일으키려는 것도 아니다. 하지만 우리가 사회문제에 대해 명확하게 이해한다면, 어떤 사람들은 엄청난 부를 얻을 수 있는 반면 다른 사람들은 너무도 비참한 가난에 빠져 있어야만 하는 현실이, 바로 우리가 허용하고 만든 독점, 우리가 다른 사람을 제치고 한 사람에게만 준 특혜, 그리고 법과 여론에 의해 인정받은 강탈에서 기인한다는 사실을 틀림없이 깨닫게 될 것이다. 우리가 주위를 돌아보면서 대부분의 재산 형성에 영향을 미치는 독점, 강탈, 약탈의 요소에 주의를 기울인다면, 한편으로는 사회관계에는 아무런 잘못이 없으며 부의 분배가 불평등해지는 이유는 인간 본성이 불평등하기 때문이라고 가르치는 사람들이 얼마나 정직하지 못한지 발견하게 될 것이다. 그리고 다른 한편으로는 자본이 마치 공공의 적인 것처럼 이야기하고 부의 획득을 자의적으로 제한하려는 계획을 주장하는 사람들이 얼마나 함부로 말하는지 알게 될 것이다. 자본은 선한 것이다. 그리고 독점가가 아닌 자본가는 돕는 사람이다. 어떤 사람이 부를 획득하는 과정에서 다른 사람들의 것을 빼앗지 않는다면, 그가 할 수 있는 만큼 부유해지더라도 우리는 안심하고 내버려둘 수 있다.

현재의 사회구성에는 뿌리 깊은 잘못이 있다. 그러나 그것은 인간의 본성이나 창조주가 정한 사회법칙—창조주의 법칙은 물리적 법칙과 함께 사회법칙도 포함한다—에 내재하는 잘못이 아니고, 나쁜 사회제도에서 기인하는 잘못이다. 이런 잘못은 우리 힘으로 고칠 수 있다. 각 사람이 부를 똑같이 얻는 것이 아니라 부의 총량에 기여한 만큼 얻어야 이상적인 사회상태라 할 수 있다. 그런 사회상태에서는 노력에 대한 자극이 지금보다 훨씬 많을 것이다. 만일 각 사람이 자신이 만든 것을 모두 자기 집으로 가져갈 수 있다면, 사람들은 더 근면하고 도덕적인 존재, 더 좋은 노동자, 더 좋은 시민이 될 것이다. 사람들이 자신이 만든 것을 '솥'에 집어넣고는, 어떤 사람들은 만든 것보다 훨씬 많이 갖고 다른 사람들은 거의 아무것도 갖지 못할 때까지 도박을 벌이는 경우와 비교해보라. 분명 그렇게 되지 않겠는가?

7
이것이 정말 최선의 세상일까?

 같은 하늘 아래에도 여러 세상이 존재한다. 돈을 많이 가지고 뉴욕에 와서 윈저나 브런즈윅에 머물며 5번가 대저택의 주인으로부터 환대를 받는 사람은 뉴욕의 한 단면을 볼 것이다. 반면 1달러 50센트를 가지고 뉴욕에 와서 1박에 25센트를 받는 숙소에 묵는 사람은 뉴욕의 다른 단면을 볼 것이다. 물론 뉴욕에는 1박에 15센트를 받는 숙소도 있으며, 너무 가난해서 그런 곳조차 가지 못하는 사람들도 있다.
 5월의 밝은 햇살 아래, 한 철도왕의 딸이 갈색 말을 타고 근사한 승마복을 휘날리며 센트럴 파크 거리를 달린다. 깔끔한 승마 부츠를 신고 멋진 새 제복을 차려입은 마부가 근사한 말을 타고 예의를 갖추려는 듯 약간 뒤에서 그녀를 따라가고 있다. 마부의 말은 앞으로 나가고 싶어 안달이다. 영국식으로 차려입은 주식 투기꾼의 아들은 영국제 말채찍을 손에 쥔 채, 말이 한 걸음 내디딜 때마다 몸을 들썩이면서 그녀의 인사에 모자를 살짝 들어 화답한다. 그가 영국제 이륜마차—제복을 갖춰 입은 하인이 팔짱을 낀 채 뒷자리에 앉아 있다—를 타고 지나가고 나자, 그녀는 네덜란드 출신의 명문가 후손 한 사람과 인사를 나눈다. 양배추를 재배하던 그 명문가 조상의 밭은 지금은 벽돌과 모르타르로 뒤덮인 (지대를 징수하는) 지주의 땅으로 바뀌어 있다. 힘센 말이 끄는 마차몰기 클럽 소속 사두마차들이 제복을 입은 경호원과 최고의 마부들, 그리고 수다 떠는 사람들을 태운 채 질주한다. 부드럽고 따뜻한 노랫소리가 울려나온다. 마차를 타고 달리는 사람들에게 인생이란 공휴일과 같다. 일과가 되다시피 한 무도회 참석, 파티 참석, 극장 관람, 연애질 등도 마찬가지다. 그들의 인생에 새로운 기쁨을 주는 발명이 없다면, 욕구 충족에서 생기는 만족감 때문에 시간은 느릿느릿 지나갈 수밖에 없다.

이들의 밝은 세상은 아침부터 밤까지 우중충한 분위기의 길가에 앉아서 사과와 사탕을 파는 늙은 여인의 세상, 하루 종일 카운터 뒤나 베틀 앞에 서서 일하는 소녀들의 세상, 너무 오래 일하는 바람에 지칠 대로 지친 몸으로 재봉틀 앞에 허리를 굽히고 일하는 소녀들의 세상, 밤중에 나와 길거리를 배회하는 소녀들의 세상과 얼마나 다른가?

어떤 철도왕은 광대한 자기 왕국의 경영을 아랫사람에게 맡기고 유럽으로 떠난다. 다른 한 사람은 세계일주를 하고 싶은 마음이 생겨서 막대한 돈을 들여 새 요트를 마련했다. 세 번째 사람은 외국에 나가려고 하지 않는다. 매일 자신의 철도회사를 키우느라 바빠서 그렇다. 한편, 일요일 오후 형편없는 목사의 교회에 모여서 그의 설교를 듣는 사람들도 있다. 예정되어 있는 구제금을 받기 위해서다. 그리고 광장 벤치에는 침울하고 사색이 된 얼굴을 하고 앉아 있는 사람들이 있다. 그 얼굴들에서 불타는 열정이나 희망의 불빛 같은 것은 사라지고 없다. 부랑자와 놈팡이, 상처투성이인 사람, 우리 사회에서 버림받은 사람이 바로 그들이다.

나는 저녁때 브로드웨이를 산책하다가, 짐 피스크Jim Fisk〔행상과 곡마단 잡역부로 전전하다가 남북전쟁 중에 직물군납과 면화밀수로 큰돈을 번 후 주식 중개인으로 활약했다. 사업 파트너와 삼각관계로 다투다가 그의 총에 맞아 죽었다〕를 살해한 사람이 경영하던 근사한 가게 옆에서 몇 년 전 캘리포니아에서 알게 됐던 한 친구를 만났다. 처음 만났을 때 그 사람은 주머니에 1달러도 없었다. 그러나 지금은 달라졌다. 그는 우리가 함께 피워 무는 35센트짜리 시가 값을 지불하려고 주머니에서 지폐뭉치를 꺼냈다. 브로드웨이에서 가장 비싼 호텔들에 방을 잡아놓고 있고, 블리서트Blissert〔당시 뉴욕에서 유명했던 양복 재단사의 이름〕가 재단한 옷을 입으며, 델모니코 식당에 가야만 제대로 된 식사를 할 수 있다고 생각한다. 그는 자신이 관여하고 있는 '대단한 일'을 내게 소개하면서, 마치 아이들이 구슬에 대해 말하듯이 아무렇지 않게 몇백만 달러를 입에 올렸다. 사람이 민첩하기만 하면 대단한 일도 작은 일처럼 쉽게 다룰 수 있고, 큰 게임에서 중요한 역할을 하는 사람들도 가까이서 살펴보면 다른 사람들보다 결코 똑똑하지 않다는 말을 서슴지 않았다. 정치란 누가 정권을 잡느냐의 문제일 뿐이고, 실제로 나라를 지배하는 건 기업들이며, 이는 앞으로도 변하지 않을 것이라는 말도 덧붙였다. 그러니까 기업 편에 서지 않는 사람은 바보라는 것이다. "국민들? 그들이 뭘 알고, 뭘 신경 쓰겠습니까? 언론이 국민을 지배하고, 자본이 언론을 지배합니다. 토끼 편에 서서 사냥감이 되기보다는 개 편에 서서 사냥하는 게 낫습니다." 그의 말이다.

그와 헤어진 후 몸을 돌려 길 아래쪽으로 내려가다가 또 다른 지인과 마주쳤다. 대화가 막 흥미로워질 즈음 이야기를 멈추고 돌아섰다. 그 사람이 새벽 2시까지 출근해야 해서 더는 붙잡아둘 수 없다고 판단했기 때문이다. 그는 내 책 『진보와 빈곤』을 읽고 있는 중이었다. 조금씩 나누어 읽을 짬밖에 없고, 아이들이 좁은 방에서 시끄럽게 굴어서—아내가 아이들이 나쁜 짓을 배울까봐 밖에서 놀지 못하게 하기 때문이다—어떤 내용들은 이해하기가 여간 어렵지 않다고 했다. 그는 제빵사인데 형편이 괜찮은 축에 속한다. 그가 일하는 레스토랑은 하루에 12시간만 일을 시키기 때문이다. 대부분의 제빵사들은 하루에 14시간에서 16시간 일을 해야 한다. 그들의 작업환경에 익숙하지 않은 외부인이 거기서 일을 하면 바로 병이 날 것이다. 그런 환경에 익숙한 사람이라 할지라도 짬짬이 작업을 중단하고 누워 쉬거나 술을 마시지 않으면 견딜 수 없을 정도다. 어떤 빵집에서는 좋은 재료를 쓰기도 한다. 그러나 그럴 경우 부자들만 지불할 수 있는 높은 가격을 매겨야 한다. 대부분의 빵집에서는 제빵사들이 밀가루에서 구더기를 가려내야 하고 부패한 버터를 사용하는 일이 부지기수다.

그는 노동조합에 소속되어 있다. 노동조합 관계자들이 모든 제빵사를 가입시키기 위해 노력하고 있지만, 최장 시간 일하고 노동조합이 가장 필요한 그들을 가입시키기가 제일 어렵다고 한다. 장시간 노동으로 인해 그들은 멍청해지고 기개를 몽땅 잃어버렸다. 그는 자기 사업을 해보려고 한 적도 있었다. 아내와 허리띠를 졸라매고 수백 달러를 모아 작은 가게를 하나 차렸다. 하지만 그는 밀가루협회에 가입할 수 있을 정도의 여유가 없었다. 이 협회는 빵집 주인들이 만든 조합인데 거기에 가입하면 재료를 최저 비용으로 공급받을 수 있다. 그의 가게는 협회 소속 빵집과 경쟁이 되지 않았고, 그는 결국 돈을 다 잃고 다시 월급쟁이 신분으로 돌아갈 수밖에 없었다. 이제 그곳을 벗어날 가능성은 보이지 않는다는 것이 그의 생각이다. 가끔씩 차라리 노예가 되는 편이 낫겠다는 생각이 든다고 한다.

아이들은 점점 커가고 가족을 부양하는 데 드는 돈은 늘어만 간다. 게다가 5월 1일에는 집세가 2달러 올랐다고 한다. 아내가 관리인에게, 버는 돈은 그대로인데 생활비는 더 많이 든다고 호소해보았지만 소용이 없었다. 관리인은 어쩔 수 없는 일이라며 부동산 가치가 올랐기 때문에 집세도 올려야 한다고 말했다. 그러고는 사람들이 집세에 대해 불평하는 이유는 돈을 펑펑 쓰면서 다른 사람들이 가진 것은 다 가져야 한다고 생각하기 때문이며, 인간은 오트밀만 먹고도 살 수 있을 뿐 아니라 건강과 체구도 유지할 수 있는 존재인데 그렇게 하지 않기 때문에 집세 내는 데 어려움을 겪는 거라는 말까지 덧붙였다.

요즘 대서양을 건너 유럽에 가려는 사람이 너무 몰려서 몇 달 전에도 표를 예약하기 어렵다고 한다. 상류층 동네에 즐비한 근사하고 넓은 저택의 주인들은 곧 문을 꼭꼭 잠그고 유럽 여행을 떠나거나 해변과 산으로 놀러 갈 것이다. "모두가 떠나고 동네가 텅텅 빕니다"라고 그들은 말할 것이다. 그러나 실은 모두는 아니다. 브룩클린을 계산에 넣지 않더라도 120만 명에서 130만 명에 달하는 사람들이 무더운 여름의 찜통더위에 시달리며 남아 있을 것이다. 빽빽이 들어서 있는 공

이것이 정말 최선의 세상일까?

동주택의 문은 여름에도 잠기지 않을 것이다. 사람들은 약간의 바람이라도 통하게 하려고 모든 창문과 문을 열어둘 것이다. 더러운 길거리는 비루한 인생들로 가득하고 지저분한 어린아이들이 노는 소리로 시끄러울 것이다. 그 어린아이들은 한 번도 푸른 잔디밭이나 부서지는 파도를 본 적이 없다(간혹 자선단체에서 구경시켜줘서 본 아이들이 있을지는 모르겠다). 지친 여인들은 우는 아기들을 달래느라 진이 빠질 것이다. 그 아기들이 계속해서 우는 이유는 충분한 영양과 신선한 공기가 부족하기 때문이다. 겨우내 감춰져 있던 비루하고 비참한 삶은 그렇게 사방에서 모습을 드러낼 것이다.

이런 도시에서 일부 사람들이 사는 세상은 다른 사람들이 사는 세상과 너무 많이 다르다. 마치 목성이 화성과 다른 것과 마찬가지다. 우리는 눈을 감아버리고 생각하려 하지 않지만 그래도 사람들이 살고 있는 세상, 악이 선을 대신하며 현세와 내세에 대한 희망이 완전히 사라진 세상이 존재한다. 야만적이고, 다툼이 끊이지 않고, 악과 고통이 가득한 지옥과도 같은 세상이다.

베르사유 궁전의 정원까지 굶주린 군중의 성난 외침이 전해지자, 순진한 프랑스 왕비는 "빵이 없으면 케이크를 먹으면 될 텐데, 저들은 왜 빵을 달라고 절규하는 거지?"라고 물었다고 한다.

바보같이 느껴지겠지만, 평생 동안 자기가 케이크를 달라고 했을 때 받지 못한 적이 한 번도 없었던 이 아름다운 왕비가 다른 사람들보다 특별히 더 바보스러웠다고 할 수는 없다. 고급스러운 응접실에 앉은 사람들 중에서 가난한 사람에 대한 이야기가 나올 때면, 우리는 늘 "왜 가난한 사람들은 검소하지도, 고결하지도, 지혜롭지도, 차분하지도 않은 걸까?"라는 말을 듣게 된다. 이것이 저 프랑스 왕비의 질문과 뭐가 다른가? 검소함, 고결함, 지혜, 절제와 같은 덕목은 가난에서 나올 수 있는 열매들이 아니다.

하지만 내가 여기서 말하고 싶은 것은 그게 아니고, 오늘날 많은 사람들의 생각과 말에 깔려 있는 자기만족적 가정이다. 그리스도인이자 미국인인 우리가 살고 있는 이 세상이 사회제도 면에서 전능하신 하나님이 의도했던 세상과 가깝다는 가정 말이다.

어떤 사람은 명시적으로, 또 어떤 사람은 암시적으로 이야기하지만, 아무튼 이 가정은 사람들의 머릿속에 끊임없이 주입되고 있다. 현대의 놀라운 발명이 사회에 엄청난 영향을 미치고 있는데도 사회개선이 불가능하다는 믿음은 깨지지 않고 있다. 얼마 전까지만 해도 증기기관차가 땅 위를 다니고 증기선이 바다를 건너다닐 거라는 생각을 조롱했던 사람들도 지금은 놀라운 기계가 발명될 수 있다는 사실을 믿는다. 그런데 사회를 개선할 수 있다고 생각하는 사람, 이 세상에서 빈곤과 탐욕을 추방할 수 있다고 생각하는 사람은 아직도 문화와 이성理性을 자랑하는 사람들 사이에서는 위험한 미치광이까지는 아니라 할지라도 몽상가로 취급받는다.

물론 이 세상의 모든 것이 하나님의 뜻에 의해 결정된다고 보는 낡은 사상—소수에게 부를 안겨주고 다수에게 빈곤이라는 운명을 정해주며 일부 사람들을 지배자로 만들고 다른 사람들을 농노와 같은 존재로 만드는 것은 하나님의 신비한 섭리라고 보는 사상—은 힘을 잃고 있다. 하지만 그 자리에 동일한 목적에 이바지하는 또 다른 사상이 들어서고 있다. 과학의 이름으로 사회개선은 오로지 천천히 진행되는 인류의 진화―진화의 추동력은 험한 생존 경쟁이다―에 의해서만 가능하다고 주장하는 사상이다. 최근 나는 기독교의 교리를 자기 마음대로 설파하다가 정치경제학을 자기 마음대로 가르치는 쪽으로 방향 전환한 인사가 『문명저널』에 기고한 글을 읽었다. 거기 보면 이런 말이 나온다. "인류 중에서 뛰어난 사람들만이 이성과 양심으로 저급한 충동을 제어할 수 있는 수준까지 성장한다." "우리 가운데 일부를 제외한 모든 사람이 인생에서 도달할 수 있는 최고 한계는 제 명대로 살고 빚은 모두 갚고 자식을 셋 혹은 넷 낳아서 아버지만한 지위에 올려놓음으로써 인생의 수지 균형을 맞추는 것이다." 그 글의 필자는 "인류의 친구들", "가난한 자들을 도우려는" 사람들을 어떻게 생각할까? 그는 1,800년 전 서기관과 바리새인들이 성가신 (그래서 결국 십자가에 못 박은) 사회개혁가에게 했던 것과 똑같이 그들에게 경멸감을 드러내고 있다.

    이런 이론이 득세하는 이유는 사람들이 이기심에 빠져서 탐욕에 의해 형성되는 부의 소유권에 대해 탐구하기를 싫어하고, 현재의 기득권층이 자신들의 눈에 보이는 것과는 다른 세상이 존재할 수 있음을 깨닫지 못하고 또 깨달으려 하지도 않기 때문이다.

    "이 세상의 절반은 나머지 절반이 어떻게 사는지 모른다"는 말은 아래쪽 절반보다는 위쪽 절반에 훨씬 더 맞는 말이다. 우리는 불쾌한 것보다는 즐거운 것을 보고 싶어한다. 한 푼도 없는 아이는 제과점 진열장을 들여다보고, 배고픈 사람은 축제 꿈을 꾸고, 가난한 사람은 졸부 이야기를 좋아하며, 가게 여종업원은 귀족들의 사랑 이야기가 담긴 소설을 즐겨 읽는다. 그러나 사회적 고통에 관한 이야기는 대부분

관심을 끌지 못하고 묻혀버린다. 옷을 잘 입은 사람들은 중심가를 확보하지만, 누더기를 입은 사람들은 골목길로 밀려난다. 우리는 어떤 사람이 근사한 코트를 입었을 때는 그의 이야기에 귀를 기울이지만, 같은 사람이 넝마를 입었을 때는 무시한다. 언론에서, 교회에서, 학교에서 제일 많이 들을 수 있는 목소리는 사회에서 현상유지에 가장 큰 이해관계를 가진 사람들의 목소리다. 그리스도인이자 미국인인 우리가 19세기 후반에 살고 있는 이 세상이 (만일 창조주가 존재한다면) 창조주가 의도했던 세상과 가깝다는 통념을 만드는 것도 바로 그들이다.

그러나 주위를 한번 둘러보라. 이 세상 어디에서나 문명의 아름다움, 영광, 혜택은 짓밟혀서 비참해지고 뒤틀려버린 인생들에게 의존하고 있다.

독일, 프랑스, 영국에 대해 말하려는 것이 아니다. 나는 지금 유럽 문명이 자유의 땅 새로운 대륙에서 꽃 피우고 있고 왕이나 상비군, 봉건 농노제의 유산이 없으며 평등하고 양도 불가능한 인권에 대한 엄숙한 선언과 함께 국가가 시작된 이곳 미국에 대해 말하려고 한다. 다음 기사는 한 일간지에서 거의 무작위로 고른 것이다. 가장 암울한 상황을 찾고 있는 게 아니기 때문이다.

나이 30세인 마가레트 히키Margaret Hickey는 며칠 전에 태어난 지 7주 된 아기를 데리고 보스턴에서 이 도시로 왔다. 직장을 얻으려 했으나 성공하지 못했다. 토요일 밤에 그녀는 웨스트 42번가 226번지 소재 건물의 지하실에 아기를 두고 자정쯤에 경찰서에 전화해서 43번가에서 아기를 잃어버렸다고 신고했다. 그사이에 한 경찰관이 이미 아기를 발견했다. 아기 엄마는 어제 아침까지 잡혀 있다가 요크빌 법원으로 보내져서 6개월 징역형을 받았다.

오늘날과 같은 평화와 번영의 시대에도 우리는 매일 아침저녁으로 신문에서 이와 비슷한, 아니 더 나쁜 기사를 접한다. 우리는 이런 이야기에 너무 익숙해져서 이제는 별로 관심을 보이지도 않고 자기 생각을 밝히지도 않는다. 6개월 징역형을 받아 감옥으로 보내진 30세 여성 마가렛 히키와 태어난 지 7주 된 아기의 운명이 어찌될지 우리는 잘 알고 있다. 필요 없는 고양이와 지저분한 새끼 고양이들을 물에 던져 죽이듯이, 그들도 즉시 물에 빠뜨려 죽이는 편이 그들에게도, 사회를 위해서도 더 나았을지 모른다. 이런 기사는 너무 흔해서 우리는 비둘기 싸움에서 다친 새를 힐끗 보듯이 보고 치운다. 그러고는 "사회에 무슨 일이 일어나고 있을까?" 난으로 눈을 돌려, 최신 오페라와 연극, 뉴포트와 롱브랜치에 위치한 오두막, 백만장자의 이혼, 최근 발생한 엄청난 횡령사건을 다룬 기사를 읽는다. 그다음에는 헤버 뉴턴 Heber Newton(1840~1914, 미국의 저명한 성공회 사제이자 작가)이 솔로몬의 노래(구약 성경 아가서를 가리킨다)는 멜로드라마고 요나와 고래에 관한 이야기는 시적으로 꾸며낸 것이라고 주장해 성공회 교회에서 쫓겨난 이야기나, 내년에 미국인들이 깜짝 놀랄 이슈는 공화당의 정권 상실이 될 것이라는 전망을 담은 기사들로 눈을 돌린다.

얼마 전 나는 브룩클린에서 발행되는 한 신문에서, 태어난 지 이틀된 아기의 사망원인을 조사하기 위해 배심원단이 소집되었다는 기사를 읽었다. 지저분한 방에는 부서진 의자, 형편없는 침대, 빈 위스키

병 말고는 아무것도 없었다. 침대에는 죽은 아기의 엄마인 소녀가 흐트러진 자세로 누워 있었고, 의자에는 아기 아빠가 술에 취해 인사불성인 채로 널브러져 있었다. "공포에 질린 배심원들은 사실에 따라 판결을 내리고는 서둘러 현장을 떠났다"고 기사는 전했다. 우리도 이런 참혹한 일을 접했다면 그랬을 것이다. 도대체 경찰관, 경찰서, 빈민구호소, 자선단체는 무얼 했단 말인가?

그럼에도 우리는 이교도들에게 선교사를 보낸다. 어느 날 나는 힌두교도들에게 침례교식 복음을 전하러 파송된 선교사들이, 집에 가만히 앉아 경제를 주무르는 '경건한' 사람들이 미국 화폐와 인도 루피 간의 환차익으로 벌어들인 돈을 받아서 선교 사역을 해왔다는 기사를 읽었다. 그런데 북극에서 남극에 이르기까지 도대체 어느 이교도들이 소위 기독교 문명의 중심이라 불리는 이곳 미국의 타락하고 왜곡된 인간들—미국인들은 전지전능한 하나님의 눈을 의식해서 일요일에 술을 마시고 싶으면 뒷문으로 술집에 들어간다—처럼 살고 있는가?

선교사라고는 본 적도 없는 야만족들 중에 도대체 어느 부족이 턱스베리〔미국 매사추세츠 주 미들섹스 카운티에 있는 도시〕 빈민구호소의 냉혈한들이 저지른 경악할 만한 행위를 용납하겠는가? 그 냉혈한들은 뼈쩍 마른 아기를 데려온 한 농부의 아내에게 "이곳에서는 아기들이 대개 오래 살지 못해요"라고 말했다. 실제로 아기들은 오래 살지 못했다. 불과 몇 주 사이에 74명의 아기들 중에 73명이 죽었다. 아기들의 시체는 12구씩 대충 계산한 가격으로 병원 해부실로 팔려나갔다. 그곳에 이틀 동안 맡겨졌던 6개월 된 신생아는 그사이에 체중이 3파운드나 빠졌다. 거기 살려고 찾아온 상처 입은 어른들도 형편은 마찬가지였다. 물건을 빼앗기고 굶주리고 구타당하다가 결국에는 시체가 되어 팔려나갔다.

그와 대조적으로 빈민구호소 관리자들은 피둥피둥 살이 쪘고 부유하다. 그들은 최고의 식사와 최상급 와인으로 의회 위원회 소속 의원들을 대접하곤 했다. 멍청한 짐승들에게, 이런 회 칠한 무덤을 열었을 때 드러나는 잔인한 상황에 대해 이야기하면 중상모략으로 받아들일 것이다. 부와 교양 그리고 매사추세츠의 '고상한 도덕적 이상'을 자랑하는 의원들은 이런 폭로를 냉정하게 대할 뿐만 아니라 마치 그런 잔인한 일들을 빛 가운데로 끌고 나오는 것이 용서받을 수 없는 죄악인 것처럼 폭로한 사람을 심하게 다룬다(의원들이 그런 잔인한 짓을 저지르는 것을 죄악시하지 않고 폭로하는 것을 죄악시하다니!). 그러나 폭로한 사람들은 단지 빈민일 뿐이다. 그릴리가 발행하는 잡지(『뉴욕 트리뷴』)에는 다음과 같은 글을 담은 기사가 실려 있다. "턱스베리의 빈민들이 겪는 슬픔은 전국 곳곳의 빈민구호소에서 지내고 있는 모든 사람의 공통된 운명과 별다를 바가 없다."

올 겨울 뉴욕 주 감옥에서 행해진 만행을 다루는 의회 위원회에서도 폭로가 있었다. 하지만 기존 제도에 아무런 변화도 일어나지 않았고 단 한 사람의 공무원도 해임되지 않았다. 우리 사회를 지배하고 있는 믿음은 한 저명한 예일대 교수가 『문명저널』에서 밝힌 견해에 분명하게 드러나 있다. 그는 "범죄자는 아무런 사회적 권리도 없는 사람이다. 그러니 편리한 대로 처리하면 된다"라고 썼다. 나는 이교도들에게로 간 선교사들이 미국 신문을 읽는지 궁금하다. 한 가지 확신하는 점은, 그들이 이교도들에게 미국 신문을 읽어주지 않으리라는 것이다.

이 모든 일의 배후에는 사회적 질병이 있다. 범죄자, 빈민, 창녀, 자기 자식을 버리는 여자, 생계를 유지하기 어려워서 목숨을 끊는 사람, 거지와 도둑이 넘쳐나는 것은 아무리 힘들게 일해도 정직하고 여유 있게 살기가 힘든 사람들이 엄청나게 많다는 것을 입증해준다. 정말 그렇다. 최근 우연히 뉴욕 주 대법원의 판사 한 사람을 만났는데, 그가 내게 말하길 "뉴욕과 브루클린의 인구 중 다수가 (대다수라고 말할 뻔했네요) 두 명 이상의 자녀를 양육하는 경우 그중 사내아이는 교도소로 가고 계집아이는 사창가로 가게 됩니다"라고 했다. 뉴욕 시 자선사업에 관한 한 보고서에 따르면, 여러 중요한 단체의 활동이 누락되었는데도 수혜 가정이 3만 6,000가구에 달하며, 구호금 수령자의 집과 범죄자의 집을 가려내서 나란히 줄 세울 경우 그 길이가 22마일에 이를 것으로 추정된다. 올 겨울 뉴욕 시의 한 자선단체는 재단사 가정 300가구에 지원을 확대했다. 일이 있을 때도 그들의 임금은 너무 낮다. 일감이 떨어질 때는 나가서 구걸하거나 도둑질을 하지 않으면 굶주릴 수밖에 없다.

대도시만 그런 것이 아니다. 매사추세츠 주 노동국의 통계 담당자에 의하면, 임금 노동자의 소득(미성년자의 소득은 제외)은 생활비보다 적고, 대다수 노동자의 경우 혼자 벌어서 가족의 생계를 보장할 수 없으며, 아버지들은 가계 소득의 4분의 1에서 3분의 1까지를 자녀들에게 의존하고 있고, 15세 미만의 어린아이들이 가계 소득의 8분의 1에서 6분의 1까지 떠맡고 있다. 엠마 브라운Emma E. Brown(『보스턴 거리의 어린이 노동자들』*Child Toilers of Boston Streets*이라는 책을 집필한 미국 작가) 양은 부모들이 어째서 아동 고용 금지 법률을 피해 자식들을 일터로 내보내야만 하는지 잘 그리고 있다. 비슷한 법안이 통과된 펜실베이니아 주에서 한 공장의 직공들이 어떤 가게 주인을 상대로 불매운동을 하기로 결의했다는 기사를 읽은 적이 있다. 그들이 그렇게 한 이유는 가게 주인의 친척이 그 공장에 13세 미만의 아동들이 일하고 있다는 사실을 당국에 제보했기 때문이다. 한편, 지난겨울 캐나다에서는 여러 공장에서 13세 미만의 아동들이 저녁 여섯 시부터 다음 날 오전 여섯 시까지 일하고 있고, 감독 한 명이 채찍을 들고 서서 아이들이 졸지 않도록 감시하고 있다는 사실이 드러났다.

일리노이 주는 미국에서 가장 부유한 주 가운데 하나다. 지난 인구조사에서 드러났듯이, 이 주는 남성 인구가 여성 인구보다 많고 임금이 동부의 다른 주들에 비해 상당히 높은 것으로 보아, 아직 인구가 충분히 정착했다고 하기 어렵다. 일리노이 노동통계 위원회는 인구조사 보고서에서, 임금과 생활비 통계는 여러 가지 혜택을 누리고 있는 숙련 노동자만을 대상으로 한 것이므로, "모든 대도시에서 다수의 사람들이 겪고 있는 절망적 무지와 궁핍과는 무관하다. 후자에 대해 알려주는 통계라고는 오로지 전염병, 빈곤 그리고 범죄에 관한 통계뿐이다"라고 밝히고 있다. 하지만 이어지는 말이 있다. 그럼에도 이 통계들을 검토해보면 일리노이 주 숙련 노동자의 절반이 "일용할 양식을 얻는 데 필요한 소득조차 얻지 못하고 있으며, 그래서 부인과 아이들의 노동에 의존하여 간신히 생계를 이어가고 있다"는 것을 확인할 수 있다.

마음속으로 하나님이 없다고 말하는 사람은 바보다. 그렇다면 "하나님은 우리더러 이와 같은 세상에 대해 만족하라고 명령한다"고 말하는 사람은 뭐라고 불러야 할까?

8
우리 모두가 부유해지려면

부유하다는 말과 가난하다는 말은 종종 상대적인 의미로 쓰인다. 런던이나 파리에 사는 부재지주들의 사치스러운 삶을 위해 공물〔여기서는 지대를 가리킨다〕을 바쳐야만 하는, 그래서 기아 직전의 상태에 놓여있는 아일랜드 농민들의 눈에는 '소 세 마리를 가진 여자'가 부유하게 보이겠지만, 백만장자들의 눈에는 50만 달러를 가지고 있는 사람도 가난하게 보일 것이다. 물론 우리 모두가 다른 사람보다 더 많이 가진다는 의미에서 부유해질 수는 없다.

한편, 사람들이 우리 모두가 부유해질 수는 없다고 말하거나 가난한 자들이 항상 우리와 함께 있을 것이라고 말할 때, 그것은 상대적 의미에서 하는 말이 아니다. 이때 사람들이 말하는 부자는 부를 충분히, 또는 충분한 것보다 더 많이 갖고 있어서 욕구를 적절히 충족시킬 수 있는 사람을 의미하고, 가난한 자는 그렇게 하지 못하는 사람을 의미한다. 지금부터 나는 두 용어를 이런 의미로 사용하면서, 우리 모두가 부자가 될 수는 없다고 말하는 사람들, 인간 사회에서 가난한 사람은 항상 존재할 수밖에 없다고 선언하는 사람들과 논쟁을 시작하려고 한다.

나는 물론 우리 모두가 길게 늘어선 하인들을 거느리고, 다른 사람보다 더 좋은 옷을 입고, 더 좋은 마차를 타고, 더 호화로운 파티를 열고, 더 아름다운 집에 살아야 한다는 말을 하려는 게 아니다. 그건 이미 용어상으로 모순이다. 내가 이야기하려는 것은 우리 모두가 여가와 안락한 삶을 누리고, 필수품은 물론이고 지금은 사치품으로 여겨지는 것들까지 풍부하게 소비할 수 있어야 한다는 것이다. 나는 절대적 평등이 실현 가능하다거나 바람직하다는 이야기를 하려는 게 아니다. 우리 모두가 모든 종류의 부를 똑같이 가질 수 있다거나 가지고 싶어한다는 이야기를 하려는 것도 아니다. 내가 이야기하려는 것은 우리 모두가 욕구를 적절히 충족시킬 수 있을 만큼 충분한 부를 가질 수 있어야 하고, 지금 우리가 얻으려고 악전고투하고 있는 물건들을 충분히 얻을 수 있어야 한다는 것이다. 그래서 아무도 이웃에게 사기를 치거나 이웃의 물건을 훔치려는 마음을 품지 않도록 해야 하며, 아무도 가난에 빠질까 두려워하고 어떻게 부를 얻을까 생각하면서 하루 종일 걱정하거나 밤을 지새우지 않도록 해야 한다는 것이다.

너무 이상적인 꿈처럼 들리는가? 50년 전의 사람들이 누군가 증기력으로 바느질을 할 수 있다고 말하는 걸 들었다면 어떻게 생각했을까? 대서양을 6일 만에 건널 수 있고 미 대륙을 3일 만에 횡단할 수 있다는 이야기나, 런던에서 정오에 보낸 메시지가 오전 9시에 보스턴에 도착하고, 시카고에서 말하는 사람의 목소리를 뉴욕에서 들을 수 있다는 이야기를 들었다면, 그들은 어떻게 반응했을까?

굶주린 돼지들이 사는 우리에 돼지죽 한 통이 놓인 것을 본 적이 있는가? 현재의 인간 사회는 그와 똑같다. 점잖은 남자와 여자들이 서로 밀치거나 다투거나 식탐을 부리는 일 없이 근사하게 앉아서 저녁을 먹는 것을 본 적이 있는가? 그들은 모두 자신들의 식욕이 충족될 것임을 알고 있기 때문에 다른 사람들을 존중하고 도와준다. 인간 사회는 이런 모습으로 바뀌어야 한다.

"뒤떨어진 놈은 귀신에게나 잡아먹혀라"Devil catch the hindmost(재빨리 움직이는 것이 좋다는 뜻의 영어 속담)라는 말이 현대 문명사회의 모토가 되고 말았다. 우리는 일찍부터 1등은 잘 대우해서 고통을 겪지 않도록 해야 한다는 것을 배운다. 또 가난하면 안 된다는 것도 일찍부터 배운다. 빈곤에 대한 두려움 때문에 우리는 부자가 되기를 갈망한다. 그러다 보면 탐욕을 따르는 습관이 형성된다. 사람들은 이미 어떤 일이 생겨도 대처할 수 있을 정도로 많은 부를 축적해놓고도, 무덤에 들어가기 직전까지 더 축적하기 위해 고생하고 노력하고 움켜쥐는 애처로운 광경을 연출한다. 무덤의 함의가 여러 가지라 하더라도 한 가지 확실한 것은 이 세상에서 얻은 모든 소유물과 작별을 고해야 한다는 것이다. 아무리 많다고 해도 말이다.

사람들은 주일에 근사한 교회에서 성경에 나오는 부자와 나사로의 이야기를 읽지만, 그건 아무 소용도 없다. 부자는 환영하고 나사로에게는 문을 가리키며 나가라고 하는 교회에서 그게 무슨 의미가 있겠는가? 현실에서 가난이 꼴찌를 집어삼키고 있는데, 교회에서 목사가 부의 헛됨을 설교해봐야 무슨 소용이 있겠는가?

그러나 빈곤에 대한 두려움이 사라진다면, 정신없이 벌이는 생존경쟁은 끝날 것이다. 그때에 가서야 진정한 기독교적 문명이 등장할 수 있을 것이다. 이런 일은 가능하지 않을까?

우리는 빈곤에 너무나 익숙해진 나머지, 그것을 수많은 사람들이 타고나는 운명으로 여긴다. 가장 선진적인 국가에 사는데도 그리한다. 오늘날과 같이 고도로 발달한 문명사회에서 수많은 사람들이 건강하게 생활하는 데 필요한 물건을 얻지 못하고 아무리 열심히 일해도 겨우 입에 풀칠이나 하고 있는데도, 우리는 그것을 당연하게 생각한다. 이런 현상은 사회법칙의 결과이므로 그에 대해 불평하는 것은 한가한 짓이라고 가르치는 정치경제학 교수들이 있다! 이런 현상은 전지전능한 창조주께서 그분의 자녀들에게 의도하신 것이라고 설교하는 목회자들도 있다! 만일 어떤 건축가가 관객 가운데 많아야 10분의 1밖에 보고 들을 수 없는 극장을 지으려고 한다면, 우리는 그를 엉터리로 취급할 것이다. 만일 어떤 사람이 잔치를 베풀면서 음식을 너무 적게 준비하는 바람에 손님 중 10분의 9가 배고픈 채로 돌아간다면, 우리는 그를 바보 또는 그보다 더 못한 존재로 취급할 것이다. 그러나 우리가 빈곤에 너무나 익숙해져 있기 때문에, 기독교 교리를 가르치는 목회자들마저 우주의 위대한 설계자—모든 자연이 그분의 무한한 능력을 증거하고 있다—에 관해 그릇된 이야기를 전하고 있다. 그분이 세상을 이처럼 엉터리로 만드는 바람에, 그분의 피조물인 수많은 인간들이 가난과 고통과 야만적인 노동에 시달리게 되었으며, 그로 인해 인간들은 정신력을 발달시킬 수 있는 기회를 누리지 못하고, 단지 살기 위해 힘든 투쟁을 벌이면서 평생을 보내야만 한다는 것이다!

그러나 누구든 자기 주위를 돌아보기만 하면, 빈곤은 자연의 인색함 때문에 생기는 것이 아님을 알 수 있을 것이다. 수많은 사람들이 고역을 해도 간신히 살 수밖에 없는 처지에 빠지는 것을 창조주의 탓으로 돌리는 것은 무지의 소산이 아니면 신성모독이다.

일부 사람들이 가진 것이 충분치 않아서 품위 있게 살 수 없는 것은 다른 누군가가 필요 이상으로 많이 갖기 때문이 아닐까? 모든 사람을 풍요롭게 할 정도로 충분한 부가 존재하지 않는 것은 부의 생산이 한계에 봉착했기 때문일까? 모든 토지가 이용되고 있는가? 모든 노동이 고용되고 있는가? 모든 자본이 활용되고 있는가? 어디를 보더라도 우리는 생산력이 엄청나게 낭비되고 있음을 발견한다. 현재의 생산력이 얼마나 대단한가 하면, 자유롭게 발현될 경우 부의 생산이 엄청나게 늘어서 모든 사람의 필요를 충족시킬 수 있을 거라는 생각이 들 정도다. 도대체 어떤 생산 부문이 생산의 한계에 봉착했는가? 지금보다 훨씬 더 많이 생산하지 못할 제품이 어디 있는가?

뉴욕 인구 중 다수가 푹푹 찌는 공동주택 방에서 사는 것은, 뉴욕 안팎에 모든 가족이 단독주택 한 채씩 가질 수 있도록 집을 지을 만한 빈 땅이 없어서가 아니다. 사람들이 몬태나, 다코타, 매니토바 Manitoba〔캐나다 중앙부에 있는 주〕등지로 이주해 가는 것은 인구가 조밀한 중심지 근처에 미경작 농지가 없어서가 아니다. 농민들이 경작할 토지를 얻는 특전을 누리는 대가로 수확물의 4분의 1, 3분의 1, 또는 심지어 2분의 1을 지대로 지불하는 것은 아무도 경작하지 않는 토지가 많지 않아서가 결코 아니다(가장 오래된 주에도 그런 토지는 아직 많이 남아 있다).

빈곤은 더 많은 부를 생산할 능력이 없어서 생기는 것이 아니다. 도처에서 들려오는, 생산능력이 시장의 소화능력을 능가하고 있다는 이야기나, 두려운 일은 너무 적게 생산되는 것이 아니라 너무 많이 생산되는 것이라는 이야기를 생각해보라! 우리는 다른 나라 사람들이 자기들 상품으로 우리를 압도하는 것이 두려워서 높은 관세를 유지하고 항구마다 세관 공무원을 잔뜩 배치해두지 않는가? 우리나라에 있는 기계들 중에 다수가 늘 유휴상태에 있지 않는가? 호경기에도 기회만 있으면 부를 생산하는 일을 기꺼이 하려고 하는 엄청난 수의 실업자가 존재하지 않는가? 지금도 도처에서 사람들이 생산력 과잉 때문에 당황스러워하고 기업들이 생산을 감축하려고 제휴를 한다는 소식이 들려오지 않는가? 석탄업자들은 단결하여 자발적으로 생산을 제한했고, 철강업자들은 조업을 중단했거나 공장을 절반만 가동하고 있으며, 양조업자들은 생산능력의 절반만 사용하기로 협정을 맺었다. 제당업자들은 생산능력의 60퍼센트를 사용하기로 합의했고, 제지업자들은 일주일에 하루, 이틀 또는 사흘을 쉬고 있으며, 마포麻布 제조업자들은 최근 회합을 가지고 시장의 공급과잉이 대폭 줄어들 때까지 조업을 중단하기로 협정을 맺었다. 그 밖에 다른 많은 제조업자들도 비슷한 모습을 보이고 있다. 뉴잉글랜드의 제화기계를 6개월 동안 풀가동할 경우 미국 전역의 수요를 12개월 동안 충족시킬 수 있으며, 고무제품을 만드는 기계는 시장 수요의 두 배를 생산할 수 있다고 한다.

이와 같은 생산과 생산능력의 과잉은 모든 산업 부문, 모든 문명사회에서 나타나고 있다. 블랙베리, 바나나, 사과, 증기선, 거울 등 사람에게 안락함과 편리함을 주는 어떤 상품을 보더라도, 다른 상품의 생산을 전혀 줄이지 않으면서 지금보다 훨씬 더 많이 생산하는 것은 얼마든지 가능하다.

이 사실이 너무도 명백해서, 마치 모두에게 돌아갈 만큼 충분한 일거리가 없는 것이 문제인 것처럼 생각하고 말하고 글을 쓰는 사람들이 많다. 우리는 늘 다른 나라들이 우리 스스로 할 수 있는 일을 해 줄까봐 두려워하며, 그렇게 하지 못하도록 막기 위해 관세로 우리 자신을 보호한다. 우리는 '일자리를 제공하는' 사람들을 공공의 은인으로 추켜세운다. 우리는 늘 일자리 제공이 사회에 주어지는 최고의 은혜인 것처럼 이야기한다. 많은 사람들이 이와 같이 말하고 쓰는 것을 듣다 보면, 빈곤의 원인은 많은 사람들에게 일거리가 없다는 데 있다고 생각하게 될 것이다. 만일 창조주가 암석을 더 단단하게, 토양을 덜 비옥하게, 철을 금처럼 귀하게, 금을 다이아몬드처럼 귀하게 만들었다면, 또는 만일 배가 침몰하고 도시가 불타는 일이 더 자주 발생한다면, 더 많은 일거리가 생길 테니 빈곤이 줄어들 거라는 생각을 하게 될 수도 있다.

런던 시장이라는 사람이 실업 노동자들의 대표자에게 그들의 노동에 대해서는 수요가 없으며 그들이 할 수 있는 일이라곤 빈민구호소에 가거나 이민 가는 것밖에 없다고 이야기한다. 영국 정부는 아일랜드에서 일할 능력이 있는 남자와 여자를 배에 실어 내보낸다. 그들을 구호 빈민으로 보호하는 부담을 지지 않기 위해서다. 미국에도 열심히 일거리—노동생산물을 생산하기 위해 노동을 제공할 기회—를 찾는 사람들이 항상 많고, 불경기에는 그 숫자가 더 늘어난다.

엄청난 생산능력이 늘 낭비되고 있다는 것은, 지금까지의 경험에 비추어 미국의 모든 산업 부문이 최고의 번영을 누렸던 시기가 남북전쟁 때였다는 사실에서 극명하게 드러난다. 그때 우리는 방대한 규모의 해군과 육군을 유지했고, 수백만 명의 산업 인구는 그들에게 부를 공급하는 일에 종사했다. 물론 그 부는 비생산적으로 소비되거나 무분별하게 파괴되었다. 그 당시의 호경기를 두고 가공架空의 번영 운운하는 것은 한가한 짓이다. 대중은 보통 때보다 더 잘살았고, 더 잘 입었으며, 더 쉽게 생계를 유지했고, 더 많은 사치품을 누렸으며, 더 많은 오락을 즐겼다. 북부 지역에 실질 부, 유형의 부가 더 많았던 때는 전쟁 초기가 아니라 말기였다. 번영을 가져온 것은 지폐의 대량 발행도, 부채도 아니었다. 조폐국은 태환성이 없는 화폐를 발행했다. 배, 대포, 무기, 도구, 식량, 의복 등을 정부가 인쇄할 수는 없었다[정부가 화폐를 찍어내듯 이 물건들을 만들 수는 없었다는 뜻이다]. 우리는 이런 물건들을 다른 나라나 후세대로부터 빌릴 수도 없었다. 미국의 국채는 전쟁이 끝날 때까지 유럽 시장에 진입하지 못했다. 그리고 지구에 사는 우리가 다른 행성이나 다른 태양계에 사는 주민들에게서 돈을 빌릴 수 없듯이, 현세대 사람들이 후세대 사람들에게서 돈을 빌릴 수는 없다. 해군과 육군이 소비하고 파괴한 부는 그 당시 존재하던 부의 재고에서 나온 것이다. 만일 우리가 한 가정의 아내와 자녀들에게서 그들의 가장을 징발하는 데 주저하지 않았듯이 부자들에게서 그들의 부를 징발하는 데 주저하지 않았더라면, 단 한 장의 국채도 발행하는 일 없이 전쟁을 수행할 수 있었을 것이다.

그때 그곳에 생산에 종사하는 노동과 자본이 있었기 때문에 해군과 육군이 유지될 수 있었으며 엄청난 부가 비생산적·파괴적으로 사용될 수 있었다. 전쟁이 유발한 수요가 생산능력을 자극하는 바람에 방대한 전쟁물자가 공급되었을 뿐만 아니라 북부 지역이 더 부유해지기까지 했다. 진군과 후퇴, 참호 파기, 흙 보루 쌓기, 전투 등에 노동이 낭비되고, 육군과 해군의 소비와 파괴에 의해 부가 낭비되었다고 한들, 노동이 실업상태에 빠지고 기계가 유휴상태에 있거나 부분적으로만 가동되는 데서 생기는 일상적인 낭비에 비할 바가 아니다.

이처럼 엄청난 생산력 낭비는 자연법칙에 결함이 있기 때문이 아니라, 노동이 자연적 기회에 접근하는 것을 막고 노동자에게서 정당한 보수에 해당하는 것을 빼앗기 때문에 생긴다. 사실 시장의 공급과잉은 과잉생산에 기인하는 것이 아니다. 과잉 생산되었다고 이야기되는 물건들을 생각해보자. 그 물건들을 원하는 사람들이 그렇게 많고, 기회만 주어지면 자기 노동과 그 물건들을 기꺼이 교환하려는 사람들이 그렇게 많은데, 어떻게 과잉 생산되었다고 말할 수 있는가? 기회만 있으면 기꺼이 일을 하려고 하는 노동자가 어쩔 수 없이 아무 일도 하지 않고 하루하루를 보내게 된다는 것은 다른 노동〔다른 노동자가 만드는 생산물을 뜻한다〕에 대한 유효수요를 만드는 기금〔소득을 뜻한다〕이 그만큼 줄어든다는 것을 의미한다. 임금이 삭감된다는 것은 그로 인해 소득이 감소하는 노동자들의 구매력이 그만큼 줄어든다는 것을 의미한다. 늘 생산력의 낭비를 초래하고 산업 불황기에는 전쟁 때보다 더 큰 손실을 야기하는 마비현상은, 욕구 충족을 위해 기꺼이 노동할 용의가 있는 사람들이 노동할 기회를 얻지 못하기 때문에 생긴다. 충족되지 않은 사람들의 욕구가 남아 있고 자연이 부의 원료를 인간에게 계속 제공하는 한, 자연의 제약이 그 마비현상의 원인이 될 수는 없다. 그 마비현상은 틀림없이 자연적 기회의 독점을 허용하고 노동자에게서 정당한 보수를 빼앗는 불의한 사회제도 때문에 생긴다.

이 불의한 사회제도가 무엇인지에 대해서는 다음 장들에서 설명할 것이다. 여기서는 미국과 같은 문명사회의 생산력은 제대로 발휘되기만 하면 모든 사람을 풍요롭게 만들 만큼 부의 생산을 획기적으로 증가시킬 수 있다는 사실에 대해 주의를 환기하는 것으로 그치고자 한다. 즉, 우리가 어찌할 수 없는 자연의 제약이 아니라 우리가 전적으로 통제할 수 있는 분배의 불평등과 불의가 빈곤의 원인임을 지적하는 데 그치려는 것이다.

대서양 횡단 기선을 타고 뉴욕을 떠나는 승객 중에 식량이 바닥날까봐 두려워하는 사람은 없다. 기선회사 경영자들은 승객 모두가 먹기에 충분한 식량을 주지 않고 기선을 바다로 내보내지는 않는다. 우리를 위해 이 행성을 만드신 분이 사람이 가진 선견지명조차 없었겠는가? 그렇지 않다. 토양과 햇빛, 식물과 동물, 광맥, 우리가 갓 이용하기 시작한 자연력 속에는 아무리 해도 다 쓸 수 없는 물질과 힘이 들어 있다. 인간이 지성을 활용하여 노력한다면, 그 물질과 힘을 가지고 모든 인간의 모든 물질적 필요를 충족시킬 물건들을 만들어낼 수 있다.

자연에서 빈곤의 원인을 찾을 수는 없다. 심지어 장애인이나 노인들조차 빈곤할 이유가 없다. 왜냐하면 인간은 본성적으로 사회적 동물이고, 만성적인 빈곤으로 인해 인간성이 왜곡되고 사람이 짐승처럼 되어버리지만 않는다면, 가족의 사랑과 사회의 동정으로 자활할 수 없는 사람들을 충분히 부양할 수 있기 때문이다.

그러나 지성을 활용하여 사회조직을 자연법칙에 맞게 조정하지 않는다면, 심술쟁이들에게 사용하지도 못하는 것을 독점하도록 허용한다면, 그리고 힘과 술수로 정직한 노동을 착취하는 것을 방관한다면, 우리는 만성적인 빈곤과 그로 인한 사회적 해악을 모면할 수 없다. 그런 상황에서는 낙원이라 할지라도 빈곤이 존재할 것이다.

"가난한 자들은 항상 너희와 함께 있을 것이다."〔마태복음 26장 11절의 일부〕 성경 구절 중에 의미가 왜곡되어 마귀에게 도움을 주고 있는 것을 고르라면 바로 이 구절이다. 이 구절은 얼마나 자주 그 원래 의미가 왜곡되어 사람들의 양심을 마비시키는지 모른다. 그 때문에 사람들은 인간의 비참하고 열악한 처지를 묵인하게 되고, 전지전능하고 자비롭고 광대하신 아버지께서 특별히 선대善待하고 싶은 피조물들에게 구호를 베푸는 기쁨과 미덕을 향유할 수 있도록 해주기 위해 다른 많은 피조물들에게는 가난을 명하셨다는 신성모독적인 가르침을 지지하게 된다. 이 가르침은 명백히 그리스도의 가르침을 정면으로 부정하는 것이다.

그리스도께서는 분명 "가난한 자들은 항상 너희와 함께 있을 것이다"라고 말씀하셨다. 하지만 그분의 모든 가르침에는 "하나님의 나라가 임할 때까지"라는 단서가 붙어 있다는 사실에 유의하라. 이 **땅**에 임할 하나님의 나라, 정의와 사랑의 나라—그리스도께서는 제자들에게 이 나라를 위해 싸우며 기도하라고 가르치셨다—에는 빈곤이 존재하지 않을 것이다. 이 하나님 나라에 대한 믿음과 소망, 그리고 그 나라를 위한 싸움은 그리스도의 교훈 가운데 핵심인데도, 자칭 그리스도인들 가운데 그것을 절대로 믿지 않은 채 가능성이 없다고만 외치는 자들이 있다. 이런 사람들 중 일부는 스스로 정통이라고 주장하며 이교도의 개종을 위해 애쓰지만, 하나님에 관해 이상한 개념을 갖고 있다. 얼마 전 매우 부유한 정통 그리스도인 한 사람이 한 신문기자에게 자신이 수백만 달러를 번 대규모 사업에 대해 언급하면서 다음과 같이 말했다고 한다. "하나님께서 특별히 우리를 도와주셨습니다. 전에는 철강이 그처럼 싼 적이 없었고, 노동이 그처럼 남아돈 적이 없었으니 말입니다."

우리가 놀라운 진보를 이룩했음에도, 아무런 잘못도 없이 건강하고 온전한 삶을 누리지 못하는 가난한 자들이 아직도 우리와 함께 있다는 것은 우리의 잘못이요, 우리의 수치다. 누구든 자기 주위를 돌아보기만 하면, 노동으로 하여금 자연적 기회를 누리지 못하게 하고 생산자에게서 그 노력의 소산을 빼앗는 불의가 우리 모두를 부유해지지 못하게 만드는 유일한 원인임을 알 수 있을 것이다. 지금 엄청난 생산 능력이 낭비되고 있다는 사실을 생각해보라. 생산자들의 희생 덕분에 수많은 비생산적 소비자들—부자, 멋쟁이, 쓸모없는 공무원보다 더 나쁜 자들, 소매치기, 도둑놈, 사기꾼, 법의 테두리 안에서 일을 벌이는 존경받는 도둑, 엄청난 수의 변호사, 거지, 구호 대상자, 수감자, 다양한 유형의 독점가, 매점자, 도박꾼—이 존속되고 있다는 사실을 생각해보라. 얼마나 많은 두뇌와 자본이, 부의 생산이 아니라 부의 탈취를 위해 동원되고 있는지 생각해보라. 부를 증가시키지 않는 경쟁과, 생산과 교환을 제한하는 법률 때문에 생기는 낭비를 생각해보라.

식량이 부족하고, 숙소가 온전하지 않고, 질병을 낳고 생명을 단축시키는 환경에서 일을 할 때, 인간의 능력이 얼마나 감퇴하는지 생각해보라. 빈곤에는 무절제와 낭비가 뒤따른다는 사실을 생각해보라. 빈곤 때문에 생기는 무지가 어떻게 생산의 감소를 낳는지, 빈곤 때문에 생기는 죄악이 어떻게 파괴를 유발하는지 생각해보라. 사회정의가 실현되면 모두가 부유해질 수 있다는 것을 누가 의심할 수 있겠는가?

생산자가 자신이 생산한 부를 가지는 사회, 빈곤을 추방함으로써 그로부터 생기는 두려움과 탐심과 욕망까지도 추방해버린 사회, 즉 정의에 기초한 사회에서 생산력이 어떻게 발현될지에 대해서는 지금은 희미하게 상상해볼 수 있을 뿐이다. 19세기의 발견과 발명이 아무리 놀랍다 하더라도, 우리는 이제 막 물질에 대한 지배력을, 그것도 그럴 필요가 있는 영역에서 행사하기 시작했을 뿐이다. 발견과 발명은 여가와 물질적 안락함과 자유가 주어질 때 이뤄진다. 이런 것들이 모든 사람에게 보장된다면, 인간은 자연을 완전히 지배할 수 있을지도 모른다.

어떤 사람도 단조로운 고역에 매여 있을 필요가 없다. 어떤 사람도 부와 여가가 주어지지 않는 삶을 살아갈 필요가 없다. 부와 여가가 주어지지 않는다면, 인간은 동물 이상의 존재로 살아갈 능력을 개발할 수가 없다. 근육이 아니라 정신이 진보의 동력을 만든다. 자연을 지배하고 부를 생산하는 힘은 정신에서 나온다. 인간을 기계와 같은 존재로 만드는 것은 인간이 가진 가장 고귀한 능력을 낭비하는 짓이다. 우리 사회에는 이미 내일 일을 위해 고민할 필요가 없는 특권층이 존재한다. 그들은 무엇을 먹을까, 무엇을 마실까, 무엇을 입을까 염려하지 않는다. 예수 그리스도는 제자들에게 하나님의 나라를 위해 일하고 기도하라고 가르쳤다. 그분이 정의로운 하나님 나라에서는 모든 사람이 무엇을 먹을까, 무엇을 마실까, 무엇을 입을까 염려하지 않을 것이라고 말씀했을 때, 그건 단순한 꿈 이상의 이야기가 아니었을까?

9
첫 번째 원칙

우리가 직면하고 있는 정치적·사회적 문제들에 관해 숙고하는 사람이라면 누구든지 그 문제들의 중심에 분배문제가 자리하고 있다는 사실을 발견할 것이다. 아울러 해결책은 간단할지 모르지만 급진적일 수밖에 없다는 사실도 알게 될 것이다.

모든 사회문제에는 해결책이 존재하기 마련이다. 하지만 그 해결책은 근본 원인을 제거할 수 있는 것이라야 한다. 어정쩡한 대책이나 부차적인 문제를 개선하는 데 그치는 개량책은 항상 별 성과를 거두지 못하며 장기적으로는 아무 소용이 없다. 우리는 구제 활동, 형법 제정, 규제와 금지 등을 통해 빈곤을 완화하고 범죄를 억제하려고 노력한다. 하지만 그런 조치들은 기껏해야 나귀가 지는 짐을 모두 한쪽 바구니에 담고는 그 불쌍한 짐승이 똑바로 걷게 하려고 다른 쪽 바구니에 돌을 담는 멍텅구리의 발상과 다를 바 없다.

지금 내가 이 책을 집필하고 있는 뉴욕에서는 몇몇 신문과 교회들이 '맑은 공기 기금'fresh air funds에 기부를 해달라고 요청하고 있다. 그 기금은 어린아이들이 하루 혹은 일주일 동안 숨 막히는 셋방의 살인적인 열기를 벗어나서 해변이나 산속의 신선한 공기를 호흡할 수 있도록 해주자는 취지에서 만들어졌다. 그러나 우리는 다시 그 어린아이들을 예전의 처지로 돌려놓아야 하는데, 그렇다면 그 기금이 무슨 소용이 있다는 말인가? 많은 사람들은 그런 처지를 죽음보다 더 나쁜 상태로 여긴다. 그 때문에 기금의 혜택을 누리는 사람들도 일부는 사창가와 빈민구호소로, 다른 일부는 교도소로 들어가고 만다. 우리가 맑은 공기 기금을 모으는 일만 계속한다면, 아무리 많은 기금을 모은다 할지라도 기금에 대한 수요는 계속 증가할 것이고, 그 어린아이들은 엄마와 아빠가 가난 때문에 지저분한 셋방을 벗어나지 못하는 한 파리처럼 죽을 것이다. 예수님은 그런 어린아이들을 두고 "삼가 이 소자 중에 하나도 업신여기지 말라. 너희에게 말하노니 저희 천사들이 하늘에서 하늘에 계신 내 아버지의 얼굴을 항상 뵈옵느니라"[마태복음 18장 10절]라고 말했다.

우리는 '미드 나이트 미션'mid night missions 같은 사역을 시작하거나 '젊은 빈곤 여성을 위한 기독교 가정 운동'Christian homes for destitute young girls을 지원할 수도 있다. 하지만 수많은 남성들로 하여금 아내를 부양할 수 없게 만들고, 젊은 여성들로 하여금 81시간 일하고도 고작 3달러를 받는 것이 특혜라고 생각하게 만들고, 엄마들로 하여금 너무 절망스러운 나머지 이 기독교 도시의 부두에서 자기 아기를 강물에 던져버리고는 자신도 뛰어들게 만드는 상황이 벌어지고 있는 마당에, 그것들이 무슨 소용이 있겠는가? 사람을 잔인하게 만드는 빈곤의 영향 아래에서 어린아이들이 자라고 궁핍의 고통 때문에 사람들이 범죄의 충동을 느낄 수밖에 없는 상황이 지속되는 한, 범인들 중에서 가난한 사람들을 골라내 아무리 가혹한 형벌을 내린다고 할지라도 범죄를 억제하기는 어려울 것이다. 임금 수준이 너무 낮아서 아버지들이 어린아이들의 돈벌이가 없이는 가족을 부양할 수 없는 경우에, 유아노동을 금지하는 것은 아무 일도 하지 않는 것과 별반 다를 바 없다. 궁핍에 대한 두려움이 부를 향한 갈망을 자극하고 부유한 도적이 칭송받고 정직한 가난이 경멸당할 때, 새로운 감시 장치를 마련하고 한 공무원으로 하여금 다른 공무원을 감시하게 한다고 해서 정치의 부패를 막을 수 있겠는가?

그와 마찬가지로 우리가 가진 자에게서 강제로 부를 빼앗아 갖지 못한 자에게 준다고 하더라도 부의 분배를 항구적으로 평등하게 만들 수는 없다. 그렇게 하는 것 자체가 커다란 불의고, 커다란 해를 끼치는 짓이다. 게다가 그와 같은 강제적인 평등화가 추진되는 바로 그 순간부터 현재의 불의한 불평등을 초래한 요인들이 다시 작동할 것이며, 그 결과 우리는 얼마 지나지 않아 예전과 같은 총체적 불평등에 직면하게 될 것이다.

사회적 병폐를 치유하고 사회적 위험을 피하기 위해 해야 할 일은 정의로운 부의 분배를 방해하는 원인을 제거하는 것이다.

이 일은 오로지 제거하기만 하면 되는 일이다. 정의로운 부의 분배를 실현하기 위해 정교한 계획을 세울 필요가 없다는 말이다. 왜냐하면 정의로운 부의 분배란 분명 자연적인 부의 분배고, 따라서 불의한 부의 분배는 이 자연적인 분배가 사람들의 방해를 받아서 생기는 것이기 때문이다.

정의로운 부의 분배가 무엇인지에 대해서는 이견이 있을 수 없다. 그것은 부를 만든 사람에게 그 부를 주고, 부를 저축한 사람에게 그 부를 보장하는 것이다. 이것은 분명 정의로운 부의 분배에 대해 내릴 수 있는 유일한 정의定義다. 그런 까닭에 기존 질서를 옹호하려고 애쓰는 천박한 저술가들조차 논리 전개상 어쩔 수 없이 지금 부를 많이 가지고 있는 사람들은 그 부를 직접 만들어 저축했거나, 아니면 증여나 상속을 통해 그것을 만들고 저축한 사람들로부터 취득했다고 가정하게 된다(물론 이는 잘못된 가정이다. 사실은 내가 앞에서 입증한 바와 같이 현재 부자들이 가지고 있는 거대한 부는 모두 다른 사람들이 만들고 저축한 것을 착복하여 형성한 것이다. 빈민과 부랑자는 그 과정의 필연적인 결과다).

정의로운 부의 분배가 자연적인 부의 분배라는 사실은 쉽게 증명할 수 있다. 자연은 노동에게만 부를 안겨준다. 창조주가 우리에게 주신 원료를 사용하여 노동이 만드는 것(찾아내는 것을 포함한다) 외에 어떤 부의 품목도 존재하지 않으며, 존재할 수도 없다. 만약 이 세상에 단 한 사람만 있다면, 그 사람은 분명 자기가 만들고 저축할 수 있는 것 이상의 부를 가질 수 없을 것이다. 이것이 자연적인 질서다. 인구가 아무리 많고 사회가 아무리 복잡하다 하더라도, 다른 사람에게서 공짜로 선물을 받거나 다른 사람이 벌어들인 것을 착복하지 않는 한, 자기가 생산하고 저축한 것 이상의 부를 가질 수 있는 사람은 없다.

영국의 한 작가가 모든 사람을 세 가지 범주, 즉 노동자, 거지, 도둑으로 구분한 적이 있다. 이런 분류는 자존심이 강한 상류층과 부유층의 마음에는 들지 않겠지만, 경제학적으로 볼 때 옳다. 개인이 부를 획득할 수 있는 방법은 세 가지, 즉 노동, 타인의 증여, 절도밖에 없다. 그리고 노동자가 쥐꼬리만큼 부를 획득하는 이유는 분명히 거지와 도둑들이 너무 많이 가져가기 때문이다. 어떤 사람이 자기가 생산하지 않은 부를 얻고 있다면, 그는 필시 그 부를 생산한 다른 사람들의 희생하에 그렇게 하고 있는 것이다.

정의로운 부의 분배를 실현하기 위해 우리가 해야 할 일은 모든 이론이 공통적으로 정부의 기본 역할로 인식하는 것, 즉 각 개인에게 자신의 능력을 자유롭게 사용할 수 있는 권리와 자신이 벌어들인 것을 전부 누릴 수 있는 권리를 보장하는 것이다. 전자는 다른 사람들의 동일한 권리에 의해서만 제한을 받으며, 후자는 공동의 이익을 위해 부과하는 공정한 부담금〔공정하게 부과되는 조세를 연상하기 바란다〕 같은 것에 의해서만 제한을 받는다. 이 일이야말로 사회제도를 정의의 관념과 자연적 질서에 부합하도록 만들기 위해 우리가 할 수 있는 모든 것이다.

나는 이 점을 특히 강조하고 싶다. 왜냐하면 현재의 분배상태를 비판하는 사람은 예외 없이 다음과 같이 주장하기라도 하는 양, 덮어놓고 매도하는 논자들이 있기 때문이다. 즉, 가난한 사람들을 위하려면 부자들이 가진 것을 빼앗아야 하고, 게으른 사람들을 돌보기 위해 부지런한 사람들을 희생시켜야 하며, 거짓되고 실현 불가능한 평등성(이는 모든 사람을 똑같이 빈사상태에 빠뜨림으로써 남보다 뛰어나고자 하는 욕구를 말살하고 진보의 중단을 초래할 것이다)을 실현해야 한다고.

현 사회 상황에서 드러나는 심각한 불의에 대한 반발로 그와 같이 거친 구상들이 제시되었던 것은 사실이고, 지금도 여전히 그런 주장을 하는 사람들이 있다. 목소리 높여 '공산주의'를 비난하는 사람들에게는 그런 구상들이 실현 불가능하고 모순에 가득 찬 것으로 보일 텐데, 사실 나도 그 점에서는 생각이 같다. 그렇다고 내가 지금 인류의 진보과정에서 루이 블랑Louis Blanc[1811~1882, 프랑스의 사회주의자]이 말한 "능력에 따라 걷어서 필요에 따라 분배한다"는 원칙을 실현한 사회상태가 성립 불가능하다고 이야기하려는 것은 아니다. 왜냐하면 오늘날 보편적 교회[제도 교회와 대립되는 개념으로 쓰고 있다] 안에는 초기 기독교의 공산주의를 유지하고 있는 공동체들이 존재하기 때문이다. 하지만 나는 그와 같은 사회상태를 실현하고 유지하기 위해서는 어떤 특별한 힘―위에서 말한 거친 구상들을 만든 사람들은 이 힘을 직접적으로 적대시하지는 않는다 할지라도 무시하는 경향이 있다―이 필요하다고 생각한다. 그 힘은 너무나 분명하고 뜨거워서 이기심 같은 것은 완전히 녹여 없애버릴 수 있는 명확하고 강렬한 신앙심이다. 달리 표현하면, 그것은 감리교도들이 개인의 성화과정을 통해 실현 가능하다고 선언하는 보편적인 도덕상태, 즉 창조 당시의 순결함을 향한 꿈이 현실이 되고 사람이 다시 하나님과 동행하는 일이 일반화되는 도덕상태라고도 할 수 있다.

    그러나 인류의 현재 발전단계에서 그런 사회상태가 실현 가능한가 하는 것은 그보다 높은 신앙의 영역에 속하는 문제지 경제학자나 정치가들이 다룰 수 있는 문제는 아닌 것 같다. 사려 깊은 사람이라면 누가 감히 시간적으로 또 공간적으로 무한히 작은 한 점에 불과한 이 세상에서 우리 눈앞에 보이는 자연을 두고 우주를 창조한 분의 권능과 목적이 최고로 표현되었다고 단언할 수 있겠는가? 하지만 다음의 사실은 명백하다. 사람이 고상한 것을 얻기 위해서는 이웃과 외부 자연과의 관계에 대한 계명들, 마치 전능자가 소멸되지 않는 돌판에 직접 손가락으로 새긴 것처럼 분명히 드러나는 계명들을 지키지 않으면 안 된다는 것 말이다. 도덕발달의 순서에서는 모세가 그리스도보다 먼저 나온다. 즉, "살인하지 말라", "간음하지 말라", "도둑질하지 말라" 하는 계명들이 "네 이웃을 네 몸과 같이 사랑하라"는 계명보다 먼저 나오며, "곡식을 밟아 떠는 소의 입에 망을 씌우지 말라"라는 계명이 황홀한 우주적 평화의 비전보다 먼저 나온다(그 평화가 실현되면 사자가 어린 양과 함께 누울 것이며 어린아이가 그것들을 이끌 것이고 자연계의 약육강식은 사라질 것이다).

내가 이야기하고자 하는 바는 정의가 도덕의 발달단계에서 최고의 가치가 아니라 첫 번째 가치라는 사실이다. 정의보다 높은 가치는 정의에 기초해야 하고, 정의를 포함해야 하며, 정의를 통해 실현되어야 한다. 기독교를 통해 우리에게 전해진 히브리 종교의 발달단계에서 "주 너의 하나님은 정의로운 하나님"이라는 선언이 사랑의 하나님에 관한 달콤한 계시보다 선행하는 것은 우연이 아니다. 정의가 영원하다는 사실이 제대로 인식될 때까지 영원한 사랑은 감춰져 있어야 한다. 개인이 진정으로 관대해지려면 먼저 정의로워야 하는 것과 마찬가지로 인간 사회는 자비 이전에 먼저 정의에 기초해야만 한다.

내가 주장하고 싶은 것은 단 한 가지, 사회제도는 정의에 부합해야 한다는 것이다. 여기서 정의란 너무도 명확해서 누구도 부정하거나 논박할 수 없는 권리에 관한 원칙들—자연스럽고도 영원한 원칙들—

을 의미한다. 이 원칙들은 너무도 명확해서 사회적 불의를 옹호하려는 사람들조차 지성의 법칙을 따르다 보면 염원하지 않을 수 없을 정도다. 내가 주장하고 싶은 것은 단 한 가지, 생산하는 사람이 소유해야 하고 저축하는 사람이 누려야 한다는 원칙이다. 나는 가난한 사람들을 위한답시고 부자들에게서 그들이 차지해야 할 정당한 몫의 일부라도 걷는 것에 반대한다. 내가 의도하는 바는 소유권 개념을 약화시키거나 혼란스럽게 만들려는 것이 아니라 오히려 더 강한 근거를 부여하려는 것이다. 또 생산의 유인을 약화시키려는 것이 아니라 보상이 더 확실하게 이뤄지도록 만들어서 더욱 강화시키려는 것이다. 어떤 사람이 부의 총량을 증가시키거나 생산자로부터 생산물을 받을 경우, 그 부는 그의 배타적 소유물이 되게 하라. 그가 그것을 사용하든, 다른 사람에게 주든, 무엇을 하든, 그것은 다른 사람들의 자유를 침해하지 않는 한 그의 자유다. 나는 부의 취득에 한계를 두어서는 안 된다는 입장을 갖고 있다. 어떤 사람이 아무리 많은 부를 획득한다고 할지라도 도둑질한 것이 아니라면 그것은 그의 것이므로, 그가 가지게 해야 한다. 심지어 나는 그에게 자선을 요구해서도 안 된다고 생각한다. 그의 귀에다 대고 가난한 사람들을 돕는 것이 그의 의무라고 소리쳐서도 안 된다고 생각한다. 그것은 그가 결정할 일이다. 그로 하여금 자신의 소유물을 가지고 아무런 제한 없이, 또 어떤 제안에도 영향을 받지 말고 자기 좋을 대로 하게 하라. 다른 사람들의 것을 훔쳐서 획득하지 않았고, 다른 사람들에게 피해를 입히는 일 없이 사용한다면, 그 부를 가지고 무엇을 하건 그것은 그의 일이고 그의 책임이다.

나는 런던이나 뉴욕 같은 도시에서 거대한 자선사업을 추진하고 엄청난 금액을 기부하는 사람들을 존경한다. 하지만 그와 같은 자선사업을 벌일 필요가 있다는 사실은 두 도시를 기독교 도시라고 부를 수 없음을, 그렇게 부른다면 그것은 그리스도의 명예를 훼손하는 일임을 말해준다. 나는 뉴욕 시에 애스터 도서관을 기증한 애스터 가문과 쿠퍼 연구소를 기증한 피터 쿠퍼Peter Cooper를 존경한다. 하지만 그런 일들이 개인의 자선에 의해 이뤄져야만 했다는 사실은 뉴욕 시민들에게는 수치이자 불명예다. 정의를 위해 싸우는 사람은 교회를 짓거나, 병원을 기증하거나, 대학과 도서관을 설립하는 사람보다 더 위대하고 고상한 일을 하고 있는 셈이다. 정의가 실현되면 각 개인은 자신의 것을 보장받게 되고 따라서 자선사업 자체가 필요 없어질 것이기 때문이다. 내가 말하는 정의, 즉 각 개인에게 그의 것을 보장하는 것을 우선시하는 정의는 자선보다 더 고상하다고 생각한다. 사도 바울이 "내가 내게 있는 모든 것으로 구제하고 또 내 몸을 불사르게 내줄지라도 사랑이 없으면 내게 아무 유익이 없느니라"〔고린도전서 13장 3절〕라고 말했을 때, 마음에 두고 있었던 것은 바로 이것이 아닐까?

자선을 요청하거나 부자들의 것을 빼앗자고 제안하기 전에, 먼저 인간의 자연적 권리가 무엇인지 따져서 그것을 각 개인에게 보장하기 위해 노력하자.

다음 장에서 나는 인간의 자연적 권리가 무엇인지, 그리고 현재의 사회제도하에서 그 권리들이 어떻게 무시되거나 부정되고 있는지 고찰할 것이다. 이것은 이 연구의 성격상 불가피한 일이다. 하지만 나는 내 목소리를 들을 수 있는 사람들에게 그들 자신의 권리를 요구하기보다는 힘없는 다른 사람들의 권리를 보장하기 위해 노력하라고 촉구하고 싶다. 이익을 따지는 마음보다는 의무감이 사회의 개선에 더 효과가 있으며, 이기심보다는 동정심이 더 강력한 사회적 힘이다. 모든 위대한 사회개혁은 자신의 기쁨만을 추구하는 정신이 아니라 다른 사람들의 삶을 더 낫고 고상하고 행복하게 만들고자 노력하는 정신에서 시작되고 활성화된다. 왜냐하면 사악한 맘몬Mammon(부와 탐욕의 신)은 그럴 만한 가치가 있다고 생각할 때는 언제라도 이기적인 사람들을 매수하지만 이기적이지 않은 사람들을 매수할 수는 없기 때문이다.

성육신의 개념, 즉 하나님이 자발적으로 강림해서 사람들을 돕는다는 관념은 기독교뿐만 아니라 다른 위대한 종교에도 존재한다. 여기에는 교회가 가르치는 것보다 더 깊은 진리가 있다고 나는 가끔씩 생각한다. 인간을 구원하고 해방하고 진보시키는 사람들을 살펴보면, 분명히 그 자신의 고통 때문이 아니라 다른 사람들이 겪는 불의와 고난을 보고 마음이 움직였다는 것을 알 수 있다. 예를 들어 모세는 이집트의 온갖 학문을 다 배웠고 파라오Pharaoh의 궁전을 자유로이 드나들 수 있었으며 짚도 없이 흙벽돌을 만드는 일로 혹사당하는 노예도 아니었지만, 이스라엘 백성을 속박의 소굴에서 구출해냈다. 또 그라쿠스 형제는 귀족 혈통에다 재산도 많았지만, 나중에 로마를 멸망으로 이끈 토지 독점제도에 대항해 싸우다가 죽었다. 이런 제도가 계속 유지된다면 우리나라도 언젠가는 틀림없이 멸망할 것이다. 억압당하는 자, 몰락하는 자, 짓밟히는 자들이 해방되고 지위가 높아지는 것은 언제나 자신들의 힘이 아니라 그들보다 형편이 좋았던 다른 사람들의 노력과 희생 덕분이었다. 자연적 권리를 빼앗기면 빼앗길수록 그것을 되찾을 수 있는 힘은 더 약해지기 때문이다. 도움이 많이 필요한 사람일수록 스스로를 돕기는 더 어렵다.

나는 시기심이나 이기심 같은 감정이 아니라 그보다 더 고상한 감정에 호소하고 싶다. 유혈이 낭자한 가운데 거대한 불의〔노예제도를 의미한다〕가 힘을 잃어갈 때 온 나라에 울려 퍼졌던 승전가 속에 거칠지만 강하게 표현되어 있는 것이 바로 이런 감정이다.

백합처럼 아름다운 그리스도께서 바다를 건너와 탄생하셨네.
가슴속에 너와 나를 거룩하게 만들려는 영광스러운 소명을 품고서.
그분이 죽어서 사람들을 거룩하게 만드셨던 것처럼, 우리도 죽어서 사람들을 자유롭게 만드세!*

살면서 선택할 수 있는 일 가운데, 아무리 사소할지라도 사회상태를 개선하고 다른 사람들의 삶을 좀더 완전하고 고상하게 발전시키기 위해 노력하는 것과 비교할 만한 일이 어디에 있겠는가? 존 브라운John Brown〔1800~1859, 미국의 노예제 폐지 운동가〕은 두 팔이 묶인 상태에서 어린 노예의 키스를 받으며 중죄인으로 죽었지만 그것은 그가 영원히 사는 길이었다. 그의 삶과 죽음은 자기 추구에 몰두하던 당시의 삶보다 더 위대하지 않은가? 그는 부를 추구하다가 엄청난 재산을 남겨두고 세상을 떠나는 사람보다 더 많은 것을 가지고 떠나지 않았을까? 진짜 부자를 부러워하라! 언젠가 저세상에서 깨어날 수밖에 없음을 깨닫고 있는 사람이라면, 어떻게 이 세상에서 다 쓸 수도 없고

* 줄리아 하우Julia Ward Howe 여사가 쓴 〈공화국 승전가〉Battle Hymn of the Republic.

가지고 갈 수도 없는 것을 모으느라 온 힘을 쏟는 사람들을 부러워할 수 있겠는가? 우리 가운데 누구에게든 확실한 한 가지 사실은 언젠가는 죽는다는 것이다. "오 왕이시여, 제비가 당신의 전殿을 통과해 날아가듯이 우리의 인생도 날아갑니다." 우리는 우리가 알지 못하는 곳으로부터 와서 아무도 모르는 곳으로 간다. 뒤에는 칠흑 같은 어둠이 있고 앞에는 짙은 그늘이 드리워져 있다.

세상을 떠날 때가 다가오면, 맛있는 음식을 먹고 살았는가, 부드러운 옷을 입고 살았는가, 많은 유산을 남기는가, 사후에 명예를 누릴 것인가, 지식인 취급을 받을 것인가 하는 것들은 부여받은 재능을 하나님의 사역을 위해 얼마나 잘 활용했는가에 비하면, 아무런 문제가 되지 않을 것이다. 눈이 흐려지고 귀도 잘 안 들릴 때 어둠 속에서 내미는 손이 보이고 정적 속에서 다음과 같은 음성이 들린다면, 무엇이 문제가 되겠는가?

잘 하였도다. 착하고 충성된 종아. 네가 적은 일에 충성하였으매 내가 많은 것을 네게 맡기리니 네 주인의 즐거움에 참여할지어다[마태복음 25장 21절].

나는 앞으로 권리에 대해, 효용에 대해, 이해관계에 대해 이야기할 것이다. 나는 또 부를 최대한 많이 생산하는 것이 최선이고 물질적 진보가 최고 목표라고 주장하는 사람들의 이론을 그들의 논리 안에서 검토할 것이다. 그렇지만 나는 이탈리아 노동자들에게 했던 마치니 Mazzini[1805~1872, 이탈리아의 혁명가로 가리발디를 도와 이탈리아의 통일과 독립을 도모한 인물]의 연설 속에 담긴 진리를 높이 평가하며, 그래서 그것을 여기서 다시 외치고 싶다.

노동자 형제들이여! 그리스도께서 오셔서 세상을 변혁하실 때, 그분은 부자의 권리에 대해서도, 가난한 자의 권리에 대해서도 말씀하시지 않았습니다. 부자들은 권리를 더 얻을 필요가 없었고, 가난한 자들은 권리가 주어지면 꼭 부자들을 본떠서 그것을 남용하기 때문입니다. 또 그분은 사람들의 행복이나 이해관계에 대해서도 말씀하시지 않았습니다. 그분의 이야기를 들었던 사람들은 이미 이해관계와 행복에 사로잡혀 부패한 상태였기 때문입니다. 대신에 그분은 의무에 대해, 사랑에 대해, 희생과 믿음에 대해 말씀하셨습니다. 그분은 또 그들에게 온 힘을 다해 다른 모든 사람을 위해 헌신하는 사람들의 선두에 서라고 말씀하셨습니다.

그리스도의 말씀은 진실한 삶이 모두 사라져버린 곳에서 울려 퍼져서 진실한 삶을 회복시켰고, 수백만 명을 회심시키고 마침내 세상을 정복했습니다. 그분의 말씀 덕택에 인류의 교육 수준은 진보의 사다리를 한 계단 올라갈 수 있었습니다.

노동자들이여! 우리는 그리스도께서 오셨던 때와 비슷한 시대에 살고 있습니다. 우리는 로마제국만큼이나 부패한 사회 속에서 살아가고 있습니다. 마음 깊은 곳에서 우리는 이런 사회를 변화시켜 다시 살릴 필요가 있음을 느끼고 있습니다. 모든 사회 구성원을 통합하여 하나의 믿음을 가지고 하나의 법칙을 따르며 하나의 목표를 추구하도록 할 필요가 있습니다. 하나님이 피조물들에게 맹아萌芽 형태로 주신 모든 재능을 자유롭게 그리고 진보적으로 발달시키는 것을 우리의 목표로 삼아야 합니다. 우리는 하나님의 나라가 하늘에서 이루어진 것처럼 땅에서도 이루어지기를 바랍니다. 아니, 이 땅이 천국을 준비하는 곳이 되고 이 사회가 하나님의 뜻을 혁신적으로 이루기 위해 노력하는 곳이 되기를 바랍니다.

그리스도의 모든 행동은 그분이 가르치신 믿음의 가시적인 표현이었습니다. 또 그분 곁에는 자신들이 받아들인 믿음을 행위로 드러낸 사도들이 있었습니다. 여러분도 그분들과 같이 된다면 세상을 정복할 수 있을 것입니다. 여러분 주위의 사람들에게 의무에 대해 이야기하십시오. 그리고 힘이 닿는 한 여러분 자신의 의무를 이행하십시오. 미덕과 희생과 사랑에 대해 이야기하십시오. 그리고 여러분 스스로 덕이 높고 남을 사랑하며 기꺼이 자기를 희생하는 존재가 되십시오. 여러분의 생각을 대담하게 이야기하고 여러분의 필요를 용감하게 밝히십시오. 하지만 화를 내거나 반발하거나 위협하지는 마십시오. 위협이 필요한 사람들이 있을 경우, 그들을 대적할 가장 강력한 무기는 흥분해서 말하는 것이 아니라 확고하게 말하는 것입니다.

10
인간의 권리

자연권이란 존재하지 않으며 모든 권리는 지배자의 정치권력이 양여讓與된 데서 유래한다고 제멋대로 말하는 사람들이 있다. 그런 사람들과 논쟁하는 것은 시간 낭비다. 이와 관련하여, 논쟁이 필요 없을 정도로 명백한 몇 가지 사실―보편적 의식이 이를 증명한다―이 존재한다. 그중 한 가지는 사람과 사람 간에는 정부 성립 이전부터 이미 권리가 존재했으며 그 권리는 정부가 권력을 남용하는 경우에도 계속 존재한다는 사실이다. 다른 한 가지는 인간 사회의 어떤 법보다도 더 높은 법, 즉 자연에 새겨져 있고 자연을 통해 드러나는 창조주의 법이 존재한다는 사실이다. 이 법은 인간의 법에 선행할 뿐만 아니라 그것을 초월한다. 인간의 법이 정당성을 갖기 위해서는 이 법에 부합하지 않으면 안 된다. 이를 부정하는 것은 법률과 제도의 옳고 그름을 판단할 수 있는 기준이 아무것도 존재하지 않는다고 주장하는 것과 같고, 그 자체로 올바른 행위와 그릇된 행위란 있을 수 없다고 주장하는 것과 같다. 또 엄마에게 자기 자식들을 죽이라고 명하는 법령이 유아살해를 금지하는 법률과 똑같이 존중받아야 한다고 주장하는 것과도 같다.

사회조직을 진정으로 확실한 기초 위에 세우려면 자연권을 존중하고 창조주의 더 높은 법을 따라야만 한다. 즉, 좋은 기계를 만들기 위해서는 중력의 법칙, 연소의 법칙, 팽창의 법칙과 같은 물리적 법칙들을 따라야 하고, 육체의 건강을 유지하기 위해서는 생리학의 법칙들을 따라야 하는 것과 마찬가지로, 평화롭고 건강한 사회상태를 만들려면 사회제도를 위대한 도덕법칙에 부합되게 만들어야 한다. 이것은 우리가 절대적으로 복종해야 하는 법칙이며, 물질과 운동의 법칙처럼 우리가 결코 통제할 수 없는 법칙이다. 기계가 작동하지 않는 것을 발견하면 우리는 기계 제작자가 기계 제작과정에서 뭔가 물리적 법칙을 무시했으려니 추측한다. 그와 마찬가지로 사회적 병폐와 정치적 불의를 발견할 경우, 사회조직 내에서 도덕법칙에 맞서고 인간의 자연권을 무시하는 일이 벌어졌으리라 추측할 수 있다.

미국 독립선언서에서 인간의 자연권이 합법적 정부의 유일한 기초로 묘사되고 있는 것은 다 까닭이 있다.

우리는 다음의 사실들을 자명한 진리로 받아들인다. 즉, 모든 사람은 평등하게 창조되었으며, 창조주로부터 양도할 수 없는 권리를 부여받았다. 그 권리 중에는 생존권, 자유권, 행복추구권이 포함된다. 사람들이 사는 곳에 정부가 세워지는 것은 이 권리들을 보장하기 위해서다. 정부의 정당한 권력은 피통치자들의 동의로부터 나온다. 어떤 형태의 정부든 이러한 목적에 역행할 때는 언제든지 그것을 교체하거나 타도하여 새로운 정부를 수립할 수 있으며 그렇게 하는 것은 인민의 권리다. 이때 새로운 정부는 인민의 안전과 행복을 가장 효과적으로 보장할 수 있는 원칙에 기초를 두고, 또 그렇게 할 수 있는 형태로 권력을 조직해야 한다.

미합중국 헌법 전문前文 또한 동일한 원칙을 천명한다.

우리 합중국 인민들은 동맹을 더욱 완전하게 만들고, **정의를 실현하며**, 국내 평화를 지키고, 공동의 방위를 도모하며, 공공의 복지를 증진하고, **우리 자신과 우리 후손들에게 자유의 축복을 보장**하기 위해 미합중국 헌법을 제정한다.

1789년 프랑스 국민의회가 공포한 저 위대한 인권선언에도 이와 똑같이 근본적이고 자명한 진리가 담겨 있다.

국민의회로 모인 프랑스 인민의 대표들은 **인권에 대한 무지와 소홀함 또는 멸시가 공적 재난과 정부 부패의 유일한 원인**이라고 생각하여, 자연적이고 절대적이며 양도 불가능한 권리를 밝히는 엄숙한 선언을 하기로 결정하였다. 우리는 하나님 앞에서 그분의 축복과 은혜를 바라는 마음으로 다음과 같은 것들이 인간과 시민의 신성한 권리임을 공인·선언하고자 한다.
제1조. 인간은 권리 면에서 자유롭고 평등하게 태어나 살아간다. 따라

서 사회적 차별은 공공의 이익에 기초할 경우에만 가능하다.

제2조. 모든 정치적 결사체의 목적은 자연적이고 절대적인 인권을 보호하는 것이다. 자유권, 재산권, 안전권安全權, 그리고 억압에 대한 저항권 등이 그러한 권리에 해당한다.

영원한 원칙을 주장하는 것―확신과 용기를 가진 사람들이 전면에 부각되는 사회적 격변기에 흔히 일어나는 일이다―과, 이제 막 흑암과 같은 무지와 미신에서 빠져나와 아직도 불의와 억압으로 형성된 사고방식에 매여 있는 사람들이 그 영원한 원칙을 붙들고 실행에 옮기는 것은 별개의 문제다. 프랑스인들은 이 원칙에 충실하지 않았다. 그들보다 훨씬 더 많은 이점을 누리고 있는 우리 미국인들도 마찬가지였다. 프랑스에서는 구체제ancient regime가 절대왕권과 바스티유 감옥 그리고 봉인장lettres-de-cachet〔귀양이나 투옥을 명하는 왕의 명령서〕 제도와 함께 타도되었음에도, 적색테러와 백색테러가 난무했고, 무정부 상태가 자유인 양 오인되었으며, 제국주의가 투표제도를 통해 승인을 받았다. 오늘날 프랑스 공화국의 초라한 모습은 이 모든 과정을 웅변으로 증명한다. 한편, 방대한 미개척지를 갖고 있었고 해외의 복잡한 문제들과 강력한 적대국의 간섭으로부터 자유로웠던 여기 미국에서도 우리가 보여줄 수 있는 것이라곤 공화국의 초라한 모습뿐이다. 사익집단들과 그 우두머리들, 그리고 철도왕들이 여러 주를 좌지우지하고 있고, 정치 심장부가 부패에 물들어가고 있으며, 여기저기 떠돌이들이 돌아다니고 있고 파업이 빈발하고 있다. 한쪽에서는 부자들이 부정하게 취득한 부를 과시하고 있지만, 다른 한쪽에서는 어린아이들이 공장에서 고역에 시달리고 있고 여자들은 빵을 얻으려는 생각에 뼈 빠지게 일하고 있다.

사람들이 그 의미를 제대로 깨닫지 못한 채로 진리를 보고 주장하고, 또 진리를 담은 방안들을 반복적으로 듣고 이야기하는 일은 얼마든지 가능하다. 독립선언서에 서명을 하거나 박수를 보냈던 사람들과 해마다 그것을 읽고 듣고 상찬했던 사람들 중에는 거기에 담긴 권리에 관한 영원한 원칙들이 조지 3세의 전제정치뿐만 아니라 노예제도의 존재까지도 부정한다는 사실을 미처 생각하지 못한 사람들이 많았다. 그 사실을 깨닫고 노예제도에 반대하여 인간에게는 양도할 수 없는 권리가 있다고 주장한 사람들도, 대개는 그 권리가 사람의 육체를 사유재산으로 삼지 못하게 하는 것보다 훨씬 많은 내용을 담고 있다는 사실을 알지 못했다. 그러고는 노예가 해방되고 그들에게 투표권이 주어졌을 때 자기 할 일을 다했다고 착각했다. 그것은 마치 그들의 선조들이 영국 왕에 대한 충성을 거부하고 여기 미국 땅에 민주공화국을 세웠을 때 자기 할 일을 다했다고 착각했던 것과 마찬가지다.

오늘날 미국인들은 보통 인간의 평등하고 양도 불가능한 권리가 모두 인정받고 있다고 믿고 있다. 빈곤, 범죄, 저임금, '과잉생산', 정치적 부패 등은 사물의 자연적 질서에 속하는 것으로 간주한다. 좀더 명확하게 말하자면 그런 것들은 존재하는 것이 창조주 하나님의 뜻이기 때문에 존재한다는 것이 미국인들의 생각이다. 하지만 나는 이런 병폐들은 분명 평등하고 양도 불가능한 권리를 충분히 인정하지 못했기 때문에 발생한다고 믿는다. 미국 독립선언서가 자명한 진리라고 하면서 주장하듯이, 이 권리는 모든 사람이 창조주 하나님으로부터 부여받는 것이다. 또 나는 1세기 전 프랑스 국민의회가 정치적 자유의 정신에 고무되어 인권에 대한 무지와 소홀함 또는 멸시가 공적 재난과 정부 부패의 큰 원인이라고 선언한 것은 옳았다고 판단한다. 당시 프랑스인들을 죽음으로 몰아넣었던 기아, 프랑스 정부의 파산과 부패, 노동계급의 타락, 귀족층의 풍기문란이 평등하고 자연적이며 절대적인 인권을 부정한 데서 비롯되었듯이, 현재 전 문명세계와 미국을 위협하고 있는 사회적·정치적 문제들도 같은 원인에서 기인한다.

이 문제에 대해 좀더 생각해보자. 평등하고 자연적이며 양도 불가능한, 생명과 자유와 행복추구에 대한 권리는 각 개인이 자신과 가족의 생계를 위해 자신의 능력을 자유롭게 발휘할 권리—이 권리는 다른 사람의 동일한 권리에 의해서만 제한을 받는다—를 포함하는 것 아닐까? 그 권리가 인정된다는 말은 각 개인이 다른 사람의 동일한 권리를 침해하지만 않는다면 자유롭게 부를 만들고 저축하고 향유할 수 있다는 말과 같은 의미가 아닐까? 또 그 말은 어느 누구도 다른 사람에게 강제노동이나 소득을 바칠 필요가 없으며, 어느 누구도 다른 사람으로부터 노동이나 소득을 탈취할 수 없다는 말과 같은 의미가 아닐까? 사실 이 모든 질문은 대답할 필요가 없는 것들이다. 생명과 자유에 대한 평등한 권리를 인정한다면서 재산에 대한 권리—자기 노동과 자기 노동의 결과물에 대한 권리—를 부정하는 것은 말도 안된다.

그러나 우리는 이런 짓을 아무렇지도 않게 저지르고 있다. 우리는 인간의 평등한 자연권을 인정하면서도 자기 노동과 자기 노동의 결과물에 대한 권리를 보장하는 제도를 만드는 데는 실패했기 때문에 많은 사람들을 기만하고 있는 셈이다. 사회적 압력이 증가하면 더 많은 사람들이 더 심한 기만을 당하게 된다.

이와 같이 인간의 기본권을 부정하면 한쪽에서는 빈곤이 발생하는 반면 다른 한쪽에서는 풍요로움이 넘치고 극히 불평등한 부의 분배에서 비롯되는 낭비와 부패와 타락이 만연하게 된다.

나는 지금 전체 문명세계에서 보편적으로 드러나는 상황에 대해 이야기하고 있기 때문에 다른 나라의 사례를 살펴볼 필요가 있다. 가끔 우리 자신의 잘못보다 이웃의 잘못이 더 분명히 보일 때가 있는 법이다. 우리 미국의 언어와 제도의 기원이라 할 수 있는 나라, 즉 영국은 정치적 자유의 공인이라는 면에서 우리보다 뒤처져 있지만, 산업적 자유는 우리와 비슷하고 어떤 면에서는 우리보다 앞서 있다. 영국은 아직 완전한 자유무역 상태에 도달하지는 못했지만, 우리 미국이 여전히 고수하고 있는 기만적 보호무역주의에서는 벗어났다. 하지만 영국인들은 가련하게도 대부분 자신들의 자유에 만족하고 있고 자랑스러워한다. 그들은 자신들이 전 세계에서 가장 자유로운 사람들이라고 생각한다. 이런 이야기를 하도 오랫동안 들어서 대부분이 진심으로 그렇다고 믿고 있다. 그들은 "영국인들은 결코 노예가 되지 않을 것"이라고 노래한다. 마치 영국 땅에는 숨 쉬는 노예가 없었다는 듯이.

이런 사람들 가운데 한 사람, 즉 '자유인으로 태어난 영국인' 한 사람을 예로 들어보자. 그는 윌트셔나 데본셔 또는 서머셋셔 같은 지역의 오랜 자유인 집안 출신이다. 그의 가계家系를 조사해보면, 조상들이 색슨 시대 초기부터 그곳에서 농사를 지어왔다는 사실을 확인할 수 있을 것이다. 그는 자라서 성인이 되고, 자연스럽게 한 여자를 만

나서 결혼한다(그 과정이 어땠는지에 대해서는 묻지 말자). 이제 그는 창조주께서 노동해서 먹고살아야 한다고 명령하신 이 세상에서 가족을 책임지는 가장이 되었다. 그에게는 필요한 것들이 있다. 자연의 질서에 따라 아이들이 태어나면 그의 필요는 늘어날 것이다. 하지만 그는 자연이라는 보고寶庫에서 필요한 것들을 끄집어내서 자신의 필요를 충족시킬 수 있는 타고난 능력을 머리와 근육 속에 가지고 있다. 그는 땅을 갈고 씨를 뿌리고 수확하는 법을 알고 있으며 또 비옥한 땅을 가지고 있다. 그 땅은 수천 년 전에 그랬던 것처럼 지금도 노동에는 기꺼이 부富로 화답한다. 비가 내리고 해가 비치며 지구가 궤도를 따라 회전함으로써 겨울 뒤에는 봄이 오고 봄이 지나면 여름이 온다.

생계를 꾸리고 노동을 부로 전환하고 자신과 딸린 식구들의 생존과 이익을 위해 그 부를 보유하고 향유하는 것은 그 사람의 첫 번째 권리이자 가장 분명한 권리다. 그는 다른 사람이 만든 것에 대해서는 아무런 권리도 행사할 수 없고, 다른 사람도 그가 만든 것의 일부라도 요구할 권리가 없다. 그는 다른 사람에게 자신을 위해 일하라고 강요할 권리가 없고, 다른 사람들도 그에게 자기들을 위해 일하라고 요구할 권리가 없다. 자기 자신에 대한 권리, 자기 힘의 사용에 대한 권리, 그리고 자기 노력의 결실을 향유할 수 있는 권리는 자연적이고도 자명한 권리다. 원칙상 이 권리에 대해서는 누구도 논박할 수 없다. 어떤 사람이 창조된 것은 다른 사람들을 위해서라는 신성모독적인 주장에 의존하는 경우에나 그럴 수 있을 것이다. 자기 노동과 그 결실에 대한 기본적인 자연권이 허용된다면, 이 사람은 자기 자신과 가족들의 필요를 여유 있게 충족시킬 수 있을 것이다. 자연적인 질서하에서라면 그의 노동은 가족에게 물질적으로 안락한 삶을 제공할 만큼 충분한 부를 생산할 것이다(물론 그가 생산하는 부는 서로 뜻이 맞을 경우 다른 사람들이 생산한 부와 교환될 수 있다). 심각한 사고만 일어나지 않는다면, 그는 그 부를 가지고 자녀들을 충분히 양육할 수 있을 것이다. 그는 부의 일부를 저축하기 때문에 그와 그의 아내는 쉴 수도 있고, 힘이 떨어지는 노년기에도 다른 사람에게 도움을 청하거나 "하늘에 계신 우리 아버지" 외에는 누구에게도 신세지는 일 없이 삶을 즐길 수도 있을 것이다.

하지만 사실은 어떠한가? 실은 자유인으로 태어난 이 영국인이 누려야 할, 자기 노동과 자기 노동의 결실에 대한 권리는 마치 그가 법률에 의해 노예가 되어버린 듯 완전히 부정되고 있다. 그는 마치 영국 법률에 의해 다른 사람의 소유물이 되어버린 듯 다른 사람을 부유하게 만드는 노동을 강요받고 있다. 영국 법률은 그가 노예라고 선언하지는 않는다. 오히려 공식적으로는 그 반대로, 그가 자신을 위해 일하고 자기 노동의 결실을 향유할 수 있는 자유를 가진 자유인이라고 선언한다. 먹을 것이 없는데 먹는 것이 불가능하듯이 노동할 곳이 없는데 노동하는 것은 불가능하다. 무에서 유를 만드는 것은 인간의 능력을 넘어선다. 그것은 창조주의 계획에 들어 있지 않았다. 자연은 우리에게 일하지 않으면 굶을 수밖에 없다고 이야기한다. 인간의 노동은 의·식·주 등 부라고 불리며 인간의 욕구를 충족시키는 모든 것을 생산할 수 있지만, 그것은 오로지 부의 원료를 토지에서 얻을 수 있는 경우에만 가능한 일이다.

모든 토지를 다른 사람들이 차지하고 있는 곳에 어떤 사람을 데려다놓고는 그에게 "당신은 당신 자신을 위해 일하고 당신 자신이 만든 것을 누릴 수 있는 자유를 가진 자유인"이라고 말하는 것은 그 사람을 대서양 한가운데 외딴섬에 떨어뜨려놓고는 "당신은 해변을 산책할 자유를 갖고 있다"고 말하는 것과 같다. 그것은 정말 지독한 아이러니다. 그런데 이것이 바로 우리의 주인공이 처해 있는 상황이다. 그가 누리는 자유란 절벽에 매달려 있는데 다른 누군가가 밧줄에 날카로운 칼을 대고 있을 때 누릴 수 있는 자유와 진배없다. 그 자유는 사막에서 목이 마른 상태로 사방 몇 마일 이내에서 하나밖에 없는 샘을 발견했는데, 그 샘 주위에는 무장한 사람들이 지키면서 자신들이 제시하는 조건으로 **자유롭게 계약을 맺지** 않으면 물을 마실 수 없다고 이야기할 때 누릴 수 있는 자유와도 다를 바 없다.

오래전 색슨 시대에 살았다면, 이 영국인은 성인이 되어 결혼을 할 때쯤에는 이미 집터와 텃밭을 분배받은 상태였을 것이다. 촌락 구성원들이 공동으로 경작하던 넓은 경지 가운데 평등한 지분을 갖고 있었을 것이며, 공동지인 삼림에서 자유롭게 나무를 하거나 사냥을 할 수 있었을 것이고, 공동지인 목초지에서 자유롭게 가축을 방목할 수도 있었을 것이다. 튜더 왕조가 들어서면서 시작된 토지 탈취가 수세기 동안 진행된 이후에 살았다 하더라도, 그는 여전히 존재하던 공동지를 통해 이 지구는 소수가 아니라 모든 사람을 위해 이용되어야 한다는 오래된 원칙이 희미하게나마 남아 있음을 확인할 수 있었을 것이다. 그러나 지금은 모든 땅에 울타리가 쳐져서 그에게는 한 치의 땅도 허용되지 않는다. 그의 조상들이 평등한 지분을 가지고 경작했던 경지는 이제 지주의 사유재산이다. 지주는 주로 대농들에게 경지를 빌려주면서 높은 지대를 요구하기 때문에 대농들이 투하 자본으로부터 정상적인 수익을 얻기 위해서는 부리는 노동자들의 얼굴을 맷돌로 갈지 않으면 안 된다. 예전의 삼림 지대 주위에는 깨진 유리조각을 박은 높은 담이 설치되고, 총을 장전한 산지기들이 배치되어 수시로 순찰을 돈다. 그들은 침입자가 있으면 잡아서 판사에게 데려가고, 판사는 그 침입자를 감옥으로 보낸다. 예전의 공동지가 지주의 공원이 되고 말았다. 그곳에서 그의 살진 가축들이 풀을 뜯고 가냘픈 다리를 가진 그의 사슴들이 우아하게 뛰어논다. 개암나무 덤불을 지나 졸졸 흐르는 시냇물 가로 나 있는 (예전에는 도로와 도로 사이의 지름길 역할을 했던) 샛길도 지주가 쳐놓은 담 안으로 편입되어버렸다.

그러나 '자유인으로 태어난' 우리의 주인공, '결코 노예가 되지 않을' 이 영국인은 토지 없이는 살 수가 없다. 그는 땅 위에서 자신과 아내가 쉴 수 있는 공간을 확보하지 않으면 안 된다. 그들이 살 집 말이다. 하지만 이들 부부는 자기 모국에서 길바닥 말고는, 다른 사람의 허락을 받지 않고도 사용할 수 있는 땅이라곤 발바닥 크기만큼도 없다. 그런데 길바닥에서는 누울 수도 없고 햇빛을 가릴 그늘을 만들 수도 없다. '자유인으로 태어난 우리의 영국인'이 자기 모국에서 살아갈 공간을 얻으려면 한 달에 여러 날을 영국의 '주인들' 중 한 사람을 위해 일하는 데 바치지 않으면 안 된다. 다시 말해 노동이나 노동의 결실을 제삼자에게 팔아서 얻는 돈으로, 이 지구의 특정 부분을 '소유한 자'에게 이 지구상에서 살아갈 특권을 누리는 대가를 지불해야만 하는 것이다.

'자유인으로 태어난 우리의 영국인'은 이렇게 다른 동료 피조물[지주를 가리킨다]로부터 이 지구에서 살아갈 수 있도록 허락을 받는 데 자기 노동의 일부를 바친 다음에는 식량과 의복을 얻기 위한 일을 하지 않으면 안 된다. 그러나 토지가 없이는 일을 할 수 없기 때문에 자기가 원하는 대로 일하지 못하고 토지 소유자들에게 그들이 원하는 조건으로 노동을 팔아야만 한다. 토지 소유자들이 원하는 조건은 너무 혹독해 우리의 주인공은 극히 비참한 상태에서 간신히 생계를 이어갈 수밖에 없다. 즉, 노예제 시절 최악질 노예주라도 주지 않을 수 없었을 만큼만 받고 간신히 살아가는 것이다. 그는 방바닥이 무너져서 흙이 다 드러나고, 지붕이 낡아서 비가 새는 형편없는 집에서 비참하게 살아간다. 그는 아침부터 밤까지 일해야 하는데, 그건 그의 아내도 마찬가지다. 자식들도 걷기 시작하면 바로 일을 해야 하는데, 지주를 위해 잡초를 뽑거나 까마귀를 쫓는 등의 일이 그들의 몫이다. 주인공 가족에게 지주는 살며 일할 터전을 제공하는 자비로운 존재다. 그러다 병이 찾아오고 죽음이 찾아온다. 그때 그들이 기댈 곳은 교회나 '너그러운 마나님'밖에 없다. 너그러운 마나님이란 "농촌의 전능한 신"—테니슨Alfred Tennyson(1809~1892, 영국 빅토리아 시대의 대표적 시인)은 지주를 이렇게 불렀다—의 아내나 딸이나 구호 담당자를 가리킨다. 그러나 그들이 나눠주는 것은 주인공 가족이나 다른 가족들에게서 빼앗은 부의 아주 작은 부분에 불과하다. 그것은 자선의 외양을 띠지만 사실은 모욕이다.

만약 '자유인으로 태어난 우리의 영국인'이 모든 상전에게 머리를 숙이고 공손하게 행동하지 않는다면, '주인님'이나 '마나님' 또는 '높은 분'이나 그 아랫사람들이 지나갈 때는 언제나 당황스러워하며 자신의 초라한 모자를 벗지 않는다면, 상전들이 보기에 하층계급에 맞는 공손함을 갖추도록 자식들을 양육하지 않는다면, 사과를 따먹었거나 덫으로 토끼를 잡았거나 개울에서 몰래 물고기를 잡았을지 모른다는 의혹이 있다면, 그는 자선도 잃고 일도 잃게 된다. 그러면 교회에 의지하거나 그냥 굶을 수밖에 없다. 그러니 나이를 먹지 않았는데도 등이 굽고 몸이 굳는다. 그의 아내는 힘이나 아름다움이 최고조에 있어야 할 나이에 늙고 지친 모습이 되고 만다. 그의 딸들은 그와 비슷한 사람과 결혼해서 엄마와 비슷한 인생을 살거나 아니면 '상전들'이 주는 단돈 몇 파운드에 팔려서 도시로 보내지고 몇 년 후에는 사창가나 병원 또는 감옥에서 죽음을 맞는다. 그의 아들들은 무식하고 야만스러운 사람으로 자란다. 그들은 노동의 성과를 충분히 되돌려 받지 못하기 때문에 설사 하고 싶어도 늙은 부모를 봉양하지 못한다. 주인공 부부가 노후에 의지할 곳은 빈민구호소뿐이다. 그런 사람들을 길거리에 방치해 굶게 하는 것은 수치스러운 일이라는 이유로 만들어진 곳에서, 그들은 일 못하는 노예처럼 그냥 죽어갈 뿐이다. 거기서 그들 부부는 서로 떨어져서 죽음이 찾아올 때까지 감옥에서 사는 것처럼 살아야 한다. 교회 목사는 그들에게 "하나님이 짝지어주신 것을 사람이 나누지 못할지니라"[마태복음 19장 6절]라고 설교했을 것이다.

'자유인으로 태어난' 이 영국인의 처지는 노예보다 못하다. 혹시 위에서 내가 영국 농업 노동자들의 처지를 제대로 묘사하지 않은 게 있다면, 그것은 멸시당하는 그들의 무지와 야만성, 낮은 도덕성 등 어두운 면뿐이다. 음식의 양과 질, 의복과 주거, 안락함과 여유, 도덕성 등의 측면에서 볼 때, 옛날 남부 노예는 오늘날 영국 농업 노동자보다 나왔다. 즉, 더 건강하고 더 행복하고 더 넉넉했다. 잘 관리해서 포동포동 살이 찌고 튼튼한 흑인 한 명의 값이 1,000달러라면 아무리 이기적이고 냉정한 노예 주인이라 할지라도 노예들을 '자유인으로 태어난 영국인'처럼 살도록 놔두지는 않을 것이다. 그런데 이 백인 노예는 값이 없다〔흑인 노예처럼 거래되지 않기 때문이다〕. 자본화된 가치를 갖는 것은 노동이 아니라 노동을 지배하는 토지다. 일주일에 9~12실링을 지불하면 성인 남자를 부릴 수 있다. 이 금액은 노예 한 명을 거래하기 좋은 상태로 유지하는 데 드는 비용보다 적다. 어린아이들에게는 일주일에 6펜스만 지불하면 된다. 그들이 쓸모없어지면 그냥 버리면 된다. 그러면 그들은 알아서 교회를 찾아가거나 죽는다.

혹자는 흑인이 열등한 인종이라고 말한다. 그러나 영국의 백인 노예들은 영국의 학자, 시인, 철학자, 정치가, 상인, 발명가(이들은 사방이 바다로 둘러싸인 섬나라의 보루 역할을 했을 뿐 아니라 영국 상선기를 전 세계에서 휘날리게 만들었다)와 뿌리가 같다. 영국의 백인 노예들은 무식하고 품성이 좋지 않다. 그들은 노예로 살다가 거지로 죽는다. 이유는 단 한 가지, 자연권을 빼앗겼기 때문이다.

이런 사람들이 사는 곳, 인간이 돼지처럼 떼를 지어 살아가는 지저분한 노동자 주택들이 있는 곳 가까이에 아름다운 나무들로 가꾼 넓은 공원과 그 속에 세워진 대저택, 저 계관시인〔앞에 나온 테니슨을 가리킨다〕의 표현에 따르면 그 지역의 '전능한 하나님'(짐승처럼 되어버린 영국의 백인 노예들은 대저택의 주인들을 그렇게 여기는 듯하다)의 집이 위치하는 경우가 종종 있다. 그들은 아무 일도 하지 않는다. 그러면서 자기 조상들이 수백 년 동안 아무 일도 하지 않았다는 사실을 자랑스럽게 여긴다. 그들은 일하는 사람은 물론이고 일하는 사람을 조상으로 둔 사람까지도 극도로 경멸한다. 게다가 그들은 매우 사치스럽게 산다. 도시에도 시골에도 집이 있을 뿐 아니라 말, 마차, 제복을 입은 하인들, 요트, 사냥개를 갖고 있다. 그들은 돈으로 할 수 있는 일은 뭐든지 한다. 문학, 교육, 여행문화는 그들의 주된 관심거리다. 재산이 남아돌아서 철도 주식 또는 공채에 투자하거나 미국 토지를 매입한다. 하지만 이 재산 중에 그들이 생산한 것이라곤 하나도 없다. 그런데도 그들이 그 재산을 가질 수 있는 것은, 토지 소유가 허용되고 있어서 생산자들이 만든 부가 그들에게 넘어가기 때문이다.

여기서 부의 분배를 불평등하게 만드는 원초적이고 기본적인 원인이 명백하게 드러난다. 영국에서 영혼을 파괴하는 비참한 빈곤과 무도하기 짝이 없는 사치가 나란히 발생하는 것은 바로 그 때문이다(농촌보다 도시 쪽이 훨씬 더하다). 또 여기서 노동이 먹기 싫은 약처럼 여겨지고, 단순 노동자들이 일하는 모든 직장에서 임금이 간신히 생계를 유지할 수 있는 보잘것없는 수준으로 떨어지는 이유가 분명하게 드러난다. 토지에 대한 자연권을 빼앗긴 채 하나님의 땅을 침범하는 존재로 취급당하게 되면, 사람들은 단지 짐승처럼 사는 '특권'을 얻기 위해 무리한 경쟁을 벌일 수밖에 없다. 그로 인해 공업 지역이나 도시 빈민가에서 인간성은 비참함과 타락의 나락으로 떨어지고 만다. 하나님의 형상을 따라 창조된 존재들이 짐승보다 못한 수준으로 전락하는 것이다.

우리 미국 땅에서도 이와 똑같은 불평등이 진행되고 있다. 이 또한 위에서 말한 것과 같은 원인에 기인하는 것이 아닐까? 미국 시민권은 미국 땅에 대한 권리를 보장하지 않는다. 첫 번째 인권이자 가장 근본적인 인권이라 할 수 있는 생명, 자유, 행복추구에 대한 권리는 영국에서와 마찬가지로 여기 미국에서도 완전히 부정되고 있다. 그러니 동일한 결과가 나올 수밖에 없는 것 아닌가?

11
쓰레기 갖다 버리기

아무리 생각해도 요즘 우리나라 해안으로 점점 더 많이 몰려오고 있는 인간의 물결에 대해서는 지금보다 더 많은 주의를 기울일 필요가 있다. 그것은 우리 시대에 가장 중요한 현상 중의 하나로서, 우리가 조만간 급속하게 변화할 수밖에 없는 상황 속에서 살고 있음을 깨닫게 해준다. 그런데 올해 우리나라로 들어오는 이민들 중에는 특히 시사하는 바가 큰 부류가 섞여 있다. 대서양을 횡단하는 대형 기선들이 영국 정부와 계약을 맺고 아일랜드 서부 연안의 작은 항구들에 정박하면서 남자, 여자, 어린아이들을 태우고는 대서양을 건넌 후 뉴욕과 보스턴의 부두에 내려놓는다. 배삯은 영국 정부가 지불한다. 그들은 각자 주머니에 몇 달러밖에 가지지 않은 채로 신세계에서의 삶을 시작한다.

한 나라의 힘은 사람에 있다. 나라를 위대하게 만들고, 부를 생산하고, 다른 나라들과 어깨를 겨루게 만드는 것은 사람들이다. 하지만 여기 문명화된 기독교 정부, 혹은 그렇게 간주되는 정부가 마치 뉴욕에서 쓰레기를 싣고 대서양에 가서 버리는 것처럼 자기 국민들을 다른 대륙으로 실어 나르고 있다. 이 사람들이 나라를 구성하기에 부적절한 존재라서 그러는 것이 아니다. 여기서 그들이 셋방에 살면서 우리나라의 부패한 정치에 노출되고 그동안 익숙했던 삶과는 크게 다른 삶의 유혹에 빠질 경우 어떻게 바뀔지 알 수 없지만, 자기 모국에서 그들은 얌전하고 부지런하며 몇 가지 중요한 면에서 매우 도덕적인 사람들이다. 그들을 아는 사람이라면 누구라도 그렇게 말할 것이다. 그들은 지적·정치적 교육을 받지 못했고 개인적 자립을 통해서만 얻을 수 있는 강건함을 결여하고 있지만, 그것은 그들로서는 피할 수 없는 빈곤 탓이 크다. 영국 정부의 아일랜드 장관 트리벨리언Trevelyan 씨는 하원에서 아일랜드 이민자들이 육체적·도덕적으로 건강하고 생계를 잘 꾸릴 수 있는데도 마치 뉴욕 시가 쓰레기를 싣고 나가는 것처럼 자기 정부가 공공경비를 들여 그들을 실어 나르고 있다고 고백한 바 있다.

트리벨리언 씨가 말한 대로 그들은 생계를 잘 꾸릴 수 있는 사람들이다. 그러나 만일 모국에 머문다면 그들은 최고 호황기에도 극도로 빈곤한 생활을 할 수밖에 없다. 그리고 경기가 그다지 좋지 않을 경우에는 그들을 살리기 위해 세금을 더 걷어서 시혜를 베풀어야만 한다. 가장 싸게 문제를 해결하는 방법으로 고안된 것이 바로 공공경비를 들여서 그들을 밖으로 실어 보내는 것이었다.

왜 이렇게 되었을까? 원래 생계를 잘 꾸릴 수 있는 사람들이 왜 자기 나라에서는 생계를 꾸려가지 못하게 되었을까? 미국 독립선언서에 나와 있는, 인간이 창조주로부터 부여받은 자연적이고 평등하며 양도 불가능한 인권을 부정당했기 때문이다. 아일랜드의 기아, 빈곤, 실정失政, 그리고 혼란은 모두 1789년 프랑스 국민의회가 모든 공적 재난과 정부 부패의 원인이라고 밝혔던 것, 바로 인권을 무시한 데서 비롯되었다. 아일랜드인들로 하여금 계속 선동의 불을 지피도록 자극하는 악惡과 영국 정치가들을 곤혹스럽게 만드는 아일랜드 관련 문제들도 마찬가지다. 아일랜드 농민은 굶주림과 구걸과 이민을 강요받고 있다. 그들은 지배자들의 눈에는 배에 실어서 어디든 갖다 버려야 할 인간쓰레기에 지나지 않는다. 그들이 이런 처지로 전락한 것은 노예처럼 살다가 구호 대상자로 죽는 영국 농민과 마찬가지로 자기 조국의 땅에 대한 권리를 부정당하고 있고, 스스로 노력해서 부를 획득하고 그 부를 원하는 용도에 사용하기 위해 보유할 권리—이는 양도 불가능한 권리다—를 인정받지 못하고 있기 때문이다.

　이런 사람들을 실어 보내는 나라—정부 지원 이민은 자발적 이민과는 성격이 전혀 다르다—는 지금보다 훨씬 더 많은 인구도 충분히 부양할 수 있다. 자연적 질서하에서라면 원래 생계를 잘 꾸릴 수 있는 사람들이 궁핍과 기아로 고통을 받아야 할 이유가 없다. 그들이 그런 고통을 받는 이유는 단순하다. 자기 노동을 자유롭게 투입할 자연적 기회〔토지를 가리킨다〕가 주어지지 않을 뿐 아니라 노동이 허용되는 경우에도 다른 사람들이 그 노동의 성과를 빼앗는 것이 합법화되어 있기 때문이다. 영국 정부에 의해 대서양 건너 미국까지 실려 와서 주머니에 단 몇 달러만 가진 채 부두에 내린 사람들 가운데 실제 살았

쓰레기 갖다 버리기　147

던 것보다 훨씬 높은 수준의 안락한 삶을 충분히 보장할 만한 부를 자기 노동으로 생산하지 않은 사람은 아마 한 사람도 없을 것이다. 만일 그들이 자기 노동으로 생산한 부를 모두 가질 수 있었다면 미국에 오고 싶을 때 대서양을 건너는 배삯쯤은 충분히 지불할 수 있었을 것이고, 여기 내려서는 넉넉한 자본금을 가지고 안락한 출발을 할 수 있었을 것이다. 그들이 무일푼인 이유는 오로지 태어난 날부터 모국을 떠나는 날까지 제도적으로 도적질을 당했기 때문이다.

1년 전에 나는 아일랜드에 가서 정부 지원 이민을 방출하는 지역들을 여행했다. 미국인들이 아일랜드에 처음 가면 놀라는 일이 있다. 그것은 바로 인구가 희박해 보인다는 사실이다. 심지어 코노트 Connaught 주조차 그렇다. 그래서 미국인들은 이것이 정말 인구과잉으로 유명한 그 아일랜드―그들은 이 이야기를 귀에 못이 박히도록 들었다―가 맞는지 의심한다. 거기에는 좋은 땅이 풍부한데, 그 위에는 살진 가축들과 깨끗하고 하얀 양들만 거닐고 있다. 얼마나 깨끗하고 하얀지, 처음 보면 매일 아침 씻기고 빗질했을 거라는 생각이 들 정도다. 한때 그 땅은 경작되었고 인구도 조밀했지만, 지금은 폐허가 되어버린 부락들과 이곳저곳에서 티에라 델 푸에고Tierra del Fuego〔남아메리카 남쪽 끝에 있는 섬들〕 사람들도 부러워하지 않을 정도로 비참하게 살아가는 하층민들의 오두막집만 남아 있을 뿐이다. 왜 이렇게 되었는가 하면, 런던과 파리에 살고 있는 이 땅의 '주인들'―이들 중 다수는 자기 땅을 본 적도 없다―이 사람보다 가축이 더 많은 수익을 가져다준다고 생각해 사람들을 쫓아냈기 때문이다.

인구가 조밀한 곳을 찾으려면 해안 지역의 습지나 산악 지역의 암석 지대에 가야 한다. 사람 살 곳이 못 되는 그런 땅에서 사람들은 복작거리며 살아가고 있다. 더 좋은 땅에서 쫓겨난 사람들이 그곳에서 살 수 있는 것은 그 땅이 가축을 방목하기에는 너무 척박하기 때문이다. 단, 지대를 납부하지 않으면 그것조차 불가능하다. 그들이 경지라고 부르는 땅을 보면 애처롭다고 해야 할지, 우습다고 해야 할지 모르겠다. 원래 그 땅의 표면은 브로드웨이의 지표면만큼이나 경작하기에는 부적절했다. 그러나 사람들이 엄청난 노력을 기울인 덕분에 그 땅은 무언가 재배할 수 있는 땅으로 변모했다. 그들은 작은 돌들을 집어내서 한쪽에 쌓는가 하면(큰 돌들을 제거할 수 없었기 때문에 쟁기 사용은 불가능하다), 습지의 표면을 한 층 깎아낸 후 해변에서 채취한 해초로 거름을 주었다.

이 사람들은 그와 같은 땅—예의상 말하는 경우가 아니면 땅이라고 부를 수도 없다. 그 땅이 무언가 생산할 수 있게 된 것은 그들의 끊임없는 수고 덕분이다—을 이용하는 대가로 부재지주에게 에이커당 1파운드에서 4파운드의 지대를 납부하지 않으면 안 된다. 그런 다음에는 해초를 사용하는 대가로 별도의 지대를 납부해야만 한다. 사실 그들이 거름으로 쓰는 해초를 해변으로 옮긴 것은 지주들이 아니라 대서양의 사나운 파도인데도 말이다. 습지의 표면을 깎아서 진흙을 제거한 것은 그 농민들인데도 그들은 지주에게 지대를 납부해야 한다. 이 사람들은 사실상 토지에서 생기는 수익보다 더 많은 양을 지대로 납부하고 있다. 토지와 바다를 이용하는 대가뿐만 아니라 바람에 대한 대가까지 납부하고 있는 셈이다.

이런 고율의 지대 때문에 그들은 작황이 좋을 때도 부인들이 실꾸리를 시장이나 해변으로 들고 다니며 양말을 짜서 버는 몇 푼의 돈이나, 남자들이 매년 영국으로 건너가서 수확을 돕고 받는 노임, 또는 어렵게 미국으로 건너간 남편이나 자식이 보내오는 송금으로 간신히 생계를 꾸린다. 그처럼 힘들게 노력하는데도 그들이 겪는 빈곤은 끔찍한 수준이다. 작황이 좋을 때도 그들은 간신히 기아를 면한다. 재배하는 감자가 병충해를 입어 작황이 나쁠 때는, 해초를 식량 삼아 살든지 아니면 구빈세나 전 세계 구호 헌금에서 나오는 부조금에 의존해야만 한다. 혹 닭 몇 마리나 돼지 한 마리를 가질 정도가 되더라도 밴더빌트가 5만 달러짜리 말을 잡아먹을 생각을 하지 않듯이 그것들을 잡아먹을 생각은 하지 않는다. 팔아서 지대 내는 데 쓰는 것이 보통이다. 호수에 바다로부터 올라온 살진 연어가 헤엄치고 있어도 '전능하신 하나님이 런던에 있는 아무개 지주에게 하사했다'는 딱지가 붙어 있는 한 그림의 떡일 뿐이다.

마을에서 제일 좋은 가게에 가보더라도 진열되어 있는 물건들은 초라하기 짝이 없다. 설탕 몇 파운드, 1온스와 1/2온스짜리 봉투에 담긴 차tea, 밀가루 조금, 빨간 속치마 두세 벌, 보잘것없는 옷감과 털실 조금, 목화 솜 조금, 단추 몇 개와 실, 가늘게 싼 담배 조금, 그리고 밀주密酒 한두 병이 전부다. 밀주는 경찰에 발각되더라도 처벌을 모면하기 위해 가게에서 좀 떨어진 곳에 묻어둔다. 정부가 밀주를 단속하는 이유는 여왕도 먹고살아야 하고, 군대도 유지해야 하며[밀주를 단속해야 주세가 제대로 걷히고 주세가 제대로 걷혀야 왕실과 군대의 유지가 가능하다는 뜻이다], 주세 덕에 안전하게 독점을 누리고 있는 더블린이나 벨파스트, 코르크와 같은 도시의 거대 양조업자들도 교회나 성당에 여유 있게 건축헌금을 할 수 있을 정도로 수익을 올려야 하기 때문이다. 아일랜드 농민들은 너무나 가난하다. 그들이 비참하게 살고 있는 오두막 집에는 정말 아무것도 없다. 작년에 어느 한 지역에서 약 100가구를 이민 보내는 일을 감독했던 한 관리에 따르면, 전체 무리가 갖고 있던 재산의 가치가 3파운드밖에 되지 않았다고 한다.

반면에 지주들—아! 지주들!—의 삶은 전혀 다르다. 아일랜드를 여행할 때면 꼭 어느 지주의 호화로운 대저택과 높은 담으로 둘러싸인 근사한 정원을 지나가게 된다. 담 안으로 들어가보라. 마치 별천지에 들어가는 느낌이 날 것이다. 넓은 정원에 잘 깔린 부드러운 잔디, 근사한 꽃들로 잘 꾸며진 화단, 고상하게 늘어선 나무들, 각종 사치스러운 가구들로 가득 찬 넓은 저택, 큰 마구간과 개집, 그리고 각종 부속시설 등에 눈이 휘둥그레질 수밖에 없다. 그러나 대지주들은 이처럼 호화스러운 집을 갖고 있으면서도 대부분 런던이나 파리에서 살든지, 아니면 연중 얼마 동안은 대도시에서 지내고 나머지 기간은 스위스나 이탈리아 또는 지중해 연안에서 지낸다. 대지주 중 어떤 사람은 이따금 신생 미국을 보기 위해 이쪽으로 건너오기도 한다. 그들은 미국의 미개발지가 조만간 영국 땅이나 아일랜드 땅과 비슷한 수준으로 값이 올라갈 것으로 보고 투자 기회를 잡으려는 것이다.

대지주들은 일을 할 필요가 없다. 그들의 소득은 그들 자신의 노동에서 나오지 않는다. 대지주들이 할 일이라곤 돈 쓰는 일뿐이다. 그들 중에는 최고로 값비싼 미술품을 수집하는 사람들도 있고, 고서를 좋아해서 희귀본에는 엄청난 가격을 지불하는 사람들도 있다. 또 도박에 빠진 사람들도 있고, 경마용 말이나 비싼 요트를 갖고 있는 사람들도 있다. 어떤 대지주들은 그보다 나쁜 방법으로 돈을 탕진한다. 지주들을 대신해 아일랜드 농민들에게서 지대를 수취하는 마름들까지 사치스럽게 산다. 그런데 이들의 소득은 모두 일하는 농민들, 지금은 미국 부두에 쓰레기처럼 버려지고 있는 사람들에게서 나온다. 아일랜드 농민들이 생산한 것은 물론이고 그 친척들이 미국에서 보내주는 송금이나 자선기관이 지급하는 구호금까지 지주들의 주머니로 흘러들어 간다.

아일랜드에는 경찰관, 군인, 스파이, 정보원이 넘쳐난다. 영국 국민의 일부로 통합될 수도 있었던 사람들이 골칫거리나 위험 요인으로 바뀌고 말았다. 이는 모두 지주들로 하여금 농민들의 것을 도둑질할 수 있도록 허용하는 제도를 유지하려 했기 때문에 생긴 일이다. 경제적으로 볼 때, 아일랜드 지주들은 수많은 굶주린 맹수들—이리 떼와 야생 코끼리 떼, 그리고 성 조지St. George〔악마의 화신인 용을 죽였다고 하여 중세에 영국을 수호하는 성인으로 숭배를 받았다〕가 죽인 것으로 알려진 용들—과 마찬가지로 아무 소용이 없는 존재들이다. 그들은 아무것도 생산하지 않는다. 그들이 하는 일이라곤 소비하는 것과 파괴하는 것뿐이다. 게다가 파괴하는 것이 소비하는 것보다 훨씬 많다. 아일랜드가 도둑질당하는 사람들을 억압하려다가 무장경찰과 붉은 코트를 입은 군인들로 가득 찬 병영兵營으로 전락한 것을 생각해보라. 거기서는 생산자들이 생산한 부를 도둑질당하는 바람에 자본을 갖추지 못하고 빈곤과 무지의 나락에 떨어졌을 뿐만 아니라 결국은 생산도 못하게 되었다. 만약 부를 생산하는 사람들이 자기가 만든 부를 모두 차지할 수 있었다면 이런 일은 벌어지지 않을 것이다. 그러니 제정신을 가진 정치가라면 이렇게 주장해야 마땅하다. 아일랜드에서 내보내야 할 사람이 있다면, 그건 부를 생산하는 사람들이 아니라 소비하기만 하고 파괴하기만 하는 자들이라고.

그러나 영국 정치인들은 그렇게 생각하지 않는다. 그래서 이 잉여 아일랜드인들, 쓰레기 아일랜드인들—이들이 잉여와 쓰레기로 전락한 이유는 지주들이 그들을 소용없다고 여기기 때문이다—은 자기 조국에서 계속 살지 못하고 배에 실려 나와 우리나라의 부두 곳곳에 버려지는 것이다. 그들 중에는 마침 7월 4일(미국 독립기념일)에 이 '자유의 땅, 용감한 자들의 고향'에 도착하는 사람들도 있다. 그때 그들은 양도 불가능한 권리를 주창하는 독립선언서가 다시 낭독되는 것을 들을 수도 있다.

그렇다면 그들은 자유의 땅 미국에서는 예전 자기 모국에서 자신들을 노예나 쓰레기로 만들었던 제도로부터 벗어날 수 있을까? 전혀 불가능하다. 심지어 그들은 노동의 성과를 수탈해가던 옛 지주들의 권력으로부터도 벗어나지 못한다. 잉글랜드, 스코틀랜드, 아일랜드의 잉여 소작인들만 미국으로 이민 오는 것이 아니고 지주들도 들어오기 때문이다. 지주들이 미국에 들어오는 것은 토지 소유를 통해서다. 이 이민이 추진되던 시기에 대영제국의 지주와 독점가들은 광대한 면적의 미국 땅을 사들였다. 현재 대영제국의 대지주 가운데 미국에 더 많은 땅을 갖고 있지 않은 사람은 찾아보기 힘들다. 그들에게 미국 땅은 점점 더 매력적인 투자 대상이 되어가고 있다. 이 대지주들이 갖고 있는 미국 땅은 아직 모국의 땅만큼 비싸지는 않지만 이민으로 인한 인구 증가 때문에 조만간 그렇게 될 가능성이 높다.

미국으로 실려 오는 모든 '잉여' 아일랜드인, 잉글랜드인, 스코틀랜드인은 미국의 땅값과 지대를 상승시키는 데 직접적으로 기여한다. 두 대륙 모두에 땅을 소유하고 있는 대지주들 입장에서 보면 구대륙에서 신대륙으로의 이민이 활성화되는 것은 무척 바람직한 일이다. 모국에서는 어려운 시기가 되면 어떻게든 그들을 도와야 하는데 미국으로 보내버리면 그럴 필요가 없어지고(불평불만도 줄일 수 있다), 미국에서는 소유지의 가치가 올라가니 말이다.

자기 나라에서 쫓겨난 소작인이 예전에 모국에서 오랜 세월 소득을 갖다 바치며 섬겼던 바로 그 지주에게 여기 미국에서 다시 지대를 납부하게 되는 일이 있을 수 있다. 그러나 실제로 그런 일이 있건 없건 소작인들이 미국으로 이민 오면 토지에 대한 수요가 증가하기 때문에, 지주들은 미국에 사는 다른 누군가로부터 미국 땅 위에 사는 특권에 대한 대가를 더 많이 받아낼 수 있다. 그것은 물론 다른 사람들이 생산한 것 중 일부다. 구대륙의 지주들은 바로 이를 노리고 신대륙에서 그렇게 많은 토지를 매입하고 있는 것이다. 그 땅 위에서 살려는 것이 아니다. 그들은 런던이나 파리에서 사는 것을 더 좋아한다. 요즘 미국의 특권층도 그들에게 배웠는지 런던이나 파리에서 살고 싶어한다. 또 그들은 토지를 활용하고 싶어하지도 않는다. 그들은 노동에 대해서는 아무 생각도 하지 않는 사람들이다. 그들이 토지로부터 얻고자 하는 것은 오로지 다른 사람들이 생산한 생산물을 요구할 수 있는 힘이다. 그 힘을 가지려면 먼저 토지를 소유해야 하고, 인구가 증가하면 즉각 그 힘은 현실화된다. 작금의 추세대로라면 지주들이 아일랜드 땅에서보다 미국 땅에서 더 많은 지대를 얻을 날이 몇 년 남지 않았다. 몇십 년 뒤에 일어날 일이 아니다. 다른 식으로 표현하면, 이 지주들은 머지않은 장래에 지금 그들이 사실상 '소유'하고 있는 아일랜드인들보다 더 많은 미국인들을 '소유'하게 될 것이다.

고국을 떠나온 아일랜드 이민자들은 소수를 위해 다수의 아일랜드 사람들을 가난하게 만들고 피구호민으로 전락시키는 제도로부터 벗어나기는커녕, 사실상 그 제도가 더 강하게 사람들의 삶을 지배하는 곳으로 들어와버렸다. 매년 7월 4일이 되면 독립선언서를 낭독하고 큰 환호성을 지르며 축제를 벌이지만, 모든 사람이 창조주로부터 부여받은 양도 불가능한 권리들 중 첫 번째 것—부를 생산하고 삶을 영위하는 기초인 자연자원의 사용에 대한 평등한 권리—을 인정하는 면에서는 우리 미국이 아일랜드보다 못하다.

아일랜드의 지주제가 특수한 형태의 지주제 혹은 특별히 나쁜 유형의 지주제인 것처럼 이야기하는 사람들이 많다. 하지만 사실은 그렇지 않다. 아일랜드 지주제가 영국 지주제나 스코틀랜드 지주제, 그리고 미국 지주제보다 더 나쁜 것도 아니고, 아일랜드 지주들이 다른 지배계층보다 더 냉혹한 것도 아니다. 아일랜드 지주들은 대개 교육 수준이 높고 교양을 갖추고 있으며 편안한 삶에 익숙하기 때문에, 그들이 소작인들을 대하는 태도는 소작인들이 노동자들(소작인들에게서 땅을 다시 빌리는 사람들)을 대하는 것보다는 덜 억압적이다. 그들은 자기 소유지로부터 소득을 챙기면 그만인 자들이다. 그래서 그들은 지대를 가장 많이 보내주는 마름을 최고로 여긴다.

파넬Parnell 씨나 설리번Sullivan 씨 같은 유명한 아일랜드 지도자들은 미국에 와서 연설할 때 아일랜드의 '봉건적 지주제'에 대해 자주 언급한다. 하지만 그것은 헛소리다. 아일랜드 지주제가 미국 지주제와 뭔가 다르다는 인상을 심어줌으로써 아일랜드 지주들을 비난하면서도 미국 지주들의 반발은 피하려는 시도일 뿐이다. 아일랜드에는 봉건적 지주제라 불릴 만한 것이 존재하지 않는다. 아일랜드 지주가 힘을 행사하고 횡포를 부리는 데는 그가 토지를 소유하고 있고 그 땅이 그의 재산임을 법률이 인정한다는 사실 외에 다른 이유가 없다〔반면에 봉건 지주, 즉 영주는 토지 소유권과 함께 농민에 대한 신분적 지배권까지 가지고 있었다〕.

만약 아일랜드 지주제가 영국 지주제보다 더 가증스러워 보인다면, 그것은 오로지 아일랜드의 산업구조가 영국보다 원시적이고 수탈하는 자와 수탈당하는 자 사이의 매개자가 영국보다 적어서 지주의 역할이 더 크게 부각되기 때문이다. 또 만약 아일랜드 지주제와 영국 지주제가 미국 지주제보다 더 가증스러워 보인다면, 그것은 오로지 미국이 아직까지 모든 토지가 사유화되지는 않은 신생 국가라서 지주의 역할이 덜 부각되기 때문이다. 그러나 법률적 측면에서 보면, 지주들은 지금 모국에 갖고 있는 땅보다 훨씬 넓은 땅을 미국에서 취득하고 있기 때문에 지주의 힘을 미국에서 더 많이 행사할 수 있다.

특히 아일랜드에서는 지난 몇 년 사이에 지주가 소작인에게 행사하는 힘을 제한하는 법률을 제정하려는 움직임이 계속되었다. 하지만 미국에서는 지주가 아무 제한도 받지 않고 자기 마음대로 할 수 있는 힘을 완벽하게 행사한다. 게다가 엄청나게 높은 지대를 받고 토지를 임대하는 관행이 거의 유일한 임대방식으로 보편화되어 있다. 임차인들을 추방할 때 긴 절차도 필요 없고, 그 지역의 구제 담당 공무원에게 통지할 필요도 없다. 지주들이 원하면 언제든 임차인을 최소의 비용으로 추방할 수 있다.

때마침 『트리뷴』지의 '브로드웨이 라운저'Broadway Lounger〔Lounger는 어슬렁어슬렁 거니는 사람이라는 뜻을 갖고 있다〕라는 난에 관련 기사가 실렸다. 그 내용은 다음과 같다.

게드니Gedney 판사는 이달 1일에 가난한 임차인들을 대상으로 한 퇴거 명령서에 250번이나 서명했다고 말했다. 그가 담당하는 구역에는 지저분한 임대주택들이 많이 포함되어 있기 때문에, 그는 이런 유쾌하지 않은 일을 동료 판사 누구보다도 더 많이 맡게 된 것이다. 물론 5월 1일은 그런 일이 가장 많이 몰릴 때라서 건수가 그렇게 많아졌지만, 다른 달 1일에도 최소한 100건 정도는 승인이 난다고 한다. 인생의 사소한 문제를 두고 고민하는 사람들은 이런 사건 때문에 지역 법정에 강제출석을 당하는 일을 한번 겪어보면 모든 고민이 사라질 것이다. 이런 사건을 다루는 법정에서는 세상에서 가장 깊은 탄식소리를 들을 수 있다. 게드니 판사는, 최악의 사례는 대개 게으름이나 낭비가 아니라 불운 때문에 발생한다는 말도 했다. 어떤 남자가 손에 표저瘭疽〔손과 발의 끝에 빨간 종기가 생겼다가 점차 검게 변하면서 팥물과 같은 고름이 흘러나오는 병〕가 생겨 계속 집 안에서 지내다 보니 저축한 돈은 다 까먹고 가진 재산은 모두 전당포에 맡기는 처지가 되었다고 하자. 그 와중에 아이들이 아프거나 부인이 세상을 떠나는 일까지 일어났다. 그러면 그 집의 관리인은 유럽에서 즐거운 시간을 보내고 있을 집주인의 지시를 받아서 임대료 납기일을 기다리지도 않고 소환장을 보낸다.

얼마 전 엄청나게 추울 때, 나는 신문에서 펜실베이니아 주의 윌크스배리 시에서 한 여인과 그녀의 자녀 셋이 공터에 있는 큰 통 안에 몸을 웅크린 채 발견되었다는 기사를 읽었다. 그들은 굶주린 상태였고 얼어 죽기 일보 직전이었다. 이야기는 간단하다. 실직한 남편이 도둑질을 하다가 잡혀서 감옥에 갔다. 임대료를 납부하지 못하자 지주가 그들을 내쫓았고, 그들은 자신들이 아는 유일한 거처인 그 통 안으로 들어간 것이다. 아일랜드에서도 상황이 나쁘기는 하지만 그럴 때는 적어도 구제 담당 공무원이 방문해서 빈민구호소에 거처를 마련해 주겠다고 제안한다.

주머니에 2~3달러밖에 가지지 않은 채 미국의 부두에 버려지고 있는 이 아일랜드인들, 이들은 아일랜드에서보다 이곳 미국에서 조금이라도 더 자유롭게 자연에 접근할 수 있을까? 저 멀리 서부에서라면 그럴 수 있을지 모른다. 물론 그러려면 그들이 어디로 갈지 알고 있고 또 실제로 그곳에 도착할 수 있어야 한다. 게다가 그런 기회는 조만간 사라질 것이다. 사용되지 않고 있는 토지는 뉴욕 근처에도 많지만, 모두 누군가의 소유물이기 때문에 자유로운 접근이 불가능하다. 그들이 원하는 곳에서 일을 하려면, 아일랜드에서 그랬던 것처럼 자기들이 생산한 것을 가지고 일하는 특권을 누리는 대가는 물론이고 땅 위에서 사는 특권을 누리는 대가까지 다른 누군가에게 지불해야만 한다.

전체적으로 볼 때, 아일랜드보다는 미국 쪽이 토지 획득 기회가 더 많아 보일 것이다. 미국은 아직 신생 국가고 100년 전까지만 해도 사람들의 정주定住 범위가 동부 해안 지역을 벗어나지 않았기 때문이다. 하지만 지금은 이미 대서양 연안에서 태평양 연안에 이르기까지 어디서나 인간쓰레기를 발견할 수 있는데, 그 숫자는 아일랜드인들 때문에 늘어나고 있다. 이제 미국 어디를 가나 떠돌이들을 만날 수 있다. 자선기구협회의 발표에 따르면, 뉴욕에도 이미 구호금으로 연명하는 사람이 25만 명이나 있다고 한다. 지금부터 우리는 이 쓰레기장을 위해 무엇을 해야 할까? 인간쓰레기들이 투표권을 행사한다면 뭔가 좀 나아질까?

12
과잉생산

공적 재난과 정부 부패가 인권에 대한 무지와 소홀함 또는 멸시에서 비롯된다는 프랑스 국민의회의 선언은 어떤 관점에서 보더라도 진실인 것 같다.

우리가 너무도 자주 듣는 '과잉생산'의 문제를 가지고 생각해보자. 과잉생산은 보통 거래 부진과 일자리 부족의 주요 원인으로 지목된다. 그런데 그에 관해 조금만 생각해보면, 그것이 얼마나 터무니없는 말인지 알 수 있다. 도처에서 사람들이 더 많은 부를 얻으려고 열심히 노력하고 있고, 생계를 유지하기 위해 절약과 무리와 궁리를 아끼지 않고 있으며, 다수의 사람들이 빈곤과 결핍을 겪고 있는데, 부가 과잉생산되고 있다니! 부에 대한 욕구가 모두 충족되고 누구도 더 많은 부를 원하지 않을 때까지는 전반적·절대적 의미의 과잉생산은 분명 있을 수 없다.

물론 상대적 과잉생산은 있을 수 있다. 어떤 상품의 생산이 다른 상품들의 생산과 유지해야 할 적절한 비율을 초과해서 이뤄짐으로써 다른 상품들과 다 교환되지 못하고, 그 결과 생산에 투입된 노동과 자본이 통상적인 수익을 얻지 못하게 되는 경우가 그에 해당한다. 하지만 이 상대적 과잉생산은 단지 여러 상품의 생산에서 비례관계가 깨진 것에 지나지 않는다. 그것은 한 상품의 생산이 증가해서 발생할 수도 있고, 다른 상품의 생산이 감소해서 발생할 수도 있다.

따라서 예를 들어 시계가 과잉 생산되었다고 할 때 그것은 순전히 상대적인 의미에서 하는 말이다. 시계가 필요한 양보다 더 많이 생산되었다는 뜻이 아니고 좋은 가격에 팔릴 수 있는 양보다 더 많이 생산되었다는 뜻이다. 이는 시계가 다른 물건의 생산량에 의해 결정되는 시계 구매 능력을 초과해서 생산되거나, 아니면 다른 물건의 생산이 줄어서 시계 구매 능력이 감소할 때 발생한다. 시계 생산이 아무리 많이 증가한다고 하더라도 그와 동시에 다른 물건들의 생산도 늘어나서 다른 물건들의 생산량에 의해 결정되는 시계 구매 능력이 비례적으로 커진다면, 그것은 상대적 과잉생산이 아니다. 하지만 시계 생산이 감소하더라도 다른 물건들의 생산이 더 많이 줄어들어서 시계 구매 능력이 작아진다면, 상대적 과잉생산이 발생한다.

요컨대 사람들의 욕구가 지속되는 한 특정 상품이 과잉 생산되는 일은 다른 상품들 생산과의 관계 속에서만 일어날 수 있다. 즉, 특정 산업 부문에서 생산이 지나치게 증가한다든지, 아니면 특정 산업 부문 외의 다른 산업 부문들에서 생산이 억제된다든지 할 때 발생하는 것이다. 천칭의 균형이 한쪽 접시에 무게를 더하거나 감할 때 깨지는 것과 마찬가지로 과잉생산은 생산 증가를 낳는 원인 때문에 생길 수도 있고 생산 억제를 유발하는 원인 때문에 생길 수도 있다. 이런 교란이 둘 중 어느 원인 때문에 생기는지 분별하는 것은 그다지 어렵지 않다. 특정 분야의 입장에서는 이들 원인이 같은 결과를 낳지만, 그것들이 초래하는 전반적인 결과는 크게 다르기 때문이다. 어떤 산업 부문에서건 생산이 증가하면 전체 생산도 증가하고, 생산이 억제되면 전체 생산도 억제된다.

이는 동일한 산업 부문에서 생산이 증가할 경우와 감소할 경우에 각각 전체 생산이 어떻게 변하는지 살펴보면 쉽게 이해할 수 있다. 가령 새로운 탄광의 발견, 기계의 개량, 산업을 지배하는 기업 연합들의 해체와 같은 요인들로 인해 석탄 생산이 다른 상품들의 생산보다 훨씬 빠른 속도로 증가한다고 해보자. 그럴 경우 자유시장에서는 석탄의 가격이 하락할 것이다. 그 결과, 석탄 소비자들은 석탄 소비량을 어느 정도 늘리면서 다른 물건의 소비량도 어느 정도 늘릴 것이고, 석탄이 직간접적으로 쓰이는 모든 산업 부문에서 비용이 절감되어 생산이 자극을 받을 것이다. 석탄 생산의 증가가 유발하는 전반적인 결과는 총생산의 증가다. 그 과정에서 석탄 생산과 다른 물건들 생산 간의 균형도 다시 회복된다.

이와는 반대로 석탄업자들이나 석탄업자 조합들이 실제로 종종 그러는 것처럼, 가격을 끌어올리기 위해 석탄 생산을 중단하거나 줄인다고 가정해보자. 그 경우 석탄 생산에 종사하는 많은 사람들의 구매력 감소는 불가피하다. 따라서 그들이 습관적으로 사용해온 상품들에 대한 수요도 감소할 수밖에 없다. 그러면 다른 산업 부문들의 생산이 감소하고 그곳에서 생산을 담당하는 사람들의 소비도 줄어들 수밖에 없다. 아울러 석탄 가격의 상승은 석탄을 사용하는 모든 산업 부문의 생산비를 끌어올리고 석탄과 다른 물건들에 대한 석탄 사용자들의 수요를 감소시킨다. 그리하여 생산 억제는 모든 산업 부문으로 파급된다. 석탄 생산과 다른 물건들 생산 간의 균형이 회복될 때쯤이면 총생산의 규모는 그전에 비해 줄어 있을 것이다.

주지하다시피 모든 거래는 상품과 상품의 교환이다. 화폐는 단지 가치 척도이자 교환을 경제적이고 편리하게 만드는 수단일 뿐이다. 수요―구매력을 내포한다는 점에서 욕구와는 다른 개념이다―란 가치가 동일한 다른 물건을 내주는 대신에 한 물건을 요구하는 것을 의미한다. 그리고 공급이란 가치가 동일한 다른 물건을 받는 대신에 한 물건을 제공하는 것을 의미한다. 수요는 공급을 수반하고 공급은 수요를 수반한다는 점에서, 이 둘의 관계는 상호적이다. 사람들이 다른 물건을 받는 대신 제공하는 물건의 양이 갑자기 늘어나면, 공급이 증가하는 동시에 수요도 증가한다. 그리고 거꾸로 사람들이 시장에 내놓는 물건의 양이 갑자기 줄어들면, 공급이 감소하는 동시에 수요도 감소한다.

특정 상품의 공급이 증가하든 다른 상품의 공급이 감소하든 상대적인 의미에서 그 상품의 공급과 수요에 미치는 효과는 동일하지만, 경제 전체에 미치는 효과는 다르다. 특정 상품 공급의 증가는 다른 상품들의 공급을 자극하고 총수요를 증가시킴으로써 경제 전체의 거래를 활성화시키지만, 다른 상품 공급의 감소는 총수요와 공급을 감소시킴으로써 경제 전체의 거래를 위축시킨다. 예컨대 농산물과 공산물

간의 공급과 수요의 균형은, 풍작이 되거나 농업기술이 개선되어 농산물 가격이 공산물 가격에 비해 떨어지든, 공산물의 생산과 거래가 축소되어 공산물 가격이 농산물 가격에 비해 올라가든, 같은 방향으로 또 같은 정도로 변화한다. 하지만 전자의 경우 사회 전체의 총생산이 증가한다. 농산물 생산이 증가할 뿐만 아니라 그로 인해 늘어난 수요가 공산물 생산을 자극하기 때문이다. 게다가 공산물 생산의 증가는 공업 부문에 종사하는 사람들의 농산물 수요를 증가시킴으로써 다시 농업 생산을 자극한다. 반면, 후자의 경우에는 총생산이 감소한다. 공산물 가격의 상승으로 농민들은 공산물에 대한 수요를 줄일 수밖에 없고, 이것은 거꾸로 공업 생산에 종사하는 사람들의 농산물 수요를 감소시킨다. 그리하여 모든 방면에서 거래는 줄어들고 생산은 억제되는 것이다. 개별 농민은 흉작 때도 높은 가격 덕분에 손해를 보지 않을 수 있지만 전체 경제로 봐서는 풍작과 흉작의 영향이 다르다는 사실을 가지고도 위에서 말한 내용을 입증할 수 있다.

이제 요약해보자. 상대적 과잉생산은 생산을 증가시키는 요인 때문에 발생할 수도 있고, 생산을 감소시키는 요인 때문에 발생할 수도 있다. 그러나 한 산업 부문에서 생산이 증가하면 모든 부문에서 생산이 증가한다. 거래가 활성화되고 전체 경기는 좋아진다. 일시적으로 깨진 균형은 금방 회복된다. 반면에 한 산업 부문에서 생산이 감소하면 모든 부문에서 생산이 감소한다. 거래는 위축되고 전체 경기는 나빠진다. 한 산업 부문에서의 생산 억제가 다른 산업 부문의 생산물들에 대한 수요 감소로 이어지는 일이 연쇄적으로 발생함에 따라 불황이 확산되어가는 것이다.

많은 사람들이 과잉생산에 기인한다고 여기는 광범위한 경제현상은 조금만 고찰해본다면 어디서 기인하는지 금방 알 수 있다. 그것은 생산 과잉이 아니라 생산 억제 때문에 생기는 현상이다. 직간접으로 생산을 억제하는 원인은 많다. 생산이 물건을 만드는 일뿐만 아니라 운송하고 교환하는 일까지 포함하기 때문에 그렇다. 상업이나 상업수단에 가해지는 제약은 농업이나 공업에 가해지는 제약과 마찬가지로 생산을 억제하는 역할을 한다. 관세는 해외무역을 어렵게 하는 것, 즉 우리나라 생산물과 다른 나라 생산물의 자유로운 교환을 억제하는 것이 명시적인 목적이지만, 실은 생산을 억제하는 효과가 있다. 또 우리가 만든, 아니 최소한 우리가 방조한 독점도 같은 방식으로〔간접적으로〕생산을 억제한다. 독점기업들이 국내 상업에 요금을 부과한다는 것, 즉 서로 담합하여 공급을 줄이고 인위적으로 가격을 인상한다는 것은 잘 알려진 사실이다. 한편, 연방국세청이 공업에 부과하는 조세는 직접적으로 생산을 억제한다.*

● 다른 이유를 들어 술과 담배에 대한 조세만큼은 옹호해야 한다고 생각하는 사람들이 있지만, 그에 대해서는 여기서 다루지 않겠다. 다만, 그와 관련하여 애덤 스미스의 견해는 인용해둘 만한 가치가 있다.
"경험에 비추어 볼 때, 포도주의 값이 싸다는 것은 과음의 원인이 아니라 오히려 절주節酒의 원인인 것 같다는 점을 언급하고 싶다. 포도주 생산국의 주민은 일반적으로 가장 절주하는 국민이다. 스페인 사람, 이탈리아인, 남부 프랑스 주민들을 보라. 사람들은 일상적인 음식을 지나치게 먹어 잘못을 저지르는 일은 별로 없다. 도수 낮은 맥주처럼 값싼 술을 아낌없이 사줌으로써 자신의 관대함이나 우정을 표시하려는 사람은 없다. 반대로, 매우 춥거나 더워서 포도주를 생산하지 못하고 따라서 포도주가 비싸고 귀한 나라에서는 과음이 보편화된 악습이다. 북방의 민족들과 열대의 민족들, 예컨대 기니아 해안의 흑인들 사이에서 그러하다. 내가 듣기로는, 프랑스의 어느 부대가 포도주가 비싼 북부에서 포도주 아주 싼 남부지방으로 이동할 때, 군인들은 처음에는 값싸고 훌륭한 좋은 포도주를 폭음하지만, 그곳에서 몇 개월 거주하게 되면 그들의 대부분은 그곳 주민들과 마찬가지로 절주하게 된다고 한다. 만약 외국산 포도주에 대한 관세와 맥아·맥주에 대한 물품세가 한꺼번에 철폐된다면, 앞의 프랑스의 경우처럼, 잉글랜드에도 중류·하류층 사이에 일시적으로는 폭음하는 일주와 카운티, 그리고 시가 부과하는 직접세도 생산을 억제하기는 마찬가지다. 각급 지방정부의 과세액을 모두 합하면 연방정부의 과세액을 초과한다. 일반적으로 이들 지방세는 재산에 부과된다. 부동산과 동산을 가리지 않고 동일한 세율을 적용하기 때문에, 조세의 일부는 생산의 결과물이 아닌 토지에 부과되고 다른 일부는 생산의 결과물인 인공물에 부과된다고 할 수 있다. 하지만 건물이나 토지 개량물이 토지와 같은 세율로 과세될 뿐만 아니라 개량 토지가 같은 등급의 미개량 토지보다 훨씬 높은 가치로 평가되어 과세되기 때문에* 토지가치에 부과되는 조세라 하더라도 대개는 생산을 억제하는 작용을 한다.

생산하고 개량하면 벌금이 뒤따르는 것이다. 사실 우리는 부를 생산하고 축적하는 사람을 마치 국가가 금하는 일을 한 사람처럼 취급하고 있다. 주택이나 공장을 짓고 증기선을 만들면, 조세 징수원이 찾아와서 그런 일을 한 사람들에게 벌금을 부과한다. 한 농부가 지금은 사회의 부를 증가시키는 일에 아무런 기여도 하지 않는 빈 땅에 가서 그곳을 개간하고 경작해 농작물이 가득하게 만들거나 또는 그곳에 많은 가축을 방목할 경우, 우리는 그가 부를 증가시키는 일을 한 대가를 지불하게 만들 뿐만 아니라 동일한 땅을 그냥 놀리고 있는 사람에

이 꽤나 일반적이겠지만, 곧 뒤이어 영구적인 절주가 보편화될 것이다. 현재 과음은 상류층이나 가장 비싼 술을 쉽게 구입할 수 있는 사람들의 악습이 전혀 아니다. 우리나라에서 맥주를 마시고 만취한 신사는 거의 찾아볼 수 없다. 또한 영국에서 포도주 무역에 대한 제한은, 내가 생각하기에는, 사람들이 술집에 가는 것을 막자는 것이 아니라, 가장 좋고 싼 술을 살 수 있는 곳에 가는 것을 막자는 것으로 보인다."(애덤 스미스 지음, 김수행 옮김, 『국부론』(상), 비봉출판사, 2003, 542쪽)

● 이런 일은 광범위하게 퍼져 있지만 완전히 잘못된 관념 때문에 생긴다. 재산에는 오로지 거기서 생기는 소득에 비례해 세금을 부과해야 한다는 것이다. 그로 인해 미사용 토지는 아무리 비싸더라도 세금을 한 푼도 내지 않는, 말도 안 되는 상황이 영국에서 벌어졌다.

게 부과하는 것보다 훨씬 더 많은 세금을 그에게 부과하여 생산 의욕을 꺾는다. 어떤 사람이 저축을 할 경우에도 우리는 세금을 부과하여 그의 절약에 벌금을 부과한다. 그리하여 모든 방면에서 생산이 억제된다.

그런데 이것이 전부가 아니다. 훨씬 더 큰 생산 억제 요인이 존재한다.

놀라운 능력을 가지고 우주의 무한한 경이를 탐구하는 뛰어난 지성인들이 있다고 가정하자. 그리고 과학자들이 현미경을 가지고 물 한 방울 안에 살고 있는 것들을 관찰하듯이, 그들은 가끔씩 우리가 살고 있는 지구를 호기심을 가지고 탐구한다고 하자. 그러면 그들은 틀림없이 우리나라의 인구 분포 상태를 보고는 큰 혼란을 느낄 것이다. 그들은 도시에는 사람들이 밀집해서 한 건물에 층층이 겹쳐 사는 반면 농촌에서는 사람들이 너무 떨어져 살아서 이웃 관계의 유익을 누리지 못하는 현상을 발견할 것이다. 또한 도심에 사용 가능한 땅이 비어 있는데도 건물은 도시 외곽에서 올라가고 있는 것과, 사람들이 살면서 지나다니는 가까운 곳에 경작 가능한 땅이 많이 있는데도 멀리까지 경작하러 나가는 모습을 보게 될 것이다. 고도의 지성을 갖춘 존재들이 현미경 같은 장치를 활용해 우리의 정착과정을 관찰한다면, 틀림없이 우리 이주민들이 서로 끌어당기는 것이 아니라 넓은 미사용 토지를 사이에 두고 서로 갈라진다는 사실을 파악할 것이다. 만일 개미나 극미極微 동물이 우리 문명인들에게 도저히 범접할 수 없듯이 우리가 도저히 범접할 수 없는 고도의 지성을 갖춘 전능한 존재들이 이 우주에 있다면, 그들의 세상에서는 우리 사회에서 나타나는 위와 같은 현상들을 주의 깊게 다루는 이론들이 속출할 것이다.

풍선을 타고 올라가서 본다고 생각하고 뉴욕 시의 전경을 머릿속으로 한번 그려보라. 10층, 12층, 심지어 15층짜리 주택들이 지어지고 있고, 사람들은 물도 충분히 공급되지 않고, 조명과 공기도 나쁜 그 주택들에서 층층이 겹쳐 살아가고 있다. 그곳에는 놀이터도 없고 휴식 공간도 없다. 건물이 너무 빽빽이 들어서 있기 때문에 도로는 마치 벽에 난 금 같아 보인다. 도로와 도로 사이의 블록들에 건물이 꽉 들어차 있어서 한 블록과 다음 블록이 거의 맞닿아 있는 것처럼 보이기 때문이다. 신흥 개발 지역에 가보면, 한쪽 도로에 면하고 있는 주택의 후면後面과 다른 쪽 도로에 면하고 있는 주택의 후면 간의 간격이 겨우 20피트[약 6미터]밖에 되지 않아서 그리로는 한낮에도 햇빛이 거의 들지 않는다. 위에서 보면 그건 마치 돌에 생긴 금처럼 보일 것이다.

그런데 이 도시 주변과 도심 근처에는 빈 땅이 많이 있다. 사실 도시 경계 내에서 건축이 이뤄진 땅은 절반도 되지 않는다. 많은 고층 공동주택 단지들이 공지空地로 둘러싸여 있다. 망원경이 개량되어 다른 행성에 있는 호수들을 관찰할 수 있다고 하자. 그걸로 호수를 관찰했을 때 수면이 평평한 것이 아니라 바람 때문에 파도가 일고 여기저기서 물기둥이 일어나는 것을 본다면 우리는 무척 당황할 것이다. 하지만 그것은 내가 상정한 지구 밖의 지성인들이 우리의 정착상태를 보고 당황하는 것에는 비할 바가 못 된다. 그들은 당연히 이렇게 생각할 것이다. 인구 압력 때문에 사람들이 층층이 겹쳐 살고 상가와 사무실 건물이 고층화하고 있는 것이라면, 이 공지에 건물과 주택을 짓지 않는 것은 무슨 까닭일까? 다른 억제 요인이 존재하는 것이 틀림없다. 하지만 그것이 무엇인지 그들이 알아내기는 어렵다.

그러나 남양 제도諸島의 야만인—우리는 그들을 몰살시키다시피 했다—이라면, 그것이 무엇인지 그 나름대로 짐작할 것이다. 추장 중 한 명이 어떤 장소나 물건을 금기로 선언하면, 미신을 숭배하는 일반 구성원은 감히 그것에 접근할 엄두도 내지 못한다. 그는 금기로 선언된 길에 발을 올려놓기보다는 먼 길을 돌아가려고 할 것이다. 금기로 선언된 샘물을 마시기보다는 목말라 죽는 쪽을 선택할 것이다. 또 눈 앞에서 금기로 선언된 나무의 과일이 땅에 떨어져 썩어가도 그것을 주워 먹기보다는 주린 채로 지나칠 것이다. 도심과 도시 주변의 빈 땅은 남양 제도 야만인의 눈에는 금기 선언을 받은 곳으로 보일 수밖에 없다. 사실 그가 그렇게 생각하더라도 틀렸다고 하기는 어렵다. 그 땅들이 비어 있는 이유는 단순하다. 일종의 금기 선언을 받았기 때문이다. 우리는 사유재산과 기득권이라는 명분을 내세워 그 금기를 미신적으로 숭상하고 있다.

높은 지가는 건물을 짓고 도시를 개발할 때 눈에 보이지 않는 장애물이다. 그런데 인구 증가로 토지가 더 필요할 것이라는 사실이 확실시되면 될수록 지가는 더 빨리 상승한다. 그러니까 토지 사용의 동기가 강하면 강할수록 토지 사용을 방해하는 장애물의 높이도 더 높아지는 것이다. 서민용 공동주택이 고층으로 지어지는 이유는, 지가가 너무 높아서 재산이 별로 없는 사람들로서는 층층이 겹쳐 삶으로써 토지 사용량을 절감해야만 하기 때문이다.

도시가 성장할 때는 물론이고 성장하리라는 전망이 있을 때도 지가는 상승한다. 그래서 도시에서는 지가가 건축이나 토지개량물의 설

과잉생산 169

치를 억제하는 작용을 한다. 그러나 농촌에서는 지가의 영향이 약간 다르게 나타난다. 사람들을 과도하게 밀집시키는 것이 아니라 과도하게 분리시키는 것이다. 토지가치의 상승으로 이익을 얻을 수 있다는 기대가 형성될 경우, 토지 매입자들은 토지를 가장 수익성이 높은 용도로 활용하는 일에는 무관심한 채로 가급적 많은 토지를 사 모으는 일에 몰두한다. 그중 상당 부분을 놀려야 하는데도 말이다. 그리하여 광대한 면적의 토지가, 사용하는 시늉조차 하지 않는 사람들에게 흘러들어간다. 그들은 장차 토지를 이용하려고 하는 사람들에게 비싸게 팔아서 이익을 챙기려는 계산만 하는 자들이다. 그 결과, 농촌에서는 인구가 분산되어 사람들이 이웃과의 관계에서 얻을 수 있는 위안, 품위, 기쁨, 자극을 찾아보기 어렵게 될 뿐만 아니라 생산력의 발전도 크게 지체되게 된다.

도로와 철도를 건설하고 유지하는 데 추가로 비용이 들어야 하고, 생산물을 먼 거리까지 수송해야 하며, 인구 분산 때문에 모든 근대적 생산에 필수적인 상업 거래가 지장을 받는다. 이 모두가 생산을 지체시키고 위축시키는 요인들이다. 대도시 안이나 주위에서 높은 지가 때문에 건축이 어려워지는 것과 마찬가지로 농촌에서 지가가 올라가면 농업의 개선이 곤란해진다. 지가가 높아지면 질수록, 농민은 땅을 매입하려면 더 많은 자본이 필요하고, 할부로 사거나 임차할 경우 매년 생산액 중 더 많은 부분을 포기해야만 한다. 그 때문에 사용 목적의 토지를 보유할 수만 있다면 열심히 토지를 개량하고 경작할 사람들이 농업을 포기할 수밖에 없다. 그들 중에는 먼 거리를 방황하며 더 나은 기회를 찾아다니는 바람에 가산을 탕진하는 사람들도 있고, 일자리를 구하는 임금 노동자들의 대열에 합류하는 사람들도 있다. 그 외에도 도시나 공업 지역에 가서 생계를 꾸려보려는 사람들도 있고, 아예 오랫동안 빈둥거리며 지내다가 완전히 피폐해져서 아무짝에도 쓸모없는 방랑자들보다 더 못한 상태로 전락하는 사람들도 있다.

다른 모든 산업 부문의 기초가 되는 부문에서 생산이 억제되는 것이다. 이렇게 한 부문에서 부의 생산이 억제되면 다른 부문에서 생산되는 부에 대한 수요가 감소한다. 그리하여 생산 억제는 한 산업 부문에서 다른 산업 부문으로 파급되고 흔히 과잉생산이라 불리는 현상(그러나 그것은 기본적으로 생산 억제에서 비롯된다)이 야기된다.

토지가치는 인구와 부가 증가할 때는 물론이고 증가하리라는 기대만 있어도 상승하기 때문에, 강력하지만 실체가 없는 낙관이 토지가치 상승과정에 개입하기 쉽다. 그래서 지가는 생산에 투입되는 노동과 자본이 제대로 수익을 낼 수 없게 되는 수준까지 꾸준히 상승하는 경향이 있다. 이 경향은 특히 급속하게 성장하는 나라에서 강하게 나타난다. 노동과 자본이 생산에 참여하기를 거부하는 것 말고는 그것을 막을 수 있는 방법이 없다. 노동과 자본이 생산에 참여하기를 거부하는 일은 투기가 과열되고 그로 인해 산업 전반에 걸쳐서 갑작스럽게 생산이 억제될 때 일어난다. 이런 일은 주기적으로 반복되는 경향이 있다. 그리고 이미 언급했듯이, 생산 억제가 모든 산업 부문에 확산되는 이유는 그것이 수요 억제를 야기하기 때문이다.

투기 과열로 인한 생산 억제와 그로 인한 수요 억제, 바로 이것이 상업불황 혹은 산업불황이라 불리는 주기적 발작—자본의 낭비, 실업, 손해 보는 일 없이는 팔리지 않는 상품 재고, 광범위한 궁핍과 고통이 그 증상들이다—의 주요 원인이다. 물론 생산요소의 자유로운 활동(혹은 작동)을 제약하는 다른 요인들이 이런 경제적 혼란을 촉진하고 강화하고 지속시킬 수는 있다. 그러나 나는 여기서 투기 과열이 불러온 생산 억제가 주요 원인이자 근본 원인이라는 사실에는 의심의 여지가 없다고 생각한다.

그리고 아마도 다음의 사실은 그보다 훨씬 더 명백할 것 같다. 산업과 상업의 교란이 어떤 원인에서 유래하건 생산요소들이 토지에 자유롭게 접근할 수만 있다면, 얼핏 보아 수요와 공급을 일치시키는 것이 도저히 불가능할 것 같아도 주기적 불황이 확산되고 지속되는 일은 일어나지 않을 것이다. 다시 말해 이 배출구〔토지를 가리킨다〕가 열려 있다면, 자본과 노동이 경제 전반에 걸쳐서 지속적으로 울혈鬱血〔혈류 장애로 혈액이 몰려 있는 상태〕 증상을 보이는 일은 없을 것이다. 어느 산업 부문에서 상대적 과잉생산의 징후가 나타나는 순간, 땅에서 직접 부를 추출하는 분야〔예컨대 농업〕로 자본과 노동이 이동해서 상대적 과잉생산을 해소할 것이기 때문이다.

위에서 우리는 다음의 사실을 확인했다. 경기침체 혹은 불경기라고 불리지만, 심한 경우 대규모 전쟁보다 더 큰 손실과 고통을 유발하는 공적 재난은 사실은 우리가 인권을 무시하고 멸시하기 때문에, 좀 더 자세히 말하면 모든 사람이 자신의 욕구를 충족시키기 위해 자유롭게 자연을 이용하며 노동의 성과를 완전히 자기 것으로 만들 수 있는 평등하고도 양도 불가능한 권리를 경시하기 때문에 발생한다.

13
실업

인권을 멸시하면 왜 사회 일각에 거대한 부가 형성될 수밖에 없는지 앞에서 살펴보았다. 미국에서도 이 거대한 부는 계속 커지고 있다. 그와 함께 다른 한쪽에서는 빈곤과 궁핍이 발생하고 있으며 배후에 같은 원인이 작용하고 있다는 것도 쉽게 확인할 수 있다. 떠돌이는 백만장자와 보완관계에 있는 셈이다[백만장자의 부가 증가하면 떠돌이들이 늘어난다는 뜻이다].

이제 떠돌이들이 양산되고 있는 끔찍한 현상에 대해 살펴보자. 어찌 보면 그들은 미국을 파멸시키기 위해 적개심을 품고 침략하는 군대나 함대보다도 더 위협적이다. 이 떠돌이들은 어떤 사람들일까? 그들은 처음에는 자기 욕구를 충족시키기 위해 일을 할 수 있고 또 하고 싶어하지만, 사는 곳 가까이에서 일할 기회를 찾지 못해 집을 나서는 사람들이다. 하지만 그들은 멀리서도 일할 기회를 찾지 못하고, 결국은 긴요한 욕구를 채우기 위해 구걸이나 도둑질을 일삼는 부랑자가 되고 만다. 그들에게는 자존심이라곤 없으며, 자신들의 처지와 싸우고 노동을 할 수 있도록 활력을 주고 고양시키고 자극하는 요인도 전혀 없다. 그들은 사회가 자신들에게 잘못을 저질렀다고 하는, 예민하면서도 막연한 느낌을 가지고 사회에 보복하려 한다는 점에서 유해한 존재들이다.

그러나 떠돌이들은 미국 전역에서 쉽게 발견되지만 문제의 일부에 지나지 않는다. 그들의 배후에는 떠돌이 생활은 할 수도 없고 하고 싶지도 않은—아니면 아직까지 떠돌이 생활로 내몰리지 않은—실업자들이 존재한다. 이들은 불경기 때가 아니면 사회에 해를 끼치지는 않지만 정상적인 시기에도 숫자가 엄청나게 많다. 떠돌이와 실업자의 관계는 빙하의 드러난 부분과 그보다 훨씬 크지만 수면 아래 숨은 부분의 관계와 동일하다.

자신들의 욕구를 충족시키기 위해 기꺼이 일을 하고 싶어하는 수많은 사람들이 일할 기회를 얻지 못하는 현상은 너무 흔해서 사람들을 놀래지도 못하고, 특별히 심한 경우가 아니면 의문을 불러일으키지도 못한다. 우리는 그것에 너무 익숙해져서, 일 그 자체는 하기 싫은 것이고 아직까지 일을 위한 일을 원하는 사람은 없었다는 것을 알면서도, 마치 일이 혜택인 것처럼 생각하고 말하는 습관을 갖게 되었다. 이런 생각은 보통 사람들의 마음속에 너무 깊이 뿌리박혀 있다. 우리가 외국 사람들을 위해 더 많이 일할수록, 그리고 외국 사람들은 우리를 위해 더 적게 일하게 할수록 우리가 더 부유해진다는 관념처럼 잘못된 관념에 입각한 정책이 유지되는 것은 그 때문이다. 우리는 공적인 자리에서나 사적인 자리에서나, '일자리를 제공한다'는 이유로 사람들을 칭찬하고 기업들을 옹호하는 이야기를 자주 듣는다. 많은 사람들이 노동절약적 발명은 생산에 필요한 노동의 양을 줄이는 해로운 작용을 한다는 생각을 제법 확고하게 갖고 있다.

그러나 노동은 분명 목적이 아니라 수단이다. 노동은 물질적 욕구를 충족시키는 수단에 불과하기 때문에, 인간의 모든 욕구가 충족되기까지는 노동 수요가 노동 공급에 못 미치는 일은 사실상 있을 수 없다. 그렇다면 사람들로 하여금 마치 노동 그 자체가 바람직한 것처럼 생각하고 말하게 만드는 현실에 대해서는 어떻게 설명해야 할까?

노동이 부를 만들고 가치를 창출한다는 사실을 생각할 때, 일자리를 찾느라 노동이 어려움을 겪어야 한다는 것은 이상하지 않은가? 모든 상품에 가치를 부여하는 노동을 상품과 교환하는 것은 교환 중에서 가장 확실하고 쉬운 교환이어야 한다. 노동을 식량과 의복, 혹은 노동이 생산하는 다른 물건과 교환하기를 원하는 사람은 사금砂金을 금화와, 면화를 무명천과, 밀을 밀가루와 교환하기를 원하는 사람과 비슷하다. 아니, 어쩌면 이것은 적절한 비유가 아닐지도 모른다. 노동과 상품이 교환될 때는 보통 노동이 먼저 제공되므로 노동을 제공하는 사람은 먼저 가치를 생산하여 넘겨주고 나중에 그 가치를 되돌려받기 때문이다.

이것이 사실이라면, 왜 노동자를 확보하기 위해 고용주들이 벌이는 경쟁이 일자리를 찾기 위해 노동자들이 벌이는 경쟁만큼 심하지 않은 것일까? 왜 우리는 일하는 사람이 아니라 일자리를 제공하는 사람을 시혜자로 여기는 것일까?

노동이 부를 생산한다는 것이 부 전체를 생산한다는 뜻이라면, 틀림없이 고용주들의 경쟁이 노동자들의 경쟁만큼 심해졌을 것이고, 일자리를 제공하는 사람이 아니라 일하는 사람이 시혜자로 여겨지게 되었으리라. 하지만 노동이 부를 생산한다는 말은 그런 뜻이 아니다. 그 말의 의미는 노동이 생산요소들 가운데 능동적 요소라는 것이다. 노동이 부를 생산하기 위해서는 이미 존재하는 재료와 자연력에 접근할 수 있어야만 한다.

인간은 무에서 유를 창조할 능력이 없다. 물질의 원자 하나도 만들 수 없으며 미미한 움직임 하나도 일으킬 수 없다. 물질을 변형하고 힘을 이용하는 인간의 능력이 아무리 크다고 할지라도, 그것은 이미 존재하는 것을 적응시키고 변화시키고 재결합하는 능력에 지나지 않는다. 지금 나는 이 글을 종이 위에 손으로 쓰고 있는데, 종이나 내 손의 재료는 과거에는 다른 사람, 동물, 식물, 흙, 돌, 공기 등의 재료였을 것이다. 심지어 다른 세상이나 다른 우주에서 온 것들도 있을 것이다. 내 펜을 움직이는 힘도 마찬가지다. 우리가 아는 바로는 힘은 태양에서 지구로 전해지며 영원히 지속되는 순환과정을 거치면서 작용과 반작용을 한다. 물질과 운동을 소멸시키는 것은 창조하는 것과 마찬가지로 우리로서는 생각도 할 수 없는 일이다.

사람에게는 의식적으로 계획하는 지성이 있다. 그것이 생리학자의 연구로도 철학자의 사유로도 밝혀내기 어려운 약간 신비한 방법으로 자기 몸의 물질과 운동을 통제한다. 물론 그 통제는 일정한 기간 동안, 일정한 범위 안에서만 이뤄진다. 자신의 근육을 수축하고 확장하는 능력은 인간의 지성이 물질세계에 가하는 최초의 힘이다. 이 능력을 발휘함으로써 인간은 다른 능력들도 활용할 수 있으며 물질의 형태와 관계를 자신이 원하는 대로 바꿀 수 있다. 하지만 외부 자연에 영향을 미치고 그것을 이용할 수 있는 인간 지성의 능력이 아무리 크다고 할지라도—이 능력이 얼마나 큰지에 대해서도 우리는 이제 막 깨닫기 시작했다—그것은 여전히 이미 존재하는 것에 영향을 미치고 그것을 활용할 수 있는 능력일 뿐이다. 인간이 외부 자연에 접근할 수 없다면, 그리고 자연의 재료와 힘을 이용할 능력이 없다면, 아무것도 생산할 수 없는 무력한 존재가 될뿐더러 이 물질세계에서 존재할 수조차 없다. 근본적으로 생각하면, 인간 자신—적어도 그의 육체—이 변화하는 물질의 한 형태, 지나가는 운동의 한 양상에 불과한데, 이 물질과 운동은 끊임없이 외부 자연이라는 저장소로부터 나온다.

토지와 공기와 물, 이 세 가지 요소 중 어느 하나라도 없다면 인간은 생존할 수 없다. 하지만 그중에서도 특히 토지가 중요하다. 인간은 토지 표면 위에서 살고 토지로부터 생존 물자를 얻어내기 때문이다. 인간이 대양을 항행航行하고 있고 또 언젠가 공중을 항행할 수도 있겠지만, 그렇게 할 수 있는 것은 오로지 토지에서 나오는 물자들을 이용할 수 있기 때문이다. 인간에게 토지는 물자와 힘을 보관하고 있는 거대한 창고다. 인간은 욕구를 충족시키려면 이 창고에 의존하지 않으면 안 된다. 부는 인간이 노력하여 확보했거나, 욕구에 맞추기 위해 변형한 자연의 물자와 산물들로 구성되기 때문에,* 부의 생산에는 능

● 아무리 효용이 크다고 할지라도 생산하는 데 노동이 필요하지 않다면 그것은 부로 인정될 수 없다. 또 생산하는 데 아무리 많은 노동이 들었다고 할지라도 너무 오래되어 더는 인간의 욕구를 충족시킬 수 없다면 그것은 부의 지위를 상실한다.

실업 177

동적 요소인 노동도 필요하고 수동적 요소인 토지도 필요하다. 토지가 없이는 노동은 생산도 할 수 없고 생존도 할 수 없다.

이 모든 것은 너무도 명백하여 그에 대해 이야기하는 것은 시간 낭비로 보일지 모른다. 하지만 이 명백한 사실 속에 수많은 사람들이 풀기 어렵다고 여기는 수수께끼, 즉 노동문제를 해명할 수 있는 실마리가 들어 있다. 인간이 토지에 항상 절대적으로 의존해야 한다는 사실을 간과할 경우 설명되지 않던 것들이, 그 사실을 인정할 경우에는 명백해진다.

우리가 사는 세상과 매우 비슷하지만 한 가지 본질적인 차이가 있는 세상에서 사람들이 살고 있다고 가정해보자. 이 상상의 세계에서는 사람들이 공중에서 살면서 공기에 노동을 가하여 먹을 것과 쓸 것을 조달한다고 하자. 공기에 노동을 가하여 생산하는 것은 공기 생산물이라 부를 수 있겠다. 내가 여기서 사람들이 새처럼 공중에 날아다니고 물고기처럼 바닷속을 헤엄쳐 다니면서 채집하는 것을 가지고 생활의 기초적인 필요를 충족시키는 상태를 상정하고 있다고 생각하지 말기 바란다. 나는 단지 사람들이 발 디딜 장소로 또 각종 재료와 힘의 저장소로 토지에 절대적으로 의존하는 상태에서 벗어난 상황을 상정하고 있을 뿐이다. 우리가 사는 세상과 마찬가지로 이 상상의 세계에서도 노동이 필요하고, 인간의 욕구는 무한하며, 자본의 이점이 활용되고 있고, 분업이 행해지고 있다고 가정하자. 단 한 가지 차이점은 공기를 사유재산이라고 주장하는 사고방식은 존재하지 않으며, 따라서 어떤 사람도 안식처를 얻기 위해 또 생산에 필수불가결한 재료와 힘에 접근하기 위해 다른 사람과 계약을 맺어야만 하는 일은 일어나지 않는다는 점이다.

그와 같은 상태에서는 분업이 아무리 발달하더라도, 자본이 아무리 축적되더라도, 노동절약적 발명이 아무리 진전되더라도, 노동 공급이 노동 수요를 초과하는 일은 일어날 수 없다. 사람들이 일자리를 찾는 데 어려움을 겪는 일도 일어날 수 없다. 머리와 근육에 자신과 가족의 필요를 충족시킬 수 있는 능력을 갖고 있으면서도 일자리를 구걸하거나 구호금에 의존해야만 하는 사람들을 볼 수도 없다. 노동할 수 있는 사람이라면 누구나 다른 어떤 사람의 허가도 받을 필요가 없이 자신의 노동을 직접 자신의 필요를 충족시키는 일에 투입[타인에게 고용되지 않고 자영업에 종사한다는 뜻]할 수 있기 때문에, 일자리를 찾지 못하면 굶을 수밖에 없는 사람들이 서로 치열한 경쟁을 벌이는 일도 결코 일어날 수 없다.

특정 상품이나 서비스에 대한 수요가 변해 그것을 생산하는 분야에서 노동에 대한 수요가 변화할 수는 있다. 그 결과, 그 분야의 임금이 일반적인 임금 수준보다 약간 높아질 수도 있고 낮아질 수도 있다. 하지만 노동은 스스로를 고용할 수 있고 그런 고용은 무한히 늘어날 수 있기 때문에, 노동이 그와 같은 수요의 변화에 적응하는 것은 손해나 고통이 따르지 않을 뿐만 아니라 무척 쉬운 일이 될 것이다. 그래서 그런 변화가 있었다는 사실 자체가 거의 감지되지 않을 것이다. 왜냐하면 분업이 세분화되면 직종 간 차이가 인지하기 어려울 정도로 줄어들어서 각 직종에는 다른 직종으로 쉽게 이동할 수 있는 사람들이 충분히 존재하게 되고, 그 결과 각 분야에서 고용의 감소와 증가가 자유롭게 이뤄질 수 있을 것이기 때문이다. 노동자가 스스로를 고용하는 직종에서 고용이 무한히 증가할 수 있고 모든 사람이 그런 직종에서 생계를 유지할 수 있기 때문에, 산업 전반에서 고용의 유연성이 극대화된다.

그와 같은 상황에서는 자본이 노동을 억압할 수도 없다. 지금은 자본과 노동이 대립할 경우 자본은 기다리는 일에 노동보다 훨씬 유리하다. 고용되지 않을 경우 자본은 낭비될 뿐이지만 노동은 굶기 때문이다. 하지만 노동이 언제든지 스스로를 고용할 수 있는 경우에는 노동과 자본의 대립에서 불리한 쪽은 자본이다. 자본으로 하여금 그렇게 유리한 지위에 설 수 있게 만드는 실업자가 더는 존재하지 않기 때문이다. 다른 사람들을 고용하려는 사람은, 사람들이 일자리를 찾아서 몰려드는 것이 아니라 모든 노동이 이미 다 고용되어 있다는 사실을 깨닫게 될 것이다. 노동자들이 자영업을 해서 버는 금액보다 더 높은 임금을 제시하지 않으면 그들을 고용할 수 없다. 노동자들이 일자리를 얻기 위해 서로 경쟁하는 것이 아니라 오히려 고용주들이 노동자를 확보하기 위해 서로 경쟁하게 될 것이다. 그리하여 자본의 축적이 부의 생산에 가져다주는 이점은 궁극적으로 노동이 차지한다(자본이 축적되고 고용되기 위해서는 자본에 돌아가야 할 부분이 있는데 그 부분은 제외하고서다). 그와 같은 상황이 되면 우리는 다른 사람을 고용하는 사람이 시혜를 베풀고 있다고 생각하는 것이 아니라 다른 사람을 위해 일하는 사람이 도움을 베푸는 쪽이라고 여기게 될 것이다.

그런 상황에서 오늘날 우리가 겪고 있는 것과 같은 분배의 불평등이 존재할 수 있을 것으로 가정하는 것은, 토지가 아니라 공기가 부의 주요 원천이라고 가정하는 것보다도 더 터무니없다. 그러나 설령 현재의 불평등이 그와 같은 상황에서 나타난다고 하더라도, 그 경우에는 많은 재산이 별로 쓸모가 없고 오래가지도 못할 것이다. 반면 어떤 조건으로라도 일자리를 얻으려 하는 노동이 항상 존재하고 있고, 대다수의 사람들이 간신히 생계를 이어가고 있으며, 실직하면 근심과 궁핍, 심한 경우 구걸과 기아가 불가피한 곳에서는 많은 재산이 가공할 힘을 가진다. 하지만 실업이 존재하지 않는다면, 즉 모든 사람이 아무런 두려움도 없이 또 누구의 시혜도 받지 않고 자신과 가족의 생계를 유지할 수 있다면, 수백만 달러가 있다고 해서 그것을 가지고 어떻게 다른 사람을 착취하거나 억압할 수 있겠는가?

맷돌은 위짝만 가지고는 갈 수가 없다. 맷돌을 갈기 위해서는 아래짝도 필요하다. 달걀에 아무리 큰 힘이 가해지더라도 한쪽에만 가해질 경우에는 달걀껍질을 깨지 못한다. 그와 마찬가지로 노동이 자연의 기회에 자유롭게 접근할 수 있는 경우 자본이 노동을 착취하는 것은 불가능하다. 자연의 재료와 기회가 공기처럼 모든 사람에게 공짜로 주어지는 세상에서는 일자리를 찾는 데 어려움이 있을 수 없고, 일하고 싶어하는 사람들이 굶주리는 일이나 임금이 최저 수준으로 떨어져서 노동자들이 간신히 살아가는 일은 일어날 수가 없다. 그런 세상이 오면, 우리는 어떤 사람이 일자리를 제공해준다고 해서 그에게 감사할 생각을 하지 않을 것이다. 그것은 마치 지금 식욕을 준다는 이유로 감사할 생각을 하지 않는 것과 마찬가지다.

창조주께서 이 세상에 우리를 두셨지만, 내가 지금까지 상상해온 세상에 우리를 두실 수도 있었을 것이라는 데는 의심의 여지가 없다. 하지만 그분은 그렇게 하지 않으셨는데 나는 그 이유를 알 것 같다.

내가 상상해온 세상은 바보들에게 좋은 세상이지만, 이 세상은 부여받은 지성을 활용하고자 하는 사람들에게 좋은 세상이다. 이에 대해서는 나중에 이야기하기로 하자. 지금 내가 독자들에게 자연의 기회가 공기처럼 공짜인 세상을 상상해보라고 하면서 의도하는 바는, 노동으로 하여금 토지를 자유롭게 사용하지 못하도록 방해하는 장애물이 바로 맷돌의 아래짝―그 때문에 노동자는 맷돌 가운데서 갈리고 있다―이자 산업구조 전반을 통해 드러나는 어려움의 진정한 원인이라는 사실을 보여주는 것이다.

여기서 "우리 모두가 토지가 필요한 것은 아니에요! 우리 모두가 농부가 될 수는 없어요!"라는 이야기가 나올 수도 있다. 실제로 나는 이런 말을 종종 들었다.

이에 대한 내 대답은 분명하다. 방식과 정도가 다를지는 몰라도 우리 모두는 토지가 필요한 존재들이다. 토지가 없으면 어떤 사람도 살 수가 없다. 토지가 없으면 어떤 일도 할 수가 없다. 농업은 토지의 유일한 용도가 아니다. 여러 용도 중 하나일 뿐이다. 고층 건물의 최고층이 최하층과 마찬가지로 토지 위에 세워져 있듯이, 공장 노동자는 농민과 마찬가지로 실제로 토지를 사용한다. 끝까지 따지면, 모든 부는 토지와 노동의 결과물이며, 모든 생산은 토지에 노동을 가하는 것이다.

우리 모두가 농부가 될 수는 없다는 말도 사실이 아니다. 우리 모두가 농부가 될 수도 있다. 모든 사람이 상인이 되든지, 양복업자가 되든지, 또는 기계공이 된다면, 조만간 사람들은 굶게 될 것이다. 하지만 모든 사람이 생존물자를 자연에서 직접 조달하는 사회는 과거에도 존재했고 지금도 존재한다. 직접 자연을 다루는 직종은 본원적 직종이라고 할 수 있다. 사회가 발전하면서 다른 모든 직종이 그것에서 분화되어 나오기 때문이다. 산업구조가 아무리 복잡해진다 할지라도, 이 본원적 직종은 건물의 위층들이 건물 기초에 의존하는 것처럼 다른 모든 직종이 의존하는 근본 직종으로 남는다. 항상 그랬듯이 지금도 "농민이 모든 사람을 먹여 살린다." 그리고 이 직종에서의 노동의 상태가 일반적인 노동의 상태를 결정한다. 그것은 마치 대양의 수위가 만灣이나 작은 바다의 수위를 결정하는 것과 마찬가지다. 농업에서 노동에 대한 수요가 크고 임금이 높을 경우, 조만간 모든 직종에서 노동에 대한 수요가 증대하고 임금이 상승한다. 농업에서 일자리를 얻기 힘들고 임금이 낮을 경우, 조만간 모든 직종에서 일자리를 얻기가 힘들어지고 임금이 하락한다.

농업에서 노동 수요와 임금률[시간당 임금]을 결정하는 요인은 노동이 스스로를 고용할 수 있는 능력, 다시 말해 토지 획득의 용이성임에 틀림없다. 토지 획득이 어려운 오래된 나라들에 비해 토지를 쉽게 획득할 수 있는 신생국에서 농업뿐만 아니라 모든 직종의 임금이 더 높은 것은 그 때문이다. 그리고 토지가치가 상승할 때 임금이 떨어지고 일자리 찾는 일이 더 어려워지는 것도 그 때문이다.

누구라도 자기 주위를 돌아보기만 하면 이것이 사실임을 확인할 수 있을 것이다. 일자리 찾기의 어려움, 즉 모든 직종에서 노동 공급이 노동 수요를 초과하는 것처럼 보이는 현실은 분명 노동이 스스로를 고용하지 못하게 방해하는 장애물, 즉 노동이 토지에 접근하지 못하게 막는 장벽에서 기인한다. 어느 한 직종에서 노동이 남아돌게 되는 것은 다른 직종들에서 일자리 찾기가 어렵기 때문에 생기는 일이다. 다른 직종들에서 일자리 찾기가 쉽다면 남아도는 노동은 즉시 흡수되어버릴 것이다. 사무원에 대한 수요가 많을 경우, 회계 담당자가 일자리가 없어서 고통을 당하는 일은 일어나지 않는다. 토지에서 직접 부를 만들어내는 근본 직종에까지 내려가보자. 거기서 노동이 스스로를 고용할 수 있는 기회가 열려 있다면, 파생 직종에서 남아도는 노동은 순식간에 흡수되어버릴 것이다. 이는 일자리를 잃은 기계공, 공장 노동자, 사무원이 모두 자기 농장을 가질 수 있고 또 가지려 하기 때문이 아니라 여러 직종에서 일자리의 압박을 완화하기에 충분한 수의 사람들이 토지로 향하기 때문에 생기는 일이다.

14
기계의 영향

인권에 대한 무지와 소홀함 또는 멸시가 어떻게 공적 유익을 공적 재난으로 바꿔버리는지는 노동절약적 발명의 영향에 대해 검토해보면 분명하게 알 수 있다.

사려 깊고 지성적인 중국인들이 인구가 밀집한 자기들 나라에 서구 문명이 만들어낸 노동절약적 기계를 도입하는 데 반대하는 것은 혁신을 맹목적으로 혐오하기 때문만은 아니다. 그들은 발명이 우리 서구인들에게 많은 유익을 가져다주었다는 것을 인정한다. 그러나 그들이 보기에 그 유익은 결국 비싼 대가를 치러야만 하는 것이다. 사실 동양인들은 서구 문명이 획득한 큰 힘을 대할 때 중세 유럽인들처럼 생각한다. 중세 유럽인들은 흑마술을 통해 얻어지는 것처럼 보이는 영적 능력에 대해 그것을 사용하는 사람은 결국 몸이 망가지고 영혼이 저주를 받을 수밖에 없다고 생각했다. 현재 우리 서구 문명에는 중국인들의 이런 견해가 사실임을 입증하는 현상과 경향이 많이 존재한다.

　19세기에 생산력을 비약적으로 증가시킨 발명과 발견은 분명 순수한 것이 아니었다. 그 유익이 불평등하게 분배되고 있을 뿐만 아니라 명백히 유해한 영향을 미치고 있다. 발명과 발견은 자본을 집중시키고 있고, 집중된 자본이 독점화하고 노동자를 억압할 수 있는 힘을 증가시키고 있으며, 노동자들을 점점 더 의존적인 존재로 만들고 있다. 노동자들은 발명과 발견으로 인해 숙련의 이점과 숙련 획득 기회를 박탈당하고 있다. 그들이 자신들의 상태를 스스로 통제할 수 있는 힘은 줄어들고 있으며 개선의 여지도 별로 없다. 생각이 마비되고 몸이 이상해지거나 무력해지는 경우도 허다하다.

　서구의 산업 발달에서 나타나는 이와 같은 경향들을 생각할 때 중국 철학자들의 태도가 옳다고 느끼지 않을 수 없다. 탈출구가 없다면 우리의 유익을 위해 만든 힘이 결국은 우리를 파멸시키고 말 것이다. 우리는 생산비를 절감하고 있다. 하지만 그렇게 하면서 우리는 어린아이들의 성장을 방해하고 있고, 여성들이 어머니의 의무를 다하지 못하게 만들고 있다. 우리는 사람들을 단지 기계에 원료나 공급하는 존재로 전락시키고 있다. 그러면서도 생존 투쟁의 잔인함은 줄이지 못하고 있다. 우리들 대다수가 시간과 능력을 다 바칠 정도로 열심히 일하지만, 삶의 걱정거리는 줄어들기는커녕 도리어 늘어나고 있다. 정신이상과 자살이 증가하고 있고 결혼을 꺼리는 경향이 확산되고 있다. 우리는 한쪽에서는 거대한 재산을, 다른 한쪽에서는 떠돌이들을 만들어내고 있다. 이것들은 어떤 이익으로도 보상할 수 없는 사회적 질병의 징후들이다.

그러나 개선과 발명이 산업관계와 사회관계를 그렇게 변화시킨다고 해서 그것들 자체에 선악의 딱지를 붙이는 것은 명백히 잘못이다. 개선과 발명은 단지 생산력을 증가시킬 뿐이다. 개선과 발명이 증가시키는 힘은 인간의 지성이 통제하느냐 못하느냐에 따라서 선하게도 악하게도 작용한다.

이제 노동절약적 기계의 도입―또는 일정한 노동량으로 얻을 수 있는 생산량을 증가시키는 모든 발견과 발명, 그리고 개선―이 어떤 영향을 미치는지 고찰해보자.

각 가계가 자가 노동으로 필요를 충족시키는 원시상태에서는 하나의 필요를 충족시키는 데서 발명이나 발견이 이뤄지면 모든 필요를 충족시키는 힘이 증가하게 된다. 한쪽에서 절약되는 노동을 다른 쪽으로 돌릴 수 있기 때문이다.

그와 마찬가지로 분업이 진행되어 여러 생산 부문을 각기 다른 사람들이 맡게 되는 경우에도 한 생산 부문에서 노동절약적 개선이 이뤄지면 모든 생산 부문이 이익을 보게 된다. 예를 들어 직포와 제련에서 개선이 이뤄지면 일정량의 곡물로 더 많은 옷감과 철을 얻을 수 있게 되고, 따라서 농민은 동일한 양의 원하는 물건들을 전보다 적은 노동으로 획득할 수 있게 된다. 다른 말로 표현하면 농민은 동일한 노동으로 원하는 물건들을 더 많이 획득할 수 있게 된다. 이는 다른 모든 생산자도 마찬가지다.

개선의 내용이 비밀에 부쳐져 있거나 발명자가 특허를 통해 일정 기간 동안 보호를 받는 경우에도 개선자나 발명자의 수중에 남는 이익은 일부에 지나지 않는다. 적어도 기술이 일정 단계에 도달한 이후에는 노동절약적 개선이 이뤄지면 일반적으로 사람들은 생산을 늘려서 경제성을 확보하려고 한다. 그리고 누군가가 발명에 대해 독점권을 가지는 경우에도 그들은 동일한 양을 생산해서 예전 가격으로 팔기보다는 전보다 생산은 더 많이 하고 가격은 낮추어서 이윤을 극대화하려는 욕구에 사로잡히기 쉽다. 그 결과, 다른 물건을 생산하는 사람들은 노동절약적 개선이 이뤄진 생산 부문의 특정 생산물을 예전보다 적은 노동으로 획득할 수 있게 되고, 그리하여 개선으로 인한 유익의 일부, 아니 상당 부분이 전체 산업으로 확산된다.

이렇게 하여 모든 노동절약적 발명은 전체 노동의 생산력을 증가시키며 발명이 독점되는 경우 외에는 모든 유익이 전체 산업으로 확산된다. 한 직종에서 노동이 다른 직종에서보다 더 많은 수익을 올리면 그 분야로 노동이 이동해 결국은 여러 직종에서 수익이 평균화되기 때문이다. 자본의 수익도 마찬가지다. 인위적인 방해가 없다면, 동일한 경향이 작용하여 자본의 수익도 여러 생산 부문에서 같아지게 된다. 기억해야 할 것은 생산력을 증가시키는 개선과 발명은 직접적으로는 항상 자본의 수익이 아니라 노동의 수익을 증가시키는 효과를 낳는다는 사실이다. 노동절약적이라기보다 자본절약적인 듯 보이는 개선—예를 들어 무두질에 필요한 시간을 단축시키는 발명—의 경우에도 이득을 보는 것은 노동이다. 정교한 설명을 할 필요도 없이, 그 이유는 노동이 능동적 생산요소이기 때문이다.

자본은 노동의 도구이자 수단에 불과하다. 특정 자본가들이 개선을 통해 큰 이득을 얻을 때도 있는데 그것은 자본 그 자체에서 나오는 이득이 아니라 대개 독점에서 나오는 이득이다. 물론 가끔은 모험이나 경영방식에서 이득이 발생할 때도 있다. 19세기에 엄청난 노동절약적 개선이 이루어졌음에도, 자본 수익의 척도인 이자율은 상승하기는커녕 하락하는 경향을 보여왔다. 일반적으로 노동절약적 개선에는 자본량의 증가가 수반되기 마련인데, 그리되면 대자본을 가진 자들이 쉽게 독점을 형성하여 원래 노동에 돌아갈 수익을 가로챌 수 있다. 그러나 이는 노동이 개선의 이익을 차지하지 못해서 생기는 결과지 그 원인은 아니다.

그렇다면 그 원인에 대해 생각해보지 않으면 안 된다. 노동절약적 개선은 노동의 능력을 증대시키지만 노동을 토지에 의존하는 상태에서 해방할 수는 없다. 그것은 토지로부터 부를 생산하는 능력을 증대시킬 뿐이다. 토지가 몇몇 개인의 사유재산으로 독점되고 그들이 다른 사람들의 토지 이용을 막을 수 있게 되면서, 원래 노동에 돌아가야 할 개선의 이익이 높은 지대와 지가의 형태로 토지 소유자들에게 흘러들어가게 되었다. 그리하여 잘 알려진 대로 개선과 발명이 연속된 곳에서는 어디서나 이자와 임금이 아니라 토지가치가 상승했다. 임금의 상승이 일어난 곳도 있는데 그것은 특별한 원인들이 결합되거나 동시에 발생한 결과다. 원래 노동에 돌아가야 할 생산성 상승의 이득 중에서 실제로 노동이 차지하는 부분은 미미하다. 그 일부는 다양한 형태의 독점체들이 차지하고, 나머지 대부분은 땅을 독점하는 자들이 차지한다. 그 과정에서 지대와 지가가 상승하는 것은 물론이다.

대표적인 노동절약적 발명이라 할 수 있는 철도를 예로 들어보자. 그것은 농민이 재배하는 곡물의 양을 증가시키지도 않고, 제조업자가 생산하는 재화의 양을 증가시키지도 않는다. 하지만 철도는 수송비를 감소시켜서 곡물이나 공업제품을 주고 얻을 수 있는 다른 여러 물건들의 양을 증가시킨다. 이는 사실상 곡물이나 공업제품의 생산량이 증가한 것과 마찬가지다.

철도 건설의 이득은 원래 노동에 돌아가야 한다. 다시 말해 철도 영향권 내에서 철도가 만들어내는 이점은 노동을 절감할 수 있다는 것, 즉 동일한 노동으로 더 많은 부를 얻을 수 있다는 것이다. 그러나 주지하다시피 철도가 건설되는 곳에서 실제로 이득을 얻는 것은 노동이 아니다. 철도사업은 미국에서 사실상 아무런 제한도 받지 않는 독점권을 누리면서 투하 자본에 대한 정당한 보수를 초과하는 독점이윤을 얻는데, 그 상당 부분을 경영자들이 착복한다. 경영자들은 분식회계, 주식 물타기, 그 밖에 다양한 다른 방법으로 착복 사실을 은폐하면서 주주에게 돌아갈 이익을 가로채고 또 일반 대중에게 바가지를 씌운다.

경영자들이 착복하는 부분을 뺀 나머지는 노동에 돌아가야 하지만 그리되지 않고 중간에서 토지 독점자들이 차지해버린다. 노동생산성이 증가함에 따라, 아니 증가한다는 전망만 있어도 토지가치가 상승하기 때문에, 그만큼 토지 이용을 위해 더 많은 돈을 지불해야만 하는 노동은 모든 이익을 빼앗기고 마는 것이다. 새로운 지역에 철도가 개통될 때 경험상 우리는 임금이 상승하리라 기대하지 않는다. 그때 상승이 기대되는 것은 토지가치다.

뉴욕의 고가 철도는 거대한 노동절약적 기계시설이다. 그것은 사람들을 도시 한쪽 끝에서 반대쪽 끝으로 실어 나르는 데 드는 시간과 노동을 크게 절감했으며, 섬 아래쪽에 밀집한 인구로 하여금 섬 위쪽의 빈 땅들을 이용할 수 있게 만들었다. 그러나 그것은 노동자들의 수입을 증가시키지는 못했고 단순 노동자들이 살기 쉽게 만들어주지도 못했다. 고가 철도가 창출한 이익의 일부는 사이러스 필드Cyrus Field, 새뮤얼 틸든Samuel J. Tilden, 제이 굴드 같은 경영자들과 주가 조작자들이 착복했다. 그리고 나머지는 토지 소유자들의 수중으로 들어갔다. 시간과 교통비가 절감되자 섬 아래쪽의 과잉인구가 비어 있던 넓은 땅에 접근하는 것이 가능해졌다. 그러나 그 땅의 접근성이 좋아짐에 따라 토지가치도 덩달아 올라갔기 때문에, 서민용 공동주택에 사는 인구는 여전히 많다. 고가 철도의 경영자들은 수백만 달러를 벌었고, 고가 철도의 영향을 받은 토지의 소유자들은 수억 달러를 벌었다. 하지만 뉴욕 노동자들은 조금도 부유해지지 않았다. 교통의 개선으로 얻는 이익을 인상된 지대를 납부하는 데 충당해야만 하기 때문이다.

다른 어떤 개선이나 자선의 경우에도 결과는 마찬가지다. 뉴욕의 부자들이 갑자기 애스터 도서관이나 쿠퍼 연구소의 예에서 드러난 것 같은 공익정신에 사로잡힌다고 가정해보자. 그리고 그런 정신이 부자들 사이에 열정으로 변해, 그들이 거지가 되기까지 경쟁적으로 이웃을 돕는다고 하자. 굴드 씨 같은 사람이 고가 철도를 무료로 이용하게 해주고, 소방서 유지비용을 대고, 모든 가정에 무료로 전화를 놓아준다고 하자. 그리고 남에게 지려고 하지 않는 밴더빌트 씨가 도로를 잘 포장하고 거리를 청소하고 무료마차를 운행하는 비용을 대고, 애스터 가문이 모든 구區에 도서관을 세운다고 하자. 50명, 20명, 10명, 아니 그보다 더 적은 백만장자들이 그와 같은 열정에 사로잡혀, 혼자서 또는 공동으로 난방과 전기를 무료로 제공하고, 학교를 유지·개선하며, 극장과 공연장을 대중에게 개방하고, 공원·목욕탕·시장을 만들고, 모든 물건을 도매 가격으로 살 수 있는 가게를 연다고 하자. 간단히 말해 뉴욕을 물가가 싸고 쾌적한 곳으로 만들기 위해서 할 수 있는 모든 일을 다 한다고 해보자. 그럴 경우 결과는 어떻게 될까? 뉴욕은 예전보다 사람 살기에 훨씬 더 좋은 곳으로 변할 것이며, 살고 싶어하는 사람들의 수는 늘어날 것이다. 혜택이 많아지면서 토지 소유자들은 지대를 더 많이 요구할 수 있게 될 것이다. 결국 부자들이 창출한 그 모든 혜택은 지대 상승으로 귀결되고 만다.

개선의 성격이 어떠하든 토지가 독점되어 있다면 그 혜택은 궁극적으로 토지 소유자들에게 돌아간다. 만일 부의 생산에서 노동의 필요성이 사라질 정도로 노동절약적 발명이 이뤄진다면, 토지 소유자들이 생산되는 부를 전부 차지해버리고 노동자들에게는 생존유지에 필요한 만큼도 나누어주지 않을 것이다. 토지 생산성이 증가하면 그 이익은 토지 소유자가 차지한다. 그런데 노동 생산성이 개선될 경우에도, 노동자가 아니라 토지 소유자가 그 이익을 차지한다.

토지가 없으면 노동이 불가능하기 때문에 토지를 독점한 사람들은 노동과의 계약을 자신들이 원하는 대로 맺을 수 있다. 아니 좀더 정확히는, 스스로를 고용하지 못하기 때문에 일자리를 찾지 못하면 굶어야만 하는 사람들이 서로 경쟁을 벌이는 바람에, 임금은 노동계급의 생존과 재생산을 가능하게 하는 수준들 중에서 최저 수준으로 떨어질 수밖에 없다. 토지가 완전히 독점되어 있는 곳에서는 어디서나 단순 노동의 임금은 이 수준에서 결정되고, 다른 임금들도 이 수준으로 접근하는 경향을 보인다. 일부 직종에서 임금이 그보다 더 높아질 수 있는데, 그것은 인위적으로 조성된 특수한 조건이 존재하기 때문이다.

심지어 교육을 더 받거나 근육의 힘이 강해지거나 잠을 덜 자고 일을 더 오래 하거나 해서 노동 그 자체의 능력이 개선되는 경우에도, 노동에 대한 보수는 최저 수준 이상으로 올라가지 않는다. 이는 가족을 부양하는 가장을 돕기 위해 부녀자와 아동이 노동을 하는 나라나 직종에서 쉽게 확인되는 현상이다. 노동자가 절약을 더 하는 경우에도, 그것이 일반화되면 노동에 대한 보수를 상승시키기는커녕 오히려 하락시킨다.

이것은 독일 학자들이 '임금의 철칙'—임금이 노동자들이 생존과 재생산을 위해 필요하다고 여기는 최소한의 금액과 같아진다는 법칙—이라고 부르는 바로 그것이다. 대부분 엉뚱한 데서 원인을 찾기는 하지만, 모든 경제학자가 이 법칙을 인정한다. 그것은 명백히 모든 사람의 생존에 필요한 토지를 일부 사람들의 배타적 재산으로 만든 데서 생긴 필연적인 결과다. 땅 주인은 그 위에서 살아가는 사람들의 주인이 될 수밖에 없다. 사람들은 정말로 땅 주인의 완전한 노예다. 땅 주인은 마치 사람들의 살과 피에 대한 소유권을 인정받은 존재인 것처럼 행세한다. 사람들은 땅 주인에게서 생계수단을 얻으려고 서로 경쟁하기 때문에 노예제하에서나 성립하는 임금—사람들을 노동이 가능한 상태로 유지시키고 숫자가 줄어들지 않도록 할 수 있을 정도의 임금—을 제외하고는 모두 땅 주인에게 넘겨줘야만 한다. 노예제하에서 노동의 능력이 아무리 향상되고 생계비가 아무리 줄어들어도 노예가 혜택을 입는 일은 없었듯이, 지금 그런 일이 일어나더라도 토지가 독점되어 있다면 자기 노동 외에는 아무것도 갖지 않은 사람들이 혜택을 입는 일은 없다. 오로지 토지가치, 즉 생산물 중에 토지 소유자에게 돌아가는 부분만 증가할 뿐이다.

이것이 사실이라면, 기계의 사용이 증가하면 할수록, 분업이 진전되면 될수록, 분배의 양극화는 심해진다는 결론이 나온다. 물질적 진보가 진행될수록 근로 대중의 처지는 더 어려워지고 더 절망적으로 변한다는 이야기다. 설사 교육을 더 받는다 하더라도 그것은 받을 고통의 분량을 증가시킬 뿐이다. 만일 노예가 계속 노예로 지내야 한다면, 그를 교육하는 것은 잔인한 짓이다.

증기기관의 도입과 함께 시작된 산업혁명이 아직 초기 단계고 지금까지는 신대륙 개발이 활발해서 미국뿐만 아니라 유럽에서도 사회적 압력을 완화해왔기 때문에, 이 모든 것이 제대로 느껴지지 않을 수도 있다. 그러나 현재 신대륙에서는 토지의 사유화가 급격히 진행되고 있으며 산업혁명 또한 점점 더 빨라지고 있다.

15
두 가지 노예제도

내가 앞의 세 장에서 했던 탐구를 다른 방향으로 계속해가는 일은 아무래도 독자에게 맡겨야 할 것 같다.* 독자들은 주의 깊게 검토하면 할수록, 모든 사회문제의 뿌리에는 사회적 불의가 놓여 있다는 사실, 즉 "인권에 대한 무지와 소홀함 또는 멸시가 공적 재난과 정부 부패의 원인"이라는 사실을 더 많이 깨닫게 될 것이다. 그러나 실은 정교한 검토도 필요 없다. 물질적 진보가 대중에게 혜택을 가져다주지 못하는 이유를 이해하기 위해서는, 인간은 토지 없이는 살 수 없는 존재고 노동은 오로지 토지 위에서만, 또 토지를 대상으로 해서만 생산을 한다는 자명한 진리를 인식하기만 하면 된다.

잘 알다시피 로빈슨 크루소는 프라이데이를 노예로 삼았다. 하지

---

* 경제문제에 관해 좀더 정교한 논의를 하고 있는 내 책 『진보와 빈곤』을 참조하라. 거기서는 더욱 체계적이고 과학적인 형태로 탐구가 이루어지고 있다.

만 만일 로빈슨 크루소가 프라이데이를 노예로 삼지 않고 한 명의 인간으로, 또 형제로 받아들여, 독립선언서와 노예해방 선언 그리고 미국 수정헌법 제15조를 읽어주면서 프라이데이가 투표권과 공무담임권을 갖는 자유롭고 독립적인 시민이라는 사실을 알려주는 한편, 그 섬은 자신이 배타적 권리를 갖는 사유재산이라고 했다면 무엇이 달라졌을까? 프라이데이는 하늘로 날아오르지도, 바다로 헤엄쳐 나가지도 못한 채 꼼짝없이 그 섬에서 살 수밖에 없었을 테니, 노예 신세를 면하지 못하는 것은 매한가지였을 것이다. 크루소가 섬을 소유한다는 것은 프라이데이를 소유한다는 것과 마찬가지 이야기다.

사실 노예제도는 인간을 소유물로 삼는 제도 가운데 거칠고 원시적인 형태로 인구가 희박한 지역에서 발달한다. 인구 압력 때문에 토지가치가 높은 곳에서는, 특별한 환경이 존재하지 않는 한 존속하기 어렵다. 그런 경우에는 토지 소유권을 가지면 인간 소유권이 부여하는 모든 힘을 좀더 편리한 형태로 행사할 수 있기 때문이다. 세계 역사에서 정복자들이 피정복민을 노예로 삼는 일은, 항상 인구가 희박하고 토지가 거의 가치를 갖지 않는 곳이나 정복자들이 인간 전리품을 챙겨서 데려가려는 곳에서 일어났다. 그렇지 않은 곳에서는 정복자들은 피정복민들의 토지만 빼앗았을 뿐이다. 그것만 가지고도 효과적으로 또 훨씬 더 편리하게 피정복민들을 부릴 수가 있었기 때문이다. 이탈리아로 노예가 유입되기 시작한 것은 부유한 귀족들의 대토지 소유로 인해 이탈리아의 인구가 줄어들면서부터였다. 터키와 이집트에서는 노예제도가 아직도 인정되고 있지만, 죄수나 왕실 후궁의 시종 등에 한정된다[오늘날 노예제도는 전 세계에서 불법이다]. 영국 노예

무역선이 흑인 노예들을 영국이나 아일랜드가 아니라 아메리카 대륙으로 데려간 이유는, 서유럽에서는 토지가 비싸고 노동이 쌌던 반면 미국에서는 토지가 싸고 노동이 비쌌기 때문이다.

미국 남부에서 노예제도가 소멸의 길로 들어선 것은 새로운 토지 개척의 가능성이 사라지면서부터다. 남부의 농장주들은 해방노예 출신의 소작농들로부터 과거에 노예들을 부려서 얻었던 것만큼 받아내기 때문에, 노예제도가 폐지된 것에 대해 애석하게 여기지 않는다. 유럽에서 가장 오랫동안 존속했던 노예제도의 한 형태인 중세 시대의 농노제도—농민들이 토지에 긴박되어 있었던 것을 기억하라—도 토지를 둘러싼 경쟁이 거의 없었던 곳에서만 지주들의 환영을 받았다. 예컨대 아일랜드 지주들이 농노제나 순수 노예제를 도입한다 하더라도, 그들이 지금 행사하고 있는 인간에 대한 실질적인 소유권, 즉 보수 없이 자신을 위해 일하게 만들 수 있는 힘은 증가하지 않을 것이다. 현재도 아일랜드 지주는 사람들이 생계수단〔토지를 가리킨다〕을 둘러싸고 벌이는 경쟁 덕분에 그들로부터 최대한의 지대를 받아낼 수 있다. 영국 지주들의 경우에도 노예를 소유하는 것은 부담이자 손해일 것이다. 사람들을 노예로 부리는 데 드는 비용보다 적은 금액으로 노동자를 고용할 수 있고, 그들이 아프거나 허약해질 경우 빈민구호소로 보내버릴 수 있기 때문이다. 또한 뉴잉글랜드의 제조업자가 자기 공장의 노동자들을 노예로 삼는다고 해서 얻을 것이 무엇이겠는가? 자유시민이라 불리지만 사실은 자기 조국의 땅에 대한 권리를 일체 부정당하고 있는 사람들이 벌이는 경쟁 덕분에 노예를 부리는 것보다 더 싸게, 더 편리하게 노동자를 구할 수 있는데, 그가 그렇게 할 이유는 없다.

　토지를 사유화하는 것이 사람의 육체를 사유화하는 것만큼이나 사람들을 노예화하는 데 효과적이라는 사실은 모든 정복자가 알고 있던 진리다. 사회가 발달함에 따라 다른 사람의 노동에 기대어 살아가려 하는 뻔뻔한 강자들이 생기기 마련인데, 그들도 금방 그 진리를 알아차린다. 특정 노예 주인이 특정 노예를 소유하는 조야粗野한 형태의 노예제는 사회의 발달상태가 미숙한 경우에 적합한 제도다. 사회가 발전하는데도 그런 노예제가 그대로 유지되는 경우, 노예 주인의 걱정과 고민과 비용은 늘어난다. 그러나 인간 대신에 토지를 소유하게 되면 지주들은 그런 비용을 아낄 수 있다. 특정 노예 주인이 특정 노예를 소유하지는 않지만 한 계급이 다른 계급의 노동을 착복한다는 점에서는 예전과 다를 바 없다.

　사회가 계속 발전하고 산업조직이 복잡해지는데도 특정 노예 주인이 특정 노예를 소유하면 명백히 노예 주인에게 불리하다. 채찍질로 일을 강제하거나 노예를 감시하는 수고를 면할 수 없고, 노예가 아프거나 무기력해지더라도 데리고 있어야 한다. 또 노예들에게 할 일을 찾아주거나 아예 노예를 대여하는 수고까지 해야 한다. 노예를 대여하는 이유는 노예 주인마다 필요한 노예 숫자가 계절이나 시기에 따라 다르기 때문이다.

　사회가 계속 발전하는 가운데 이런 불편함을 해결할 다른 방법이 없었다면, 노예 주인들은 노예를 공동으로 소유하고 관리하는 장치를 도입했을 것이다. 그것은 마치 자본가들이 공동의 이익을 도모하기 위해 자본을 공동으로 운용하게 된 것과 마찬가지다. 사회가 발달하지 않았을 때는 사용 목적으로 화폐를 보유하려면 금고에 넣어두어야만 했고 여행할 때는 가지고 다녀야만 했다. 자본을 가진 사람은 그것을 직접 사용하거나 빌려주는 방법밖에 없었다. 그러나 사회가 발전하면서 이런 수고를 덜 수 있는 방법이 등장했다. 화폐를 자기 근처에 두려는 사람은 은행을 이용하게 되었다. 그런데 은행은 그가 맡긴 특정 화폐가 아니라 맡긴 것과 같은 금액을 보관하거나 되돌려준다. 자본 소유자는 자신의 자본을 저축은행이나 신탁회사에 맡기든지 주식이나 채권을 매입함으로써 직접 운용하는 수고를 덜 수 있게 되었다.

만일 노예제도가 지속되었더라면, 노예의 소유와 관리를 위해 그와 유사한 장치가 도입되었을 것이다. 하지만 노예 주인들은 사람을 해방하는 대신 토지를 차지하는 방법으로 노예제도의 형태를 변경함으로써, 복잡한 사회에서 특정 노예 주인이 특정 노예를 소유할 때 생기는 불이익을 피하면서 노예제도의 이점은 변함없이 누릴 수 있게 되었다.

스스로를 고용하지 못하는 명목상의 자유 노동자들은 상호 간의 경쟁 때문에 간신히 생계를 이어나가는 데 드는 비용 이상의 수익을 몽땅 지대로 바치거나, 간신히 생계를 이어나갈 정도의 임금만 받고 노동을 팔아야만 한다. 반면 토지 소유자들, 즉 예전의 노예 소유자들은 여전히 예전 노예들의 노동이나 노동생산물을 차지할 수 있다. 노동생산물을 차지할 수 있는 힘은 토지 소유권에 가치—자본화된 가치—를 부여하게 되는데, 이 가치도 노예의 가치와 같거나 그 이상이다. 이제 토지 소유자들은 일을 시키려고 노예들을 다그칠 필요가 없다. 궁핍과 궁핍에 대한 두려움이 채찍보다 더 효과적이다. 노예들에게 일을 주거나 노예를 대여하는 수고를 할 필요도 없고, 노예가 일을 하지 못할 때 데리고 있을 필요도 없다. 그 모든 것은 노예의 책임이다. 토지 소유자들이 노동을 쥐어짜서 받아내는 공물貢物은 마치 자발적으로 내는 대가와 같아 보인다. 실제로 그들은 토지를 제공하기 때문에 그 대가로 생산의 결과물 중에서 자신들의 몫을 취하는 것은 정당하지 않은가? 그들 주위에는 그렇다고 말해주는 목사들과 경제학자들이 즐비하다.

우리 미국인은 노예제도를 철폐했다는 이유로 칭찬을 받는다. 미국의 대중이 흑인 노예제 철폐에 얼마나 기여했는지는 논외로 하더라도, 철폐된 것은 노예제도의 한 형태에 불과하다는 점이 중요하다. 사실 많은 지역에서 이 원시적인 노예제도가 폐지된 것은 사회발전 때문이며, 이 제도가 인종적 요인 때문에 특유의 강인성을 드러내고 있는 다른 지역들에서도 언젠가는 같은 이유로 폐지될 것이다. 우리는 노예제도를 정말로 폐지한 것이 아니다. 그것은 매우 은밀한 형태로 광범위하게 유지되고 있다. 이 노예제도하에서는 흑인뿐만 아니라 백인도 노예가 될 수 있다. 노예제도는 철폐되기는커녕 오히려 확대·강화되고 있다. 우리는 장차 미국 시민이 될 우리의 자녀들을 그 제도 속으로 밀어 넣으면서도 아무런 양심의 가책도 느끼지 않는다. 미래 시민들의 생존에 꼭 필요한 토지를 매각하는 것은 그들을 노예제도 속으로 밀어 넣는 것 아니고 무엇인가?

노예제도의 본질은 노동을 강탈하는 데 있다. 즉, 사람들에게 일을 강요하고는 노동생산물 중에서 간신히 생계를 유지하는 데 필요한 만큼을 뺀 나머지를 모조리 빼앗는 것이 노예제도의 본질이다. '자유롭고 평등한 미국 시민들' 중에서 이미 많은 사람이 노예로 전락했다. 앞으로 그렇게 될 사람도 많다.

미국의 모든 도시에는 경기가 좋을 때라도 먹고 입는 비용 정도의 임금만 받고도 기꺼이 일하려고 할―즉, 노예의 임금에 만족할―사람들이 널려 있다. 앞에서 언급한 바와 같이 매사추세츠 주 노동통계국과 일리노이 주 노동통계국의 발표에 의하면, 대부분의 임금 노동자들은 자신들의 수입만으로는 가족을 부양할 수 없고 부인과 자식이 벌어서 부족분을 보충해야만 한다. 가장 부유한 주에서도 채무노예 상태에 빠진 사람들이 쉽게 발견된다. 그들은 고용주의 집에서 살면서 고용주의 가게에서 장사를 하는데, 대부분의 경우 아무리 해도 채무의 덫을 벗어날 수가 없다. 뉴욕에서는 셔츠 12벌이 35센트에 만들어지고 있는데, 거기서 부인들은 평균 주급 3~4달러를 받고 하루에 14시간에서 16시간까지 일을 하고 있다. 그와 같은 중노동에 대한 대가가 그보다 더 낮은 도시들도 있다. 어떤 노예 주인도 노예들을 그토록 심하게 부리면서 그렇게 싸게 데리고 있을 수는 없을 것이다.

하지만 다음과 같은 반론이 나올 수도 있다. 극단적인 사례를 놓고 생각했기 때문에 미국식 산업사회와 노예제도가 유사하게 보인 것이다. 간신히 생계를 유지하는 사람들과 타인들의 생산물에 의존해 사치스럽게 사는 사람들 사이에는 여러 계층이 있고 또 두터운 중산층도 있다. 게다가 개인은 끊임없이 여러 계층을 오르락내리락한다. 백만장자의 손자가 부랑자로 전락할 수도 있고, 가난한 사람이 자신에 대해서는 희망을 잃어버렸지만 아들에 대해서는 희망을 품을 수도 있다. 더욱이 노동이 정당하게 받아야 할 것과 실제로 받는 것의 차액이 모두 토지 소유자의 수중에 들어간다는 것은 사실이 아니다. 미국에서 토지 소유자라고 하면 다수가 소규모 소유자다. 그들은 살 집과 경작할 땅을 갖고 있고, 노동자의 속성과 토지 소유자의 속성을 함께 지니고 있는 사람들이다.

이런 반론들에 대처하는 최선의 방법은 미국 사회처럼 잘 발달된 사회에서 인종차별은 없지만 노예제도는 존재하는 경우를 상상해보는 것이다. 실제로 그런 경우는 없기 때문에, 이 일은 약간의 상상력을 필요로 한다. 노예제도는 유럽에서는 근대 문명이 시작되기 전에 사멸했고, 신대륙에서는 산업발전의 단계가 낮을 때 인종차별적인 노예제의 형태로만 존재했다.

그러나 발전된 사회에서 인종차별 없는 노예제도가 존재하는 경우를 상상해보자. 그 사회가 소수의 노예 주인들과 대다수의 노예로 구성되어 있다 할지라도 그 두 계급만 존재하는 상태가 오래 지속될 수는 없을 것이다. 노예 주인들의 나태함, 이해관계, 필요 등으로 말미암아 두 계급 사이에 중간계급이 등장하기 마련이다. 노예들을 감시하고 복종시키기 위해서는 그들 중에서 일부를 뽑아 노예 감독과 경찰 등의 역할을 맡길 필요가 있을 것이다. 노예의 노동생산물 중에서 그들에게 주어지는 몫은 일반 노예에게 돌아가는 몫보다 많을 것이다. 특별한 기술과 재능을 끌어낼 필요도 생길 것이다. 사회가 발전함에 따라 생산물의 교환을 담당하는 상인계급도 출현할 수밖에 없는데, 그들은 노예의 노동생산물 중에서 상당 부분을 차지할 것이다. 노예 대여 청부업자들도 생겨나서 노예의 노동생산물 중 일부분을 챙길 것이다. 그리하여 간신히 생계를 유지하며 일할 수밖에 없는 노예와 일하지 않고도 살아가는 노예 주인 사이에 다양한 중간계층이 출현하게 될 텐데, 그들 가운데 일부는 분명 상당한 부를 축적할 수 있을 것이다.

노예 소유자들 중에서 운명이 바뀌어 중간계층으로 떨어졌다가 결국은 노예로 전락하는 사람들이 나오는가 하면, 일부 노예들의 신분이 상승하는 일도 끊임없이 일어날 것이다. 가끔씩 노예 주인들이 양심이나 자비심이 발동하거나 고마움을 느껴서 노예를 해방하는 경우도 있을 것이다. 특정 노예들이 근면성, 창의성, 충성심을 발휘하거나 동료들을 배반하면서까지 자신들을 도와줄 경우 보상할 필요도 있을 것이다. 실제 과거 노예제 국가에서 종종 일어났던 일이지만, 매달 혹은 분기마다 노예 주인에게 대가를 지불하고는 자기 원하는 대로 할 수 있는 노예들도 등장할 것이다. 돈을 주고 일주일에 하루, 이틀, 사흘의 자유 또는 1년에 몇 달의 자유를 사는 노예들과 1년의 자유를 몽땅 다 사거나 선물로 받는 노예들이 그들이다.

노예제도가 인종차별적 성격을 띠지 않은 곳에서는 늘 일어났던 일이지만, 해방노예들이나 그 자녀들 가운데 일부는 끊임없이 상향 이동하여 최고의 지위에까지 올라가기도 할 것이다. 그런 사회에서는 현상옹호론자들은 그들을 예로 들며 의기양양하게 이야기할 것이다. "노예제도가 얼마나 아름다운 것인지 보십시오! 노예는 자기가 신실하고 부지런하고 신중하기만 하면 얼마든지 노예 주인이 될 수 있습니다. 노예가 노예 주인이 되지 못하도록 방해하는 것은 그 자신의 무지와 방탕과 게으름입니다." 또 현상옹호론자들은 인간의 본성을 탓하면서 다음과 같이 말할 것이다. "잘못은 노예제도에 있는 것이 아니

두 가지 노예제도 203

니다. 인간의 본성이 문제입니다." 물론 문제가 되는 것은 그들 자신의 본성이 아니라 다른 사람들의 본성이다. 누군가가 노예제도를 철폐하자는 뜻을 넌지시 비치기만 해도, 현상옹호론자들은 신성한 소유권을 공격한다고, 불쌍한 맹인 과부에게서 유일한 의지처인 노예를 빼앗으려 한다고 비난을 퍼부으며 그를 정신 나간 사람, 공산주의자, 인류의 공적公敵, 하나님을 모독하는 자라고 부르기를 서슴지 않을 것이다.

노예제도를 가진 발전된 사회에서 조세가 어떤 작용을 하는지, 제조업·무역업·운송업에서 독점이 성립하면 어떤 결과가 나오는지, 공공부채는 어떤 효과를 낳는지 생각해보라. 그러면 토지를 사유화하든, 사람을 사유화하든, 결과는 기본적으로 같으리라는 사실을 확인할 수 있을 것이다.

단, 토지의 사유화에 기인하는 노예제는 어느 날 갑자기 생기는 것이 아니라 서서히 점진적으로 생긴다는 사실을 기억할 필요가 있다. 인구가 희박하고 토지가 가치를 갖지 않는 곳에서는 토지사유제가 성립하더라도 그 영향력은 그다지 크게 느껴지지 않는다. 그러나 시간이 가면서 토지 획득이 점점 어려워지는데 그러면 그럴수록 노동계급의 실질적 노예화도 심해진다. 토지가치가 상승할수록 노동생산물 중에서 토지 사용의 대가로 지불해야 할 몫은 늘어나고, 마침내 간신히 생계를 유지할 정도의 임금, 즉 노예 임금 외에는 노동자에게 하나도 남지 않는 상태가 되고 만다.

물론 이런 경향이 개인에게 영향을 미치는 방식과 정도는 경우에 따라 매우 다르다. 토지 소유권이 널리 분산되어 있는 곳에서는, 단순 노동자들이 임금을 받는 노예로 전락한 후에도 얼마 동안은 중간 위치에 다수의 소규모 토지 소유자들이 계속 존재할 것이다(그들은 다 똑같지는 않고, 토지 보유량에 따라 그리고 자기 노동을 토지에 어떻게 투입하느냐에 따라, 몇 개의 계층, 노예제도와 비교해서 말하자면, 소수의 노예를 소유한 노예 주인, 노예를 소유하지 않는 자유농민, 일주일에 며칠은 부역 노동을 하고 나머지 시간은 자신을 위해 노동하는 부분노예 등으로 구분할 수 있다). 그러나 토지가치가 올라감에 따라 이 계층은 점점 완전히 노예화된 존재로 전락해 갈 것이다. 자기 땅에서 자기 손으로 농사짓고 있는 미국의 자영농은 2,000년 전에 이탈리아의 자영농이 처했던 것과 똑같은 운명에 처하게 될 것이다. 영국의 요맨yeoman〔14~15세기 봉건제가 붕괴되던 시기에 영국에서 나타난 독립 자영농민〕이 이미 사라진 것처럼, 미국의 자영농도 토지사유제가 발달함에 따라 반드시 사라질 것이다.

우리 미국인은 흑인 노예제를 철폐했다. 하지만 노예들에게 돌아간 실질적 혜택은 얼마나 적은지! 아래는 잭슨George M. Jackson 씨가 세인트루이스에서 내게 보낸 1883년 8월 15일자 편지의 일부분이다.

남북전쟁 때 저는 북군의 켄터키 연대 소속이었습니다. 전쟁 발발 당시에 저희 아버지는 노예를 60명 소유하고 있었습니다. 여러 해 동안 제 고향 켄터키에 가보지 못하고 있던 차에 얼마 전 저는 아버지의 옛 노예 한 사람을 만났습니다. 그는 제게 이렇게 말했습니다. "주인님, 당신네들은 우리를 해방했다고 말합니다. 하지만 맹세컨대 저는 당신 아버지의 노예였을 때보다 더 가난합니다." 반면 농장주들은 그동안 일어난 변화에 만족하고 있습니다. 그들은 말합니다. "노예제를 지키려고 전쟁에 나가다니 우리는 정말 어리석었어. 지금은 노예를 소유하고 있을 때보다 더 싸게 노동을 확보할 수 있는데 말이야." 농장주들이 어떻게 노동을 더 싸게 확보할까요? 현재 그들이 흑인들에게서 지대 형태로 거둬들이는 노동이 노예제하에서 거둬들였던 노동보다 더 많다는 이야기인데, 왜 그런가 하면 그때는 노예를 좋은 상태로 유지하기 위해 음식과 옷은 물론이고 의료 혜택까지 제공해야만 했고, 또 노예가 더는 일을 못하게 되더라도 양심상, 그리고 법률의 규제나 사람들의 눈을 의식해서 데리고 있어야만 했기 때문입니다. 지금은 옛 노예에게서 모든 노동을 다 가져가면서도 예전처럼 관심을 기울이고 책임을 질 필요가 없습니다.

매리엇 대령Capt. Marryat(1792~1848, 영국 해군 장교이자 소설가)이 쓴 한 소설 가운데, 자신은 회초리를 쓰지 않는다고 밝히는 교장 이야기가 나온다. 마음씨 고운 어머니들이 그의 말에 혹해서 자식들을 데려오자 그는 유창한 말투로 매질의 야만성을 비난한다. 하지만 어머니들이 떠나고 문이 닫히자마자 학생들은 교장이 회초리를 포기했을 뿐 대신에 막대기를 애용한다는 것을 발견한다. 아, 불쌍한 학생들! 그런데 우리 미국인이 흑인 노예제를 폐지한 것도 이와 너무나 유사하다.

새디어스 스티븐스Thaddeus Stevens(1792~1868, 미국 공화당 내 급진파의 지도자로서 노예제도에 반대했다)는 노예제도를 철폐하기 위해 정말 무엇이 필요한지 어렴풋하게나마 느끼고 있었던 유일한 저명 인사였다. 하지만 그도 어렴풋하게만 느꼈을 뿐이다. "땅 40에이커와 노새 한 마리"는 해방노예들에게 베푼 정의justice치고는 극히 불충분하다.

한동안 그들은 자유를 누리는 데 필요한 경제적 자립을 달성하겠지만 그것은 잠시뿐이다. 시간이 지나면서 인구 압력이 증가하면, 그들은 40에이커 중 대부분을 저당 잡히고 노새를 팔고 나서는, 지구상에서 발 디딜 곳을 얻기 위해, 또 생계를 이어가기 위해 경쟁하지 않으면 안 되는 처지로 전락하고 말 것이다. 해방노예들에게 땅 40에이커와 노새 한 마리를 지급하면 그들은 예전보다 나은 인생을 시작할 수 있고 또 악한 날the evil day〔에베소서 6장 13절에 나오는 표현〕을 뒤로 미룰 수 있겠지만 그것으로 끝이다. 토지가 사유화되는 한 악한 날은 올 수밖에 없다.

나는 남부의 흑인들이 노예제도 철폐를 통해 얻은 것이 있음을 부정하지 않는다. 그들의 경제상태가 개선되지 않았다고 주장하려는 것도 아니다. 하지만 남부는 아직 인구가 희박하고 산업발전이 지체되고 있는 곳임을 기억할 필요가 있다. 그곳에서 노예제도가 오래 지속되었던 것도 어찌 보면 그 결과다(또 어찌 보면 그 원인이기도 하다). 그러나 남부에서 인구가 증가하고 산업이 발전하게 되면, 해방노예의 처지도 점점 힘들어질 것이다. 아직 남부에서는 토지가 비교적 싸고, 소유자 없는 토지는 물론이고 미사용 토지도 많다. 그래서 해방노예들이 인구가 조밀해질 때 생기는 격렬한 경쟁 속으로 휩쓸려 들어가는 사태는 아직 벌어지지 않고 있다. 북부에서처럼 노동자가 어떤 조건으로든 일자리를 구하는 노동과잉 상태가 발생하고 있는 것 같지도 않다. 해방노예들이 누리는 생활수준은 노예제 시절과 비슷해서 무척 빠듯하다. 하지만 그들이 그런 삶을 누리는 데 어려움은 없다. 해방노예의 상태를 예전 노예 시절과 제대로 비교하기 위해서는 남부가 인구나 산업발전의 측면에서 북부에 근접할 때까지 기다리지 않으면 안 된다.

그런데 토지 독점에 의한 노동 착취를 기반으로 하는 새로운 유형의 노예제도는 북부에서도(또 유럽에서도) 아직 정점에 도달하지 않았다. 신대륙에 남아 있는 광대한 면적의 미점유 토지가 사태의 진행을 억제해왔기 때문이다. 하지만 앞으로 토지 획득이 어려워지면, 노동계급의 노예화가 진행될 것이다. 토지가치가 상승할수록 노동생산물 중에서 토지 사용의 대가로 지불해야 할 몫은 증가한다. 노동자들이 지주들을 위해 써야 하는 노동시간은 점점 더 늘어나며, 결국 아무리 열심히 일을 하더라도 간신히 생계를 유지할 정도의 생산물 외에는 아무것도 그들의 수중에 남지 않는다.

도덕 수준이 동일하다면, 두 가지 노예제도 중에 사람을 사유재산으로 취급하는 노예제도가 토지를 사유재산으로 취급하는 노예제도보다 더 인간적이라는 점에는 의문의 여지가 없다고 생각한다. 물론 사람을 사유재산으로 취급하는 노예제도하에서 자행되는 잔혹 행위는 개인의 의식적인 행위이기 때문에 더 충격적이고 더 많은 공분公憤을 야기한다. 반면에 세련된 형태의 노예제도인 토지사유제하에서는 가난한 사람들이 겪는 고통이 누구의 책임도 아닌 것처럼 보인다. 사람들이 고의로 한 사람을 불태워 죽이는 사건이 대화재나 철도사고로 100명의 사람들이 산 채로 불타 죽는 사건보다 훨씬 더 우리의 상상력을 자극하고 분노를 유발한다. 노예제하에서라면 용납되지 않을 잔혹 행위가 토지사유제하에서는 거의 주목을 받지 않은 채 지나가는 것도 그와 비슷한 이치다. 사람들이 혹사당하고, 굶주리고, 인생의 모든 희망과 행복을 빼앗기고, 무지와 야만상태에 빠지고, 육체적·정신적 질병에 시달리고, 범죄와 자살로 내몰리는 것은 다른 사람들 때문이 아니라 누구의 책임도 아닌 것처럼 보이는 철의 필연성iron necessities 때문이다.

기독교 문명의 중심에서 날마다 일어나지만 누구도 눈치 채지 못하는 끔찍한 일에 상응하는 기록을 노예제 역사 속에서 찾으려면, 고대 노예제의 역사나 스페인의 신세계 정복사 또는 노예 수송선 이야기를 살펴볼 필요가 있다.

사람을 사유재산으로 취급하는 노예제도가 최악의 형태가 아니라는 것은, 과거 노예제가 지배했으나 인종차별은 없었던 나라들에서 노예는 가난한 자유민 중에서 충원되었다는 사실로부터 충분히 짐작할 수 있다. 그 나라들에서 가난한 자유민들은 어려울 때면 자신을 팔기도 하고 자식들을 팔기도 했다. 인종차별 없는 노예제도가 존재할 경우 기꺼이 자기 자신이나 자식들을 팔려고 할 사람들, 즉 명목상의 자유 정도는 얼마든지 내줄 사람들은 미국에도 다수 존재한다. 적어도 신문을 구독하는 사람들 가운데 이 사실을 의심하는 사람은 없을 것이다.

우리는 아직도 노예제도를 철폐하지 못했다. 독립선언서가 주장하는 근본 진리를 정직하게 받아들여서 모든 사람에게 창조주가 부여한 평등하고도 양도 불가능한 권리를 보장하지 않는다면, 우리는 결코 노예제도를 철폐할 수 없을 것이다. 우리가 그렇게 할 수 없거나 할 의지가 없다면, 인간의 존엄성과 사회의 안정성을 지키기 위해서는 차라리 헌법을 수정해서 가난한 백인과 흑인으로 하여금 자기 자신이나 자식들을 선한 주인에게 팔 수 있도록 허용하는 방안에 대해 고민해야 하지 않을까 생각한다. 만일 노예제도를 유지해야만 한다면, 노예가 자기 주인을 알고 주인의 마음과 양심과 자부심에 호소할 수 있는 형태로 유지하는 편이 더 나을 것이다. 자식들을 길러서 사창가나 교도소로 보내는 것보다는 선한 기독교인들의 노예로 보내는 편이 더 낫지 않은가? 하지만 안타깝게도 그것조차도 어려워지고 말았다. 우리가 다시 노예제도를 합법화한다 하더라도 사람들을 더 싸게 고용할 수 있는데 누가 노예를 사려고 하겠는가?

16
공공부채와 간접세

탐구를 하면 할수록 공적 재난과 정부 부패가 인권에 대한 무관심이나 멸시에서 비롯된다는 사실을 더 분명하게 확인할 수 있다.

문명의 진보에도 불구하고 지금 유럽은 거대한 병영이 되고 말았고, 지구상 가장 선진적인 지역들에서는 어디서나 전쟁 준비 혹은 전비 조달을 위해 조세가 무겁게 부과되고 있다. 이는 기본적으로 인류의 두 가지 발명품, 즉 간접세와 공공부채 때문에 생긴 현상이다.

독재체제를 유지시키고 정부를 부패시키며 민중을 수탈하는 이 두 가지 장치는 역사적으로는 토지의 독점화와 함께 시작되었다. 직접적으로 인간의 자연권을 무시하기는 둘 다 마찬가지다. 봉건제하에서는 공공경비는 대부분 토지의 지대로부터 조달되었으며, 토지 보유자들은 전쟁을 수행하고 전비를 감당해야만 했다. 예를 들어 만일 이런 제도가 지속되었다면, 지금 영국은 공공부채가 전혀 없었을 것이다. 그리고 사람들이 이유 없이 피를 흘리고 국고가 낭비되는 불필요하고 잔인한 전쟁에 빠져들지도 않았을 것이다. 그러나 간접세와 공공부채라는 제도적 장치가 도입되면서 토지 소유자들은 과거에는 토지를 보유하는 대신 감당해야만 했던 부담의 대부분을 민중에게 떠넘길 수 있게 되었다. 부담을 떠안는 민중은 그 부담의 압력을 느낄지는 모르지만 그것이 어디서 기인했는지는 알 수 없다. 그리하여 토지 보유는 점차 신탁의 개념에서 개인적 소유의 개념으로 변해갔으며〔공공이 맡긴 것이라는 개념에서 개인이 차지한 것이라는 개념으로 변했다는 뜻이다〕, 대중은 제일 중요한 인권을 빼앗겨버렸다.

공공부채제도는 토지사유제와 마찬가지로 한 세대가 다른 세대를 구속할 수 있다는 터무니없는 가정에 입각하고 있다. 어떤 사람이 나에게 와서 "당신 증조할아버지가 내 증조할아버지에게 주었던 약속어음이 여기 있소. 거기 보면 당신이 나에게 돈을 지급하도록 되어 있소"라고 말한다면, 아마 나는 픽 웃고는 "돈을 받고 싶다면 어음 발행인을 찾아가는 게 좋을 거요. 나는 내 증조할아버지가 했던 약속과는 아무 상관이 없소"라고 대꾸하지 싶다. 그 사람이 내 증조할아버지가 자기 증조할아버지에게 내가 돈을 지급할 것이라고 명기한 내용을 보여주면서 계속 돈을 달라고 조른다면, 나는 더 크게 웃으며 그가 미친 사람임에 틀림없다고 생각할 것이다. 우리 가운데 누구라도 그런 요구를 받는다면 이렇게 답하지 않을까? "내 증조할아버지는 분명 악당이 아니면 장난꾼이었던 모양이오. 그런데 당신 증조할아버지는 바보였음에 틀림없소. 내 증조할아버지가 약속했다고 해서 내가 당신에게 돈을 지급할 것으로 기대한다면, 당신은 당신 증조할아버지의 기질을 이어받은 게 확실하오. 내 증조할아버지는 당신 증조할아버지에게 지급인이 아담〔성경 창세기에 나오는, 하나님이 만든 첫 번째 인간〕으로 되어 있는 어음이나 달moon에 첫 번째로 생길 국립은행을 지급은행으로 하는 수표를 주셨을 수도 있단 말이오."

그런데 토지 소유권과 공공부채를 정당하다고 보는 견해는 조상이 후손을, 한 세대가 뒤에 오는 다른 세대를 구속하는 규정을 만들 수 있다는, 이런 터무니없는 가정에 입각하고 있다.

현재 세대가 미래 세대로부터 돈을 빌리는 것이 가능하다면, 다시 말해 지금 살아 있는 사람들이 아직 태어나지 않은 미래 세대가 만들 부를 끌어다 쓸 수 있다면, 그보다 더 위험한 힘은 있을 수 없을 것 같다. 여기서 위험하다는 말은 남용될 것이 분명하고, 실제로 행사될 경우 인간의 자연적이고 양도 불가능한 권리를 노골적으로 무시할 것이라는 의미다. 그러나 우리는 그런 힘을 갖고 있지 않으며, 어떤 방법으로도 그런 힘을 얻을 수는 없다. 현재 세대의 비용과 부담을 미래 세대에게 떠넘긴다는 이야기나, 미래 세대가 자신들을 위한 비용이기도 하다는 생각을 해줄 것으로 우리 마음대로 가정하고는 그 일부를 그들에게 부담시킨다는 이야기는 터무니없는 비유다. 공공부채는 미래 세대로부터 돈을 빌리는 수단, 다시 말해 현재 세대가 유발하는 비용을 아직 태어나지도 않은 사람들에게 강제로 부담시키는 수단이 아니다. 그런 일은 물리적으로 불가능하다. 공공부채는 미래에 이루어질 부의 분배에 관해 특정한 약속을 내걸고 현재의 부에 대한 통제력을 획득하는 수단일 뿐이다. 다른 사람들(그리고 그 자녀들)에게 세금을 부과하여 부채를 상환할 것이라는 약속으로 현존하는 부의 소유자들을 꼬여서 가진 부를 내놓게 만드는 것이다. 정부를 운영하는 사람들은 그런 방법으로 과세를 통해서는 얻을 수 없는 금액을 쉽게 확보한다. 반면 조세는 가장 효과적으로 저항하는 사람들의 분노와 저항을 야기할 수밖에 없다. 공공부채는 독재자들로 하여금 쉽게 체제를 유지할 수 있게 해주며 낭비와 부패를 촉진한다. 물론 권력이 공공부채를 통해 어떤 방식으로든 사회에 유익을 끼친 사례를 찾으려면 찾을 수 있을 것이다. 하지만 그것은 공공부채가 해로운 결과만 초래한 사례들과 비교한다면 정말 별것 아닐 것이다.

공공부채가 공공시설 개선을 목적으로 기채起債되는 경우 지지를 받을 수도 있다. 그러나 미국에서 그런 공공부채는 수많은 낭비와 부패를 초래했다. 그 사실은 너무도 잘 알려져 있어서 따로 설명할 필요가 없다. 다수의 주에서 주 헌법으로 공공부채를 제한하게 된 것도 그 때문이다. 철도회사 등이 기채한 준準공공부채도 마찬가지였다. 유익한 결과를 낳기는 했지만 그것이 초래한 사치와 낭비는 그 유익을 압도했다. 하물며 독재와 전쟁을 목적으로 전 세계 곳곳에서 방대한 규모로 기채되는 국가부채national debt〔중앙정부의 부채를 가리킨다〕의 경우야 일러 무엇하겠는가? 온통 해악만 끼쳤을 뿐이다. 미국의 국가부채는 개중 나은 편이지만 그것도 예외는 아니다.

앞에서 말했던 것처럼 미국이 남북전쟁을 치르면서 지출한 부는 외국에서 오지도, 미래에서 오지도 않았다. 그것은 미국 영토 내에 현존하는 부에서 나왔다. 우리가 사람들에게 조국을 위해 죽으라고 요청하면서 주저 없이 모든 부자에게서 9만 9,900달러씩 걷었더라면 한 푼의 공공부채도 생기지 않았을 것이다. 그러나 우리는 그렇게 하는 대신 부자들보다 가난한 자들에게 부담이 더 무겁게 돌아가는 조세를 부과했고, 그로 인해 가난한 자들의 희생하에 부자들이 이익을 보는 독점체제가 형성되고 말았다.

더 많은 부가 필요했을 때 우리는 부자들에게서 걷지 않고 이렇게 말했다. "국가가 당신들의 부를 일부 사용할 수 있도록 허락해주시오. 만일 당신들이 자발적으로 그리한다면, 과세권을 이용해 원금과 이자의 상환을 보장하겠소. 그러면 당신들에게도 이익이 되지 않겠소?" 그러고는 정말 우리는 그들의 이익을 보장하기 위해 열심히 노력했다. 국립은행을 설립하여 그들에게서 빌린 돈의 대부분을 돌려주면서도 이자는 전체 금액에 대해 계속 지급했을 뿐만 아니라 채권증서상에 기록된 것도 아니고 불가피한 사정이 있었던 것도 아닌데 기채금起債金을 액면 금액보다 가치가 떨어진 지폐로 수령하기도 했다. 전쟁을 이런 방법으로 수행한 결과, 부자는 가난해지기는커녕 더 부유해졌다. 미국에서 엄청난 축재가 시작된 계기는 바로 남북전쟁이었다.

미국의 국가부채가 이렇다면 다른 나라들은 어떨까? 영국 이야기를 해보자. 지금 영국인들은 엄청난 국가부채에 대한 이자를 지불하고 있는데 그것은 도대체 무엇일까? 과거에 낭비가 심한 폭군들이나 부패한 과두 지배자들이 허비해버린 돈에 대한 이자다. 고급 매춘부들, 포주들, 아첨꾼들, 영국의 자유를 침해한 자들에게 준 하사금과, 의회를 매수하고 전쟁을 치르기 위해 빌린 돈에 대한 이자 말이다. 전쟁은 영국뿐만 아니라 다른 나라 사람들의 자유를 침해하기 마련이다. 영국은 식민지 미국을 굴복시키기 위해 독일인 용병을 고용하고 인도인들을 무장시키고 함대와 군대를 파견했다. 그 일이 없었다면 미국은 아마 둘로 쪼개지지 않고 바로 하나의 위대한 연방국가가 되었을지 모른다. 또 영국은 아일랜드인들을 짓밟고 상처를 입히기 위해, 유럽 대륙에서 천부인권을 유린하는 제도를 유지하기 위해, 그리고 지구 곳곳에서 약탈을 자행하기 위해 막대한 돈을 지출했다. 오늘날 영국인들은 그 돈 때문에 세금을 내고 있다. 이것은 어떤 사람에게 그의 증조할아버지가 빌린 돈을 갚으라고 요구하는 것과는 다른 문제다. 오히려 그의 증조할아버지를 교수형에 처할 때 쓴 줄이나 화형에 처할 때 쓴 장작단을 마련하는 데 든 비용을 지불하라고 요구하는 것과 같다.

최근 영국 정부가 개입하여 이집트에 부채를 짊어지운 사건은 훨씬 더 악명 높은 약탈 사례다. 죽은 총독은 아라비아 도적과도 같은 인물이었다. 그는 공짜 관저에 살면서 이집트 민중을 수탈했다. 그들을 기아와 궁핍에 빠뜨리면서 수탈한 것만으로는 총독의 잔인하고 야만적인 낭비벽이 충족되지 않았다. 그러자 유럽의 대부업자들은 고리대와 다를 바 없는 조건으로 그에게 돈을 빌려주었다. 그들이 별 걱정 없이 그렇게 할 수 있었던 것은 그 돈이 이집트의 국가부채로 계상되었기 때문이다. 그렇게 빌린 돈을 총독은 마구 탕진했다. 첩을 거느리고 자기 궁궐을 꾸몄으며, 요트와 다이아몬드와 각종 선물을 사고 오락을 즐겼다. 그런데 기독교 국가라는 영국이 가난한 농민들에게서 이자를 받아내기 위해 함대와 군대를 보내서 사람들을 죽이고 마을을 불태운다. 꼭두각시 총독이 독재와 사치 행각을 계속할 수 있도록 보장하기 위해 무력으로 이집트 민중을 억압한다.

공공부채는 독재자가 자신을 보호하고 정부를 장악한 모험주의자가 국민들을 대적할 수 있게 해주는 제도적 장치임을 알 수 있다. 공공이 부채를 지는 방식이 아니었다면 격렬하게 저항했을 사람들이 침묵하거나 지지하게 되고, 그 결과 방대한 공공경비의 조성이 가능해진다. 만일 통치자들이 마음대로 공공부채를 기채할 수 없었더라면, 지난 200년 동안 기독교인들이 벌인 전쟁 중 10분의 9는 일어날 수 없었을 것이다. 파괴된 부, 사람들이 흘린 피, 부인들과 어머니들과 아이들이 겪은 고통을 어찌 헤아릴 수 있겠는가? 게다가 끊임없는 전쟁 준비로 인한 낭비와 손실과 도덕성 상실까지 감안하면, 공공부채의 해악이 얼마나 끔찍한지 짐작할 수 있을 것이다.

하지만 공공부채를 인정—여기에는 인권에 대한 무관심과 멸시가 수반되기 마련이다—하는 데 따르는 공적 재난과 정부 부패는 전비 지출과 전쟁 준비, 그리고 공공지출 관련 부패로 끝나지 않는다. 전쟁이 야기하는 격노, 민족적 증오감, 군인에 대한 찬양, 승리와 보복에 대한 갈망, 공공의 양심 마비 등이 그 뒤를 잇는다. 그리되면 최상의 상태에 있던 사회의식조차도, 애국심으로 오인되는 저급하고도 불합리한 집단 이기심으로 전락한다. 자유를 존중하는 마음은 사라지고, 다른 사람들을 잡아먹지 않으면 자신이 잡아먹힌다는 두려움 때문에 사람들은 독재와 수탈에 복종한다. 종교의 관념도 바뀌어서, 그리스도의 제자라고 고백하는 사람들이 그분의 이름으로 살인과 약탈을 축복하고, 이 땅을 난도질당한 시체로 뒤덮고 다른 나라 사람들의 난롯가를 쓸쓸하게 만들어도 승전만 하면 평강의 왕 Prince of Peace [예수 그리스도를 가리킨다]께 감사의 기도를 올린다.

더욱이 해악은 여기서 그치지 않는다. 기명記名 공채를 4,000만 장이나 갖고 있는 윌리엄 밴더빌트 씨는 국가는 부채를 청산할 필요가 없다고 주장한다. 오히려 국가는 부채를 증가시켜야 한다는 것이 그의 생각이다. 정부에 안정성을 가져다준다는 것이 그 이유다. "공채를 매입하는 사람은 나라에 충성하는 애국 시민이다." 밴더빌트 씨의 말인데, 그와 같은 부류의 사람들이 갖는 보편적인 감정이 잘 드러나 있다. 하지만 남북전쟁 때 전선으로 달려갔던 사람들과 앞으로 전쟁이 일어날 때 전선으로 달려갈 사람들은 그가 말하는 충성스러운 애국 시민들—주머니에 공채를 갖고 있는 사람들—이 아니다. 공채를 보유하게 되면 나라를 사랑하는 진정한 애국심이 아니라 정부기구를 장악하여 계속 공채를 발행하려는 자들을 사랑하고 그들에게 충성하려는 마음을 갖기가 쉬워진다. 그리고 공공부채가 커지면 '강한 정부'를 원하고 변화를 두려워하는 금전적 이해관계가 생겨나서, 민중을 억압하는 부패한 독재정권의 정치적 기반을 형성한다. 미국에서는 그로 인한 사회의 부패가 드러나고 있고, 유럽에서는 그런 금전적 이해관계가 전제정치의 중심을 장악하여 정치개혁을 불가능하게 만들 정도로 사태가 심각하다.

누구도 조상들이 만든 법이나 조상들이 진 부채에 구속되어서는 안 된다고 했던 토머스 제퍼슨Thomas Jefferson의 주장은 옳다. "토지 사용권은 살아 있는 사람들의 것"이라는 자명한 진리가 그 주장의 시발점이었다. 미국 역사상 가장 개방적인 마음을 갖고 있던 이 위대한 정치가가 말한 바와 같이, 이 원칙을 현실에 적용하려 하면 그것이 얼마나 유익한 결과를 가져오는지 알게 될 것이다.

한편, 간접세는 사람들이 느끼지 못하는 채로 피를 흘리게 만들고 낭비와 부패에 가장 효과적으로 저항할 수 있는 사람들에게 특혜를 주어 침묵하게 만드는 또 다른 장치다. 간접세가 부과되면, 직접 세금을 내는 납세자들은 상품 가격 상승을 이용해 다른 사람들에게 세금을 전가할 수 있다. 그래서 직접 세금을 내는 납세자들, 즉 상품 가격 상승을 이용할 수 있는 사람들은 간접세가 유지되기를 바란다. 그러나 궁극적으로 조세를 부담하게 되는 사람들은 조세가 전가된다는 사실을 깨닫지 못한다.

간접세가 사회를 부패시키는 효과가 있다는 사실은 어디서나 확인할 수 있지만, 미국만큼 그 효과가 분명하게 드러나는 곳은 없다. 남북전쟁 이후 줄곧 연방정부는 조세를 줄이기보다는 전시 과세를 유지할 명분을 찾고자 노력해왔다. 모든 행정부서가 경비를 과다 지출하려고 애를 썼고 그 바람에 엄청난 돈이 낭비되었다. 우리는 고의로 싼 화폐를 비싼 화폐로 대체해 공공부채 상환비용을 높였다.* 비싼 돈을 들여 필요 이상의 해군을 유지하고 있으며, 필요한 규모의 12배에 해당하는 육군을 보유하고 있다. 전쟁이 일어난다 하더라도 이 정도가 필요하지는 않을 것이다. 우리는 네바다 주와 콜로라도 주의 은광에서 은을 캐내서는 그걸로 워싱턴 주, 뉴욕 주, 샌프란시스코 주에 쏟아붓고 있다〔네바다 주와 콜로라도 주에서 채굴한 은으로 은화를 주조해 뒤의 세 주에서 마구 쓴다는 의미다〕. 쓸모없는 공공시설을 위해 거액을 지출하고 있으며, 거짓말을 장려하고 공공의 돈을 집어삼키는 연금법에 의거해

---

* 미국은 1873년에 화폐제도를 금은 복본위제에서 금본위제로 전환했다. 그로 인해 화폐공급이 줄어들면서 화폐가치가 상승했다. 여기서 싼 화폐란 복본위제하의 화폐를, 비싼 화폐란 금본위제하의 화폐를 가리킨다.—옮긴이

연금을 지급하고 있다. 상황이 이런데도 의회는 남는 돈으로 무엇을 할지 논란을 벌이고 있다.

간접세를 줄이자는 주장이 나오면, 그로부터 이익을 얻고 있거나 얻고 있다고 여기는 사람들이 격렬하게 반대한다. 의회를 상대로 감세를 막기 위한 요란한 로비도 벌어진다. 청탁, 협박, 뇌물 공여, 표 매수 등 수법도 가지가지다. 모름지기 이해집단이란 자신들이 좋아하는 세금은 손대지 말라고 요구하기 마련이다. 특수 이해집단이 간접세를 유지하라고 요구하는 걸 보면, 간접세를 징수한 금액과 그중 국고로 들어가는 금액 간의 차이가 얼마나 큰지 쉽게 짐작할 수 있다. 그러나 그것이 전부가 아니다. 정부로 들어가는 금액이 얼마인지, 중간에 사적으로 편취되는 금액이 얼마인지는 차치하더라도, 간접세가 생산과 교환에 가하는 인위적 제약과 어려움으로 인한 손실과 낭비가 문제다. 그것은 분명 앞의 두 가지 금액보다 훨씬 더 크다.

하지만 간접세가 정부를 부패시키고, 공공의 도덕성을 추락시키며, 사람들의 생각을 몽롱하게 만드는 효과가 있다는 것을 생각하면, 화폐로 측정되는 제도의 비용은 아무것도 아니다. 이 '자유의 땅'에 내리면 가장 먼저 요구받는 일이 거짓 맹세다. 그다음에 요구받는 일은 세관 공무원에게 뇌물을 바치는 것이다. 정치체제와 민심의 구석구석에 유해 바이러스가 돌아다니고 있다. 도덕적으로는 죄가 아닌 행위를 유죄로 판결하는 관행 때문에 법이 경멸받고 있으며, 비양심적인 사람들이 양심적인 사람들보다 우대받고 있다. 유권자들은 매수당하고 있고, 공무원들은 부패했으며, 언론은 타락했다. 이기적인 이해집단의 끈질긴 선전으로 대중의 생각은 혼란스러워졌다. 대다수의 미국인들은 간접세 부과가 자신들에게 이익이 된다고 믿고 있다.

이런 잘못된 조세제도 때문에 발생하는 공적 재난과 정부 부패에 대해 상세하게 이야기하려면 좀더 많은 지면이 필요하지만 여기서 그렇게 할 여유는 없다. 다만 내가 특별히 지적해두고 싶은 것은 공공부채 때문에 생기는 해악들과 마찬가지로 간접세 때문에 생기는 해악들도 궁극적으로는 "인권에 대한 무지와 소홀함 또는 멸시"에서 비롯된다는 사실이다. 모든 시민은 적정하게 지출되는 공공경비에 대해서는 자신의 몫을 부담할 의무를 질 수도 있다〔헨리 조지 자신이 주장하는 토지가치세제를 도입할 경우 그럴 필요가 없다는 의미가 함축되어 있다〕. 그러나 과세권을 이용해 한 사람을 다른 사람보다 우대하거나 일부 사람들의 이익을 늘리기 위해 다른 사람들의 노동생산물을 수탈하거나 그 자체로는 사회에 해를 끼치지 않는 행위를 범죄로 규정해 벌하는 것은 명백히 자연권을 침해하는 짓이다.

17
정부의 기능

정부가 부패하거나 독재정권이 되지 않으려면 조직과 운영방법은 가능한 한 단순해야 하고 기능은 공익 실현에 필요한 기능들로 제한되어야 한다. 그리고 정부기구의 모든 부분이 가능한 한 국민과 가까이 있으면서 그들의 직접적인 통제 아래 있어야 한다.

우리는 여러 면에서 이 원칙들을 무시했다. 그 결과 부패와 타락이 생겼고, 국민의 정부 통제권은 약화되었으며, 정부의 기능은 소수의 이익을 위해 다수를 수탈하는 쪽으로 변질되었다. 그러므로 정부 개혁은 정부를 단순화하는 데서 시작되어야 한다.

미국인들이 너무나 자랑스러워하면서도 너무나 무시하는 저 위대한 문서—독립선언서—에는 정부의 제일 중요한 목적이 훌륭하게 표현되어 있다. 그것은 사람들에게 창조주가 부여한 평등하고도 양도 불가능한 권리를 보장하는 것이다. 나는 지금부터 진보하고 있는 문명사회에서 인간의 양도 불가능한 권리들 중 첫 번째 권리—토지에 대한 평등한 권리—를 보장하는 유일한 방안〔토지가치세제〕이 어떻게 정부를 크게 단순화하며 부패를 차단하는지 보여줄 것이다. 정부를 크게 단순화하는 것은 가능한 일이다. 그것은 실현 가능성이 있는 곳에서는 반드시 추구해야 할 과제다. 정치가 부패하면 개혁에 저항하기가 쉬워진다. 그러므로 정치를 깨끗하게 만들고 정부를 민중의 감독과 통제 아래 두는 일은 목적으로 추구해야 할 뿐만 아니라 더 큰 목적을 이루기 위한 수단으로 삼아야 한다.

온순한 거인에게 딱딱한 몽둥이와 칼이 필요 없듯이 미국도 해군이 필요 없다. 해군이 유지되는 이유는 오로지 장교들과 해군 내 각종 패거리들의 이해관계가 걸려 있기 때문이다. 평화 시에 낭비와 부패의 온상으로 만들면서까지 해군을 유지하지만, 막상 전쟁이 일어나면 현재의 해군은 별 역할을 하지 못할 것 같다. 미국은 다른 나라가 고의적으로 침공하기에는 너무 강하다. 또 다른 나라를 고의적으로 침공할 정도로 형편없지는 않다. 혹 전쟁이 일어난다 하더라도, 우리는 이미 빠른 속도로 해군력을 대체하고 있는 과학과 발명에 기대어 전쟁을 치를 수 있다.

육군도 마찬가지다. 오스트레일리아나 캐나다에서 하고 있는 것처럼, 소규모 국경수비대 정도를 유지하면 충분하다. 해군과 육군을 상비군으로 유지하는 것은 민주주의 정신에 배치된다. 우리처럼 큰 나라가 해군과 육군이 없어도 괜찮다는 것을 전 세계에 보여준다면 얼마나 자랑스럽겠는가? 사실 그리하는 것은 우리의 의무이기도 하다. 조직 면에서 보더라도 해군과 육군은 민주주의 정신에 부합하지 않는다. 군대에는 장교와 일반 병사 간의 차별이 존재하는데, 그것은 과거 유럽에서 장교로 가던 귀족이 일반 병사로 가던 농노와 농민보다 우월한 인종으로 여겨지던 시절에 생겨난 것이다. 이런 조직의 존재 자체가 민주주의에 대한 모욕이므로 일소되지 않으면 안 된다.

외교제도 또한 증기선과 전신電信이 발명되기 전에 왕들이 민중의 자유를 억압하기 위해 서로 모의하던 수법을 그대로 모방한 것이다. 거기에는 비양심적인 정치가들과 부패세력들을 이롭게 하고 때때로 시인을 타락시키는 것 말고는 아무런 목적도 없다. 이런 외교제도를 철폐하면 공공경비를 아끼고 부패를 방지하며 국가의 권위를 지킬 수 있다.

사법제도에도 근본적인 개혁이 필요한 분야가 많다. 그것도 영국의 관례를 그대로 모방한 것이다. 이 제도하에서는 법률가들은 자기 계급의 이해에 부합하는 법률을 만들 수 있다. 그래서 소송은 가난한 사람들이 제기하기에는 너무 비싼 게임이 되고 말았다. 38개 주, 연방법원, 영국·스코틀랜드·아일랜드 법원들이 매년 보내오는 보고서가 잔뜩 보관되어 있는 대규모 법률 도서관을 최선으로 이용할 수 있는 방법은 그 보고서들을 제지공장에 보내버리고, 법률가 숫자를 적어도 프랑스 수준까지 줄이는 원칙과 절차를 도입하는 것이다. 미국의 법전法典은 폐지하는 편이 나은 법률들로 가득 차 있다. 사람을 선하게 만들거나 종교를 믿게 만드는 것, 또는 어리석은 자가 바보짓을 해서 생기는 결과로부터 그를 보호하는 것은 정부가 할 일이 아니다. 정부는 타인의 침해로부터 개인의 평등권을 보호함으로써 자유를 보장하는 활동 이상을 해서는 안 된다. 정부의 규제는 이 경계선을 넘어서는 순간, 도입 목적 자체를 부정하게 될 위험에 빠진다.

도덕심이 금지하거나 명하지 않는 것을 법률로 금지하거나 명할 경우, 법률은 경멸의 대상이 되고 위선과 탈법을 초래하기 쉽다. 타인의 자유를 침해하는지 여부가 명백하지 않은 행위와 관계를 놓고 법률로써 도덕을 지원하려고 하면, 도덕의 영향력이 강화되는 것이 아니라 오히려 약화된다. 옳고 그름의 기준이 법적인 문제로 바뀌고, 재주 좋게 법의 심판을 피하는 사람은 모든 심판을 면할 수 있게 된다. 예컨대 채권추심법이 없었다면 정직성의 기준이 훨씬 더 높아졌을 것이라는 데는 의심의 여지가 없다. 법률로 정직성 여부를 판가름할 경우, 민첩한 사기꾼은 법을 지키든지 회피하든지 어찌해서든 능숙하게 대응하겠지만, 도덕적 기준은 낮아지고 여론의 제재는 약화되기 마련이다.

그 자체로는 타인에게 해를 끼치지 않는 행동에 대해 제한·금지·간섭 등의 조치를 취하는 것은 본질적으로 악한 짓이다. 그런 조치들은 가끔 필요할 때도 있지만, 대부분 병을 치유하지는 못하고 증상을 억제하거나 완화하는 데 그치는 약과 유사하다. 규제하거나 금지하는 법률로 문제를 해결해야 한다는 요청이 나오는 경우를 보면, 대개는 앞서 행해졌던 규제와 그로 인한 자연권의 축소가 문제의 원인이다.

작은 공동체들은 서로 통합되고, 동일한 법률과 행정으로 통치해야 할 지역은 확대되는 것이 최근의 추세다. 하지만 바로 그 때문에 우리는 지방자치의 원칙—읍, 구, 시, 주 등, 하부 행정 단위의 주민들은 자신들만 관련된 사안에서는 스스로 결정하고 책임져야 한다는 원칙—을 좀더 끈질기게 견지해야만 한다. 지방자치 원칙을 무시하는 경향은 연방정부와 주 사이의 관계에서보다 주 내에서 더 심하다. 우리는 주의 위원회로 하여금 대도시를 통치하게 만들었고, 군수나 읍장의 권한에 속하는 사안을 주의회에 맡겼다. 그 바람에 책임 소재는 분산되고 부패는 심해졌다.

또한 선거제도를 단순화해서 정당제도가 오용되지 못하게 제한하고 유권자의 뜻이 투표를 통해 바르게 표출될 수 있게 만드는 것도 중요하다. 사람들이 대개 무시하는 경향이 있는데, 국민들은 세부사항을 다룰 수도 없고, 일정 숫자 이상이 되면 관리의 선출도 제대로 할 수 없다는 사실을 항상 명심할 필요가 있다. 선거 때마다 평균적인 한 시민에게 정치를 직업으로 하지 않으면 알 수 없는 여러 명의 후보자들을 대상으로 투표를 하라고 하는 것은 정당의 후보 지명대회와 정치 패거리들에게 선택권을 넘기는 것과 다를 바 없다. 그리고 권력을 나누는 것은 정치의 책임성을 떨어뜨리고 민중을 수탈하라고 자극하는 것과 다를 바 없을 때가 많다.

이 문제들은 그 자체로 많은 관심을 기울일 만하지만 나는 간략하게 언급하는 정도로 그치겠다. 정부를 가능한 한 많이 단순화하고 정부의 역량을 할 수 있는 데까지 개선하는 일은 점점 더 중요해지고 있다. 사회가 진보할수록 정부가 맡아야 할 역할이 지속적으로 증가하기 때문이다. 정부의 기능이 영토를 방위하고, 강자의 물리력을 저지하여 약자를 보호하는 데 그쳐도 괜찮은 경우는 사회의 발달상태가 미숙할 때뿐이다. 내가 이 책 1장에서 이야기한 대로 사회가 점점 통합되고 복잡해지면 평등을 실현하기 위해 다른 규제를 도입·시행할 필요가 생긴다. 기초적인 규제 기능에다 개인 간의 협동을 도모하는 기능이 더해지는 것이다. 정부가 이 기능을 맡지 않으면, 고유 기능의 범위를 넘어서는 통제·규제 기능을 맡을 때와 마찬가지로 개인의 권리가 침해될 가능성이 높아진다.

사회가 발달하면 분업과 직업의 전문화도 발달하는데, 이때 그 사회의 여러 사업들 중에는 한 사람이 맡으면 다른 사람들은 배제되는 사업이 존재하기 마련이다. 예를 들어 어떤 사람이 가게나 여관을 열거나, 승객과 화물을 정기적으로 수송하는 사업을 벌이거나, 모두가 필요로 하는 것을 제공하는 사업 또는 직업에 종사하는 경우에, 그의 활동은 다른 사람들로 하여금 그 일을 하지 못하도록 막는 작용을 한다. 그 결과, 사람들이 필요한 것을 그에게 의존하는 관습이 생기고, 그리되면 그에게 의존하지 못하는 사람들은 다른 사람들에 비해 크게 손해를 보게 된다. 그러므로 평등을 실현하기 위해서는, 행동의 자유를 제한해서 그로 하여금 고객을 차별하지 못하도록 만들 필요가 있다. 그는 이미 준공공적 기능을 하는 존재인 것이다. 모든 문명화된 나라에서는 대중교통이나 숙박업 관련 법률을 제정할 때 이 원칙을 적용하고 있다.

문명이 진보하고 산업이 발전할수록 사람들은 높은 생산력과 개선된 생산과정을 이용하기 마련이고 그로 인한 생산의 집중은 경쟁의 제한과 독점의 확립으로 이어지기 마련이다. 철도의 사례가 이를 매우 분명하게 보여준다. 하나의 철도 옆에 나란히 또 하나의 철도를 건설하는 것은 자본과 노동의 낭비일 뿐이다. 설사 그런 일이 일어난다 하더라도, 기업이 합병되거나 결합되는 경향은 막을 수가 없다. 경쟁적인 시장이라 불리는 곳에서도 경쟁은 일시적으로만 지속될 뿐이다.

미국의 철도산업은 기업 합병으로 몇 년 안에 대여섯 개 경영진의 수중에 집중될 가능성이 크다. 기업들이 수지계산을 공동으로 하고 사업내용과 요금에 관한 협정을 체결하기 때문에 경쟁적인 시장이라 불리는 곳에서도 경쟁이 억제되고 있다. 이런 현상은 철도산업 발달과정의 내재적 경향에 기인하는 것이므로, 그에 대해 가타부타하는 것은 한가한 짓이다.

정부의 일차적인 목적은 모든 사람에게 자연권과 자유를 보장하는 데 있다. 따라서 독점적 요소를 수반하는 사업은 모두 정부 규제의 대상이 되며, 성질상 완전한 독점사업은 당연히 국가의 고유 기능에 속한다. 사회가 발전할 때 국가는 개인 간의 협동을 도모하는 기능을 맡아서 모든 사람에게 평등권과 자유를 보장해야 한다. 다시 말해 사회가 통합되는 과정에서 개인은 전체에 점점 더 의존하고 종속되어가기 때문에 모든 개인을 포괄적으로 대표하는 유일한 사회조직인 정부는 모두의 이익을 위해 개인에게 맡겨둘 수 없는 기능을 담당해야 하는 것이다.

모든 개인에게 자연권과 평등한 자유를 보장하는 것이 정부의 고유한 목적이라는 원칙으로부터 또 다른 원칙이 나온다. 그것은 개인의 행동으로는 불가능하거나 또는 잘될 수 없는 일들을 개인들의 집합체인 대중을 위해 담당하는 것이 정부의 할 일이라는 원칙이다. 종種이 발달할수록 각 부분의 자동적인 움직임에 비해 전체의 의식적이고 조정된 움직임이 점점 더 중요해지듯이 사회의 발전도 그렇다. 그 점에서 사회주의는 진리를 담고 있다. 산업이 진보하고 사회가 발전함에 따라 그 진리가 우리에게 현실로 다가오고 있는데도 우리는 그것을 인식하는 데 너무 느리다.

생물의 경우 허약해지고 병이 드는 것은, 어떤 기능은 너무 혹사하는 반면 어떤 기능은 전혀 사용하지 않기 때문이다. 그와 마찬가지로 정부가 부패하고 공적 재난이 발생하는 것은 정부가 개인의 고유 영역에 쓸데없이 간섭하면서 막상 공동의 이해를 관리하는 통제기관으로서 해야 할 고유 기능은 등한히 하기 때문이다. 우리 미국이 바로 그렇다. 미국 정부가 하려고 하는 일과 하지 않고 방치하는 일을 보면, 저녁을 차리는 일은 위장의 운동에 맡기고 소화는 의지적 행위로 통제하려는 사람이 떠오른다. 복잡한 거리나 울퉁불퉁한 길을 걸을 때 자신이 어디로 가고 있는지에 대해서는 전혀 신경 쓰지 않으면서도 다리의 운동에는 온 의식을 집중하는 사람과도 비슷하다.

예를 들어보자. 어떤 사람이 창조주에 관해 가지고 있는 견해나 창조주에게 예배하는 방식이 다른 사람들의 평등한 권리와 충돌하지 않는 한, 거기에 간섭하는 것은 정부가 할 일이 아니다. 과거에 정부가 이런 문제에 개입했을 때 초래된 결과는 위선, 부패, 박해, 종교전쟁이었다. 노동과 자본의 투입 방향을 좌우하고, 다른 산업을 희생시키면서 특정 산업을 발전시키는 것은 정부가 할 일이 아니다. 정부가 그렇게 하려고 하면 각종 낭비와 손실과 부패가 불가피하다.

반면 화폐 발행은 정부가 해야 할 일이다. 인간의 노력을 절약하는 위대한 발명품인 화폐를 매개로 한 교환이 물물교환을 대체하는 순간, 사람들은 정부가 화폐 발행을 맡아야 한다는 것을 바로 알아차린다. 원한다고 해서 화폐 발행을 누구에게나 맡기면, 사회 전체에 불편함과 손실이 초래되고, 사람들은 사기 치고 싶은 유혹을 느끼게 되며,

가난한 계층은 매우 불리한 처지에 빠지게 된다. 사회가 잘 조직된 곳에서는 사람들이 이런 사실을 명확하게 인식하기 때문에 화폐 주조가 정부의 고유 기능이라는 생각도 쉽게 받아들인다. 사회가 발달함에 따라 귀금속 대신 종이를 화폐 재료로 쓰게 되면 인간의 노력을 좀더 절약할 수 있는데, 이렇게 지폐가 사용되는 경우에는 화폐 발행이 정부의 기능이 되어야만 하는 이유가 훨씬 더 분명해진다.

미국 은행들의 무모한 행위가 야기한 해악들은 언급할 필요가 없을 정도로 잘 알려져 있다. 각 주정부가 은행에 화폐 발행을 허가할 수 있는 권한을 가짐으로써 야기된 손실과 불편함, 사기와 부패는 결국 전쟁으로 이어졌고, 그래서 지금은 누구도 그 당시 상황으로 되돌아가는 것을 원치 않는다. 하지만 지금도 민간 은행들은 공적 이익에 부합하는 방향으로 움직이지도, 중앙정부가 지폐 발행권을 전적으로 행사해야 한다고 여기지도 않고 있다. 중앙정부의 보증을 받아야 한다는 조건이 붙기는 하지만, 민간 은행들은 여전히 상당량의 화폐를 발행하며 이익을 누리고 있다. 그 때문에 우리는 여러 종류의 화폐를 동시에 사용하지 않을 수 없는 상황에 놓여 있다. 예금과 대출, 신용의 창출과 교환 등 은행 고유의 업무를 민간에 맡기는 것은 바람직하지만, 화폐 발행까지 민간에 맡기는—일부를 맡기고 또 정부의 규제와 보증을 조건으로 하기는 하지만—바람에, 미국 국민들은 매년 수백만 달러의 손실을 입고 있으며 정부의 부패는 점점 더 심해지고 있다.

다른 문제를 하나 더 검토할 경우, 위에서 밝혀진 원칙은 훨씬 더 분명하게 드러날 수 있다. 그것은 바로 '철도문제'다. 위험할 뿐만 아니라 사람들을 당혹스럽게 만들고 있는 이 철도문제는 국가가 고유 기능을 맡지 않을 때 얼마나 엄청난 해악이 발생할 수 있는지 잘 보여주는 충격적인 사례다.

사회가 충분히 발달하지 않는 상태에서 정부가 고유 기능을 등한히 한 채 불필요한 전쟁을 벌이거나 해로운 규제를 가하는 데 몰두하는 경우, 도로를 건설하고 개선하는 일은 민간의 몫이었다. 그 일을 맡은 사람들은 투자에 대한 보상으로 요금 징수를 허락받았다. 단, 요금에 대해서는 정부의 통제와 규제가 필요하다는 인식이 처음부터 있었다. 그러나 이런 방식은 커다란 불편을 초래했을 뿐 아니라 정부가 요금을 규제했음에도 생산에 무거운 부담을 주었다. 사회가 계속 발전함에 따라 도로를 건설하고 유지하는 일을 정부의 의무로 여기는 경향이 생겨났다. 그러다가 철도가 발명되었다. 그런데 철도사업에는 철도를 부설하고 유지하는 일뿐만 아니라 화물과 승객을 수송하는 일도 포함된다. 공공도로는 국가가 건설하고 유지해야 한다는 원칙이 철도의 부설과 운영에 더 강하게 적용되지 못한 것은 아마도 그 때문인 것 같다. 영국과 미국에서, 그리고 일부의 예외를 빼면 다른 나라들에서도 철도의 부설과 운영은 민간 기업의 몫이었다. 철도가 다른 어떤 나라보다도 중요한 의미를 갖고 있는 미국의 경우, 공공성이라곤 엄청난 부패의 원인이 되었던 정부의 토지 기증과 보조금 지급, 그리고 미미한 요금 규제 정도에서 드러날 뿐이다.

그러나 운송사업과 철도유지사업이 결합되어 있기 때문에 경쟁이 불가능해진다는 사실에 주목할 필요가 있다. 그것은 국가가 철도산업을 맡아야 한다는 원칙을 뒷받침한다. 물론 위에서 말했듯이 운송사업과 철도유지사업이 결합되어 있기 때문에 국가가 철도산업을 맡게 되면 매우 심각한 문제가 생긴다는 것을 부정할 수는 없다. 타당성이 의심되지만 가끔씩 제기되는 주장처럼, 철도유지만 국가가 하고 열차의 공급은 민간 기업이 하게 하더라도 심각한 문제는 여전히 남는다. 하지만 그것은 피할 것이 아니라 맞서야만 하는 문제다. 어린아이가 어른이 되면, 어려움에 맞서야 하고, 지고 싶지 않은 책임도 져야 한다. 사회도 마찬가지다. 새로운 힘은 새로운 의무와 새로운 책임을 낳는 법이다. 무모하게 전진하면 위험이 뒤따르지만 가만히 서 있으면 죽음이 따라올 뿐이다. 국가가 철도사업을 맡을 경우에 생길 어려움이 아무리 크다 할지라도, 그러지 않을 경우에 생길 어려움은 훨씬 더 크다.

철도를 소유하고 운영하는 일이 국가의 기능임을 보여주는 데 정교한 주장이 필요한 것은 아니다. 관련 사건이나 기존 사실들을 논리적으로 따져보기만 해도 된다. 적어도 근대적 발전의 양상들이 영국보다 훨씬 더 분명하게 드러나는 미국에서는 정부가 철도사업을 맡는 것이 불가피하다. 우리는 그 점을 좋아하지 않을 수 있지만 피할 수는 없다. 정부가 철도를 운영하지 않으면 철도가 정부를 운영하게 된다. 빠져나갈 길은 없다. 딜레마의 한쪽 뿔을 거부하면 다른 쪽 뿔에 찔리게 된다〔길이 둘뿐일 때 어느 쪽을 선택해도 어려움이 불가피한 상황을 묘사하기 위해 쓰는 표현이다〕.

국가가 철도를 제대로 규제할 수 있을까? 미국의 경험을 보면 그것이 불가능하다는 것을 알 수 있다. 전횡할 수 있는 권력을 가진 강력한 독재자라면 그런 괴물과도 같은 상대를 제어할 수 있을지 모르지만, 민주정부는 그럴 수가 없다. 물론 전체 국민의 힘은 철도회사들의 힘보다 크다. 하지만 그 힘은 꾸준히 세밀하게 행사되기는 어렵다. 특수한 이해관계는 아무리 작아도 애매모호한 일반적 이해관계보다 강하다. 높은 정보 활용 능력과 탄탄하면서도 유연하게 움직이는 조직을 갖추고 있기 때문이다. 마치 무장을 잘 갖춘 훈련된 군대가 군중을 대할 때 유리한 입장에 서는 것과 마찬가지다. 그런데 피고용인의 수, 매출액, 통제 가능한 이해관계의 범위 등을 감안하면 철도산업의 힘은 막대하다고 할 수 있다. 게다가 철도산업은 나라 전체가 성장하는 속도보다 더 빠르게 성장하고 있기 때문에 집중화의 속도도 매우 빠르다. 지금은 밴더빌트와 굴드, 그리고 헌팅턴이 미국 철도산업의 상당 부분을 장악하고 있지만, 언젠가 한 사람—그는 이미 태어나 있을지도 모른다—이 산업 전체를 장악할지도 모른다.

현실을 아는 정치인들은 미국에서 철도권력과 싸워서는 이길 가망이 없다는 것을 알고 있다. 대부분은 아니지만 상당수 주에서, 신중한 사람은 철도권력이 자신에게 반대한다고 느낄 경우 선거에 출마하려고 하지 않는다. 하지만 국민들은 이런 종류의 권력을 좋아하지 않는다. 철도왕들이 지배하고 있는 주에서도 사안의 내용이 주민들에게 제대로 전달되기만 한다면, 그들이 투표에서 이기기는 어려울 것이다. 그러나 철도왕들은 예비선거에 영향력을 행사하거나 전당대회를 주무르고, 언론을 통제하고, 의회를 조종하고, 자기들이 키운 사람들로 의회 의석을 채우는 등의 방법으로 정치권력을 행사함으로써 자신들의 뜻을 관철한다.

예를 들어 캘리포니아 주의 주민들은 철도권력의 이해에 반하는 투표를 여러 차례 하고도—아니, 그러는 것으로 착각했다고 하는 편이 옳겠다—아주 나쁜 내용의 새로운 주 헌법을 통과시키고 말았다. 철도권력이 그것에 반대한다고 생각했기 때문이다. 그 결과, 거대 철도회사가 캘리포니아 주 전체를 지배하게 되었다. 캘리포니아는 면적이 영국의 두 배 이상 되는데도 그 철도회사가 지배하는 지역들 중 한 곳에 불과했다. 그 철도회사와 진짜로 맞서는 사람들은 매수당하거나 탄압을 받았고, 권력은 철도회사 경영자들의 이해에 맞게 행사되고 있다. 정부도 감히 거기에 도전하려고 하지는 않는다.

이 회사는 공공의 편의를 도모한다는 이유로 정부 보조금을 많이 받았음에도, 요금을 마치 관세 매기듯이 부과한다. 어떤 사람이 화물 수송이 필요한 사업에 뛰어들 경우, 그는 자신이 얻는 이윤을 철도회사에 보고해야 하고, 최대의 몫을 떼어준다는 조건으로 철도회사와 제휴를 맺지 않으면 안 된다. 수입업자들은 '파기 불가능한 협정'을 맺은 까닭에 철도회사 직원들에게 장부를 보여줘야 하고, 철도회사의 이해에 반하는 일—판단은 철도회사가 한다—을 하기라도 하면 벌금을 맞거나, 심한 경우 업계 라이벌보다 불리한 대우를 받아 파산하기까지 한다.

경쟁이 요금 인하에 기여하리라 기대하고 국가는 세 군데 대륙 횡단 철도에 많은 보조금을 지급했다. 그 세 개의 대륙 횡단 철도는 현재 태평양 연안에 도달했다. 하지만 국가의 기대와는 달리, 세 철도회사는 경쟁하는 것이 아니라 수지계산을 공동으로 해왔다. 샌프란시스코에서 파나마 지협地峽을 거쳐서 뉴욕까지 가는 증기선 항로는 한 달에 무려 10만 달러의 운임을 받는다. 이는 철도 운임과 수준을 맞추기 위해 책정된 것이다. 만일 당신이 뉴욕에서 파나마 지협을 거쳐 샌프란시스코까지 화물을 보내려고 한다면, 먼저 영국으로 보내는 편이 가장 싸게 먹힌다. 국내 다른 지역으로 화물을 보내는 사람들은 노선 끝까지 싣고 갔다가 되돌아올 때 먹힐 요금을 지불해야만 한다. 게다가 철도회사들은 자신들의 독점이 위협받을 가능성이 생길 때면 언제나, 선박을 이용한 해상 거래에 대해 위에서 언급한 협정을 근거로 통상금지령을 내린다.

캘리포니아는 하나의 사례일 뿐이다. 철도회사의 권력은 중앙정부와 다른 주정부들에서도 분명하게 드러난다. 현재의 상황이 계속된다면, 미국 국민들은 차라리 정치권력을 이들 거대 기업과 그 산하 조직에 갖다 바치는 편이 나을 것이다. 달리 피할 길이 없다. 철도 경영자들은 설사 정치를 피하고 싶어도 그럴 수가 없다. 철도문제의 어려움은 특별히 나쁜 인간이 철도를 장악했기 때문에 생기는 것이 아니다. 그것은 철도사업 자체의 성격과 다른 산업과의 관계에서 비롯된다.

물론 다음과 같은 말이 나올 수도 있다. "현재 철도가 우리 정치를 부패시키는 요인이라면, 정부가 철도를 소유하고 운영한다고 해서 무엇이 달라지겠습니까? 정부의 경영은 비효율적이고 부패하는 것으로 악명이 높지 않습니까? 이미 정부에 고용된 사람들의 숫자는 엄청나게 많은데 거기다 또 그렇게 많은 사람들을 더하고, 정부의 수입과 지출을 크게 증가시키게 되면, 정부를 운영하는 사람들은 반대를 억압하고 영구집권을 꾀할 수 있지 않겠습니까? 그리되면 결국 전체 정치 조직이 절망적인 부패의 나락으로 떨어지지 않겠습니까?"

내 대답은 다음과 같다. 그런 위험이 아무리 크다 할지라도, 더 나쁜 일이 닥치지 않게 하려면 피하지 말고 직면해야 한다. 강풍이 불어

올 때, 돛의 천이 밧줄에서 떨어져 날아가고 돛대가 쓸모없이 될 위험이 있더라도 선원은 돛을 올려야 한다. 바람과 바다의 위험이 있기 때문에, 그는 갑판 위와 아래를 철저히 점검할 것이다. 또 배가 바람을 거슬러 가는 것을 방해하는 모든 요인을 제거하고, 배가 암초에 부딪히지 않도록 최고의 조타수에게 배의 키를 맡길 것이다.

나는 지금 현재의 정부 기능에다 다른 기능을 추가하면 위험하다는 사실을 과소평가하려는 것이 아니다. 내가 지적하고자 하는 바는 사회발전에 따라 요구되는 추가적인 기능을 맡더라도 안전할 수 있도록 시급히 정부를 단순화하고 개선할 필요가 있다는 것이다. 폭풍 속에서는 표류하지 않고 배를 정박시키는 것이 불가능하듯이 소극적 정책으로는 정부의 부패와 비효율이 증가하는 것을 막을 수가 없지만, 그래도 정부의 부패와 비효율이 증가하지 않도록 막을 필요가 있다. 그뿐만 아니라 한 걸음 더 나아가 정부의 부패와 비효율을 크게 감소시키기 위해 노력하는 것도 필요하다.

우리를 위협하는 위험은 우연히 생기는 것이 아니다. 그것은 누구도 피할 수 없는 보편적 법칙에서 비롯된다. 그것은 내가 앞서 1장에서 이야기한 바로 그 법칙—즉, 모든 진보에는 새로운 위험이 따르기 때문에 사회가 진보할수록 더 높고 기민한 지능이 필요하게 된다는 것—이다. 고도의 조직을 가진 동물이 저급한 조직을 가진 동물보다 훨씬 발달된 두뇌를 갖지 않으면 생존할 수 없는 것과 마찬가지로, 고도로 조직화된 사회는 훨씬 더 높은 지능과 도덕성으로 사회문제를 다루지 않으면 멸망할 수밖에 없다. 근대적 발명 덕분에 가능했던 엄청난 물질적 진보는 그에 상응하는 사회적·정치적 진보를 필요로 한다. 자연에는 미성년 면책 법률 같은 것은 없다〔미성숙한 행동은 용납되지 않는다는 뜻이다〕. 자연의 상태에 맞춰서 살지 않으면 생존 자체가 아예 불가능하다.

여기서 내 목적은 정부를 단순화하고 정치를 깨끗하게 만들며 사회상태를 개선하는 것이 얼마나 중요한지를 보여주는 데 있다. 이는 단 하나의 위대한 개혁으로 이 세 가지 방면에서 얼마나 많은 것을 성취할 수 있는지 보여주는 일의 예비 작업이다. 그런데 여기서 잠깐 철도 운영 같은 기능을 국가가 맡는 문제에 대해 생각할 때 잊어서는 안 되는 몇 가지 원칙들에 대해 간단하게나마 언급하는 것이 좋겠다.

우선, 다음 내용은 경험을 통해 입증 가능한 원칙으로 받아들일 수 있지 않을까 생각한다. 즉, 정부와 떼려야 뗄 수 없는 관계가 있는 대규모 사업은 정부가 직접 맡을 때에 비해 외부에서 영향을 미칠 때 더 많이 정부를 부패시킨다는 것이다. 바다 한가운데서 닻줄을 풀고 닻을 내린다고 해보자. 그러면 부력이 작용해서 닻과 닻줄을 떠받치기 때문에 배의 무게는 약간 가벼워지겠지만, 배는 앞으로 나가기가 어려워지고 키를 움직여도 반응하지 않다가 결국은 완전히 통제 불능 상태가 될 것이다. 그러나 닻과 닻줄이 갑판 위 적당한 곳에 실려 있을 때는 배의 움직임에 거의 영향을 미치지 않는다.

상비군은 부패를 유발하며 국민의 자유를 위협하는 작용을 한다. 하지만 그렇다고 해서, 상비군을 유지하려면 민간이 병사들을 모집하여 봉급을 주고 국가는 그중에서 일부를 용병으로 쓰는 것이 현명하다고 주장할 사람이 어디 있겠는가? 그런 군대는 국가가 직접 유지하는 군대보다 훨씬 더 부패를 유발하기 쉽고 훨씬 더 위험하다. 그런 군대의 지휘관들은 금방 국가의 주인 자리까지 차지할 것이다.

정부가 운영하는 우체국은 지국이 광범위하게 퍼져 있고 종사자들도 많지만, 민간이 우편사업을 하는 경우만큼 우리나라 정치에 중요한 변수로 작용하며 부패를 유발하고 있다고는 생각되지 않는다. 만일 민간이 우편사업을 한다면, 그 회사는 법률적으로 유리한 상황을 만들기 위해 또는 불리한 상황을 막기 위해 끊임없이 정치에 개입해야 할 것이다. 개별 주나 중앙정부가 자체적으로 원료를 조달하고 노동을 고용하면서 정부 인쇄물을 취급하는 회사와 계약을 맺는 대신에 자체 인쇄국을 설치한 경우, 부패를 유발하는 효과가 증가한 것이 아니라 줄어들었다고 나는 생각한다. 일반적으로 말해 정부 내에서는 민간업자와의 계약을 통해서 노동과 물자를 조달하는 제도가 직접 노동을 고용하고 물자를 생산하는 제도보다 부패를 유발하는 정도가 더 큰 것 같다. 부패를 유발하는 이해관계와 힘이 훨씬 더 크게 작용하기 때문이다.

흔히 정부가 운영하기 때문에 생긴다고 여겨지는 비효율과 낭비 그리고 부패는 주로 공공의 감시에서 벗어나 있고 공공의 편의와 거의 무관한 부서에서 생긴다. 미국 국민들은 업자들이 끈질긴 로비를 벌이는 바람에 의회가 주문을 의결한 6척의 새 순양함이 잘 건조되었는지 아닌지에 대해서는 신문을 통하지 않고는 아무것도 알 수 없다. 술탄Sultan[이슬람 국가의 정치적 지배자를 가리키는 말]의 새 바지가 그의 몸에 잘 맞는다는 이야기나, 해군성 장관이 최근 바뀐 장교 제복을 좋아했다는 이야기는 국민들에게 위안과 편의를 가져다주지 못한다. 새 순양함 이야기도 마찬가지다.

그러나 우편물이 사라진다든지 우편배달부가 오지 않는다든지 하면 바로 아우성이 터져 나온다. 우체국은 국민들의 실생활에 밀접한 관련이 있기 때문에 중앙정부의 다른 어떤 부서보다도 효율적으로 운영된다. 내 생각에는, 그런 방대한 사업을 민간 기업이 맡아서 하는 경우보다는 더 효율적이고 경제적으로 운영되고 있는 것 같다. 우체국에서 나쁜 소문과 욕먹을 일은 벽지에서, 일반 국민들은 알 수 없는 일과 관련하여 생기는 경우가 대부분이다. 지금 영국에서는 전신, 소포 배달, 예금 업무를 정부가 담당하고 있는데, 과거에 민간 회사가 맡아서 할 때보다 더 효율적인 경영이 이뤄지고 있다.

이런 사업들과 마찬가지로—아니 더 많이—철도사업은 국민들의 주의를 끄는 분야다. 대중의 이해利害와 편의와 안전에 직접 관계되는 사업이라서 국민들이 가까이서 항상 주의를 기울이기 때문에 국가가 경영하더라도 효율성은 보장된다. 공공 부문에 대해 생각할 때 우리는 금전적 이익에 대한 기대와 금전적 손실에 대한 두려움이 있어야만 성실하고 효율적인 노동을 기대할 수 있다는 격언을 너무 쉽게 받아들이는 경향이 있다. 대학이나 그 비슷한 기관에서는 금전적 유인이 없어도 성실하고 효율적으로 일하는 사람들을 얼마든지 구할 수 있다. 육군과 해군, 우체국과 교육기관의 경우는 말할 필요도 없다.

어쨌든 현재 미국의 철도산업에서는 실제로 전철원에서 관리자에 이르기까지 모두가 월급—대개 얼마 안 되는 액수다—을 받고 직위를 지키는 것 외에는 어떤 금전적 이익도 누리지 않고 있다. 정부가 철도를 운영하더라도, 철도 종사자들은 최소한 지금 보여주고 있는 성실성과 효율성 정도는 발휘할 것이다. 행정조직 개혁의 원칙이 당연히 철도산업에도 적용될 것이기 때문이다. 그리고 엽관제〔정당에 대한 공헌이나 인사권자와의 개인적 연고관계를 기준으로 공무원을 임용하는 제도〕를 강력하게 지지하는 사람이라 할지라도, 정치적 목적으로 임명된 기관사와 제동수制動手에게 생명의 안전을 맡기려 하지는 않을 것이다.

현재의 철도산업을 한번 살펴보라. 그것이 공공의 이익을 위해 운영되지 않고 있다는 것은 명백하다. 그렇다면 소유주들의 이익을 위해 운영되고 있을까? 철도산업의 경영은 민간이 소유하고 관리할 때 생긴다고 알려진 경제성, 효율성, 지능을 보여주고 있을까? 아니다. 철도산업에서 공공의 이익은 철저히 무시되고 있고, 주주들의 이익도 거의 마찬가지다. 사실상 미국의 철도산업은 비양심적인 모험가들의 이익을 위해 운영되고 있다고 해도 과언이 아니다. 그들은 주가 조작을 꾀하고, 자신들이 경영하는 회사를 희생시켜서라도 다른 철도회사나 다른 사업에 투자하고 있는 자신들의 사적 이익을 도모하고, 토지 투기를 일삼고, 자기 자신이나 친구들에게 물품 조달 권한을 넘기거나 특별 운임을 적용하고, 때로는 고의적으로 자신이 관리하는 회사를 파산시켜 주주들에게서 마지막 한 푼까지 빼앗아가는 자들이다. 지금 미국 철도회사 경영진 주위에는 부정과 사기로 인한 악취가 진동하고 있다.

공공이든 민간이든 보통의 도로나 다리 같은 시설을 유지하면서 이익을 꾀해서는 안 된다는 것은 잘 알려진 원칙이다. 그래서 뉴욕 주는 최근 이리 운하Erie Canal의 요금을 모두 없앴다. 우리는 우체국에 대해서는 자기 유지만 하면 된다고 생각한다. 지금 공공수입을 확보하기 위해 우편요금을 올리자고 주장하는 사람은 어디에도 없다. 정부가 우편 서비스를 개인이나 기업에 넘겨야 한다고 생각하는 사람도 없다. 초기에는 개인들이 이익을 목적으로 우편 서비스를 제공했다. 만일 이런 체제가 오늘날까지 지속되었다면, 지금과 같은 광역 우편 서비스를 규칙적으로 누리기는 어려웠을 것이며, 우편 요금도 지금처럼 싸지지는 않았을 것이다. 또 요즘 정부가 철도사업을 맡는 데 대해 가해지고 있는 비판들이 오롯이 정부의 우편사업에도 가해졌을 것이다. 철도를 공공의 재산으로 만들어 공무원들로 하여금 공공의 이익을 위해 경영하도록 함으로써, 정부를 부패시키고 가공할 재산을 형성시키는 커다란 원인을 제거하기 전까지는 우리는 결코 철도 발명의 혜택을 충분히 누릴 수는 없을 것이다.

내가 철도에 대해 이야기한 모든 내용은 당연히 전신, 전화, 그리고 가스·수도·난방·전기의 공급—요컨대 자연독점에 해당하는 모든 사업들—에도 적용되어야 한다. 내가 철도를 예로 들어 이야기하는 이유는 오로지 사업 규모 때문이다. 철도사업은 규모가 커서 국가가 맡게 되면 자연독점들 중에서도 최대가 될 것이다.

자연독점에 해당하는 사업들은 국가의 고유 기능이다. 국가는 자기방어를 위해, 또 국민들의 평등권을 보호하기 위해, 그런 사업들을 통제하거나 직접 맡아야 한다. 게다가 문명이 발달함에 따라 사회적 성격이 점점 뚜렷해지는 분야, 즉 국가가 큰 협동조합의 운영자처럼 활동하여 국민들에게 유익을 끼칠 수 있는 분야는 정부의 개선과 공공심의 증진과 함께 자꾸자꾸 더 확대된다.

우리는 이미 공립학교 제도를 통해 이 방향으로 중요한 발걸음을 한 발짝 내디뎠다. 미국의 공립학교는 영국의 공립학교와는 달리 가난한 자들을 위해 유지되고 있는 것이 아니다(영국에서는 가난한 자 외에 지불 능력이 있는 사람들은 돈을 내야 한다). 또 공립학교를 설치한 주요 동기가 문맹퇴치에 있는 것도 아니다. 그건 부차적인 동기에 지나지 않는다. 미국이 공립학교를 유지하는 주요 이유는 지금까지 상당수의 미국 국민들이 공립학교를 가장 훌륭하고 경제적인 자녀 교육 수단으로 여기게 되었기 때문이다. 정부의 활동 덕분에 미국 사회는 다수의 교육 협동조합들로 조직화되었으며, 공립학교 제도가 도입된 주에서는 그 제도를 철폐하자는 주장이 씨가 먹히지 않게 되었다. 비록 미국 정치가 부패하긴 했지만 전체적으로 볼 때 공립학교는 사립학교보다 훨씬 좋다. 부자의 자녀와 가난한 사람의 자녀, 유대인의 자녀와 이방인의 자녀, 개신교 신자의 자녀와 가톨릭 신자의 자녀, 공화당원의 자녀와 민주당원의 자녀가 한데 어울리기 때문에, 편견을 무너뜨리고 계급 감정이 자라지 못하도록 막는 데 엄청난 역할을 한다.

미국의 공립학교에서 부패는 국가의 역할이 너무 커졌기 때문이 아니라 오히려 충분히 커지지 않았기 때문에 생겼다는 사실에 주목할 필요가 있다. 몇 개 주에서 교과서는 학교의 재산으로 간주되어 학생들이 입학할 때 받아서 사용한 후 졸업할 때 반납한다. 공급비용은 공공의 부담이다. 하지만 다른 대부분의 주에서는 부모가 비용을 부담할 능력을 갖고 있는 한, 학생들이 스스로 교과서를 준비해야 한다. 경험상 우리는 전자가 훨씬 더 나은 제도라는 걸 알고 있다. 교과서가 모든 학생에게 무상으로 제공되는 경우, 비용 부담 능력이 있는 사람들이 거짓으로 가난하다고 주장하고 싶은 유혹을 느끼는 일도 없고, 비용 부담 능력이 없는 사람들이 굴욕감을 느끼는 일도 없다. 그뿐만 아니라 필요한 교과서의 수량도 훨씬 적고 구입 가격도 낮출 수 있다. 그 결과, 총지출이 크게 절약되며 부패도 크게 줄어든다. 대형 교과서 출판업자들이 공립학교에서 자기 책이 채택되도록 만들기 위해 경쟁을 벌이는 바람에—그들 대부분이 가능한 경우에는 언제나 주저 없이 뇌물을 바친다—지방교육위원회가 부패하는 일이 많았다는 사실을 생각해보라. 여러 주에서 제안이 있었듯이, 공공비용으로 교과서를 제작하는 것 외에는 이런 부패를 척결할 방법은 없다.

공공정신이 강한 도시인 보스턴에서 시작되어 전국으로 꾸준히 확산되고 있는 공공도서관 제도는 정부의 협동조합 기능이 성공적으로 확대된 또 다른 사례다. 이 제도 덕분에 시민들은 공공비용으로 유지되는 도서관에서는 무료로 책을 읽을 수도 있고 빌릴 수도 있다. 지금 만들어지고 있는 공공 공원이나 공설 운동장도 마찬가지다.

여기서 훨씬 더 많이 나아갈 수도 있다. 정부가 공공비용으로 교육·보건·레크리에이션 서비스를 제공하고 과학과 발명을 장려하는 것이다. 정부를 단순하고 깨끗하게 만들 수만 있다면, 사회는 각 부문에서 자발적 협동조합이 조합원들에게 가져다주는 것보다 훨씬 더 큰 유익을 다양한 방법으로 구성원들에게 가져다줄 수 있다. 그리되면 엄청난 절약이 가능해지며 거짓말과 사기도 막을 수 있다. 서비스 품질과 관련한 거짓말과 사기는 건강은 물론이고 도덕에도 치명적인 악영향을 끼친다.* 정부가 협동조합의 역할을 담당하는 부문에서는 자

---

* 요즈음 소비자가 지불하는 가격의 3분의 1밖에 생산자에게 돌아가지 않는 상품도 많지만, 개별 소비자가 도저히 눈치 채지 못하도록 판매자가 눈속임하는 경우도 많다. 술을 혼합하거나 동물성 마가린과 물엿을 섞는 것은 제쳐두고 다음 한 가지 사례만 보더라도 눈속임이 얼마나 심한지 알 수

본의 힘이 크게 위축되고 전쟁에 비유될 정도로 살벌한 경쟁도 억제된다.

사회발전의 자연적 과정은 명백히 협동, 다른 용어를 쓰면 사회주의―사실 나는 사회주의처럼 다양하고 모호한 의미를 갖는 용어를 싫어한다―를 향하고 있다. 문명이란 사람들이 밀접한 관계 속에서 더불어 살아가는 기술이다. 인류가 연합하여 더불어 살아야 한다는 것은 분명 하나님의 뜻이다. 그 뜻은 누구도 변경할 수 없는 우주의 물리적·도덕적 법칙을 통해 표현되는데, 거기에 순종하는 자는 상을 받고 불순종하는 자는 벌을 받는다. 현대 사회가 직면한 위험은 붙잡을 수도 있었던 축복을 저주로 바꿔버린 데서 비롯되었다. 현재 모든 산업 부문에서 진행되고 있는 집중화는 물질적 진보의 필요조건이다. 그것은 그 자체로는 악한 것이 아니다. 그런데도 결과가 악하다면, 그것은 오로지 우리가 나쁜 사회제도를 만들었기 때문이다. 우리가 살고 있는 이 세상에서는 1,000명이 함께 일을 하면 동일한 1,000명이 따로따로 일을 할 때보다 여러 배 더 많이 생산할 수 있다. 그러나 그렇다고 해서 999명이 몽땅 한 사람의 실질적인 노예가 될 필요는 없다.

여러 번 반복했지만, 여기서 다시 한번 말해두고 싶은 것이 있다. 진보란 물질적일 뿐만 아니라 지적이고 도덕적이어야 한다는 사실이다. 그것이 사회진보의 자연법칙이다. 내가 보기에 그것은 사회문제

있다. 분말 커피 판매자들이 눈속임하는 바람에 원두커피를 사서 직접 가는 사람들이 많아졌다. 이런 사태에 대처하기 위해 대규모 커피업체들은 모양이 진짜와 꼭 닮은 모조 원두커피를 틀로 찍어내는 방법을 도입했다. 이 커피업체들은 이렇게 만든 모조 원두커피를 진짜 원두커피와 섞어서 판매하고 있다.

를 연구하는 사람에게는 위대한 교훈이며 우리 모두가 주의해야 하는 매우 중요한 사실이다. 자연법칙에 따르면 우리에게 증기선, 증기기관차, 전신, 인쇄기 그리고 수천 가지의 발명품—사물과 물질적 조건에 대한 우리의 지배력을 증가시켰다—을 가져다준 진보는 더 높은 사회적 지능과 도덕 수준을 필요로 한다. 자연권의 평등성을 인정함으로써 사람과 사람 사이의 정의를 실현하는 것은 특히 더 중요하다.

"너희는 먼저 하나님의 나라와 하나님의 의(정의로운 행동)를 구하여라. 그리하면 이 모든 것을 너희에게 더하여 주실 것이다."〔마태복음 6장 33절〕 자연적이고 건강한 사회조직을 만들려면 맨 먼저 모든 사람에게 물질세계에 대한 자연적이고 평등하며 양도 불가능한 권리를 보장해야 한다. 그렇게 한다고 해서 할 일이 끝나는 것은 아니지만 다른 모든 문제를 해결하기가 쉬워진다. 그리고 그렇게 하지 않는다면 다른 어떤 일을 하더라도 소용이 없다.

나는 이 장에서, 제대로 설명하려면 훨씬 더 많은 지면이 필요한 주제들을 간략하게 다루고 말았다. 내 목적은 정부를 단순하고 깨끗하게 만드는 일이 더욱 중요해졌음을 보여주는 데 있었다. 정부를 단순하고 깨끗하게 만드는 일이 더욱 중요해진 이유는 정부가 맡아야 하는 기능이 많아지고 있기 때문이다. 산업이 발전하면서 불가피하게 새로 맡아야 하는 기능이 생기고 있고, 정부가 맡으면 분명 유익한 결과를 낳을 만한 기능도 늘어나고 있다. 다음 장들에서는 실천 가능한 방법으로 사람들에게 자기 나라 토지에 대한 평등하고 양도 불가능한 권리를 인정하면 정부가 많이 단순해지고 부패가 사라진다는 것을 보여주고자 한다. 공적 재난과 정부 부패는 인권에 대한 무지와 소홀함 또는 멸시에서 비롯된다고 했던 프랑스 국민의회의 선언은 진실이다.

    이 장이나 다른 장에서 정부에 관해 말할 때 나는 국가나 공동체 등의 용어를 썼는데, 그것들은 모두 현재의 행정구역과는 상관없이 일반적인 의미로 사용한 것이다. 읍, 구, 군, 주, 국가, 국가연합—문명의 발전과정이 국가연합을 향하고 있다는 것은 명백하다—의 고유 기능이 각각 무엇인지에 대해서는 다루지 않았다. 정부조직을 어떻게 만들고 권력을 어떻게 배분할 것인지에 대해서는 더 많은 논의가 필요하다.

18
무엇을 해야 하는가?

반복의 위험이 있지만, 지금까지의 내용을 요약해보자. 우리를 위협하는 어려움의 주요 원인은 부의 분배에서 불평등이 증가한다는 데 있다. 현대의 모든 발명은 이 현상을 심화시키는 작용을 하고 있으며, 의회권력에 기대어 성립한 독점기업의 존재와 정치적 부패 또한 이런 움직임을 가속화하고 있다. 하지만 근본 원인은 분명히 다른 데 있다. 우리가 인간과 지구(인간의 거처이자 작업장이자 창고다)의 관계—즉, 노동과 자연자원의 관계—와 관련하여 만든 사회제도가 문제다. 땅이 모든 물리적 구조물의 터전이듯이 토지제도는 모든 사회조직의 기초를 이루며 사회조직의 성격과 발달과정에 영향을 미친다.

자연권의 평등성이 인정되는 사회에서는 빈부격차가 커질 수가 없다. 육체적으로 무능력한 사람 외에는 누구도 다른 사람에게 의존하지 않을 것이며, 어떤 사람도 노동을 다른 사람에게 팔아야만 살 수 있는 처지에 빠지지는 않을 것이다. 사람들 사이에 힘, 기술, 분별력, 예측 능력, 근면성 등의 차이가 존재하기 때문에 빈부격차도 존재하겠지만, 지나치게 부유한 계급과 지나치게 가난한 계급은 존재할 수 없을 것이다. 각 세대는 자연적 기회를 평등하게 누리게 되므로, 설사 한 세대 동안 빈부격차가 확대된다고 하더라도 그것이 영속화되지는 않을 것이다. 그와 같은 사회에서는 형태가 어떻든 정치조직도 분명 민주적일 것이다.

그러나 토지가 일부 사람들의 재산으로 취급되는 사회에서는, 어떤 사람들은 태어날 때부터 불이익을 받는 반면, 어떤 사람들은 엄청난 이익을 누린다. 토지에 대해 권리가 없는 사람들은 원하는 것을 얻으려면 토지 소유자들에게 노동을 팔아야만 한다. 사실상 그들은 토지 소유자들의 허락이 없으면 살 수가 없다. 그와 같은 사회에서는 필연적으로 주인계급과 하인계급, 즉 많은 부를 가진 계급과 아무것도 갖지 않은 계급이 발달할 수밖에 없다. 그런 사회의 정치조직은 형태가 어떻든 사실상 전제적일 것이다.

우리의 근본 실수는 토지를 사유재산으로 취급한 데 있다. 현대 문명은 이 잘못된 기초 위에 세워졌기 때문에, 물질적 진보가 진행됨에 따라 가공할 만한 불평등이 생기는 걸 피할 수가 없다. 이 불평등은 결국에는 현대 문명을 파멸시킬 것이다. 사람은 토지가 없이는 생존할 수가 없는 존재다. 사람의 육체는 토지에서 나왔고 사람이 획득하거나 만드는 모든 물건도 토지에서 나온다. 그러므로 한 나라의 토지를 소유하는 것은 그 나라의 사람들을 소유하는 것이나 마찬가지다. 사람들을 소유한다는 것은 그들을 산업적·사회적·정치적으로 복종시킨다는 뜻이다.

　노동절약적 발명―19세기는 노동절약적 발명이 홍수처럼 쏟아진 시대다―이 노동자들의 상태를 개선하는 데 실패하는 이유는 바로 여기에 있다. 기본적으로 노동절약적 발명은 노동의 능력을 증가시키기 때문에 임금을 상승시키고 노동계급의 상태를 개선하는 효과를 낳는 법이다. 그러나 이것은 오로지 토지가 노동자에게 무상으로 주어지는 곳에서만 일어나는 일이다. 토지가 없이는 노동 자체가 불가능하다. 어떤 노동절약적 발명이 이뤄지더라도 우리는 무에서 유를 만들 수는 없으며, 토지에 대한 의존도를 한 치도 낮출 수 없다. 노동절약적 발명은 단지 노동자가 토지에서 나오는 원료를 가지고 일을 할 때 노동의 효율성을 높일 뿐이다. 토지가 사유화되어 있는 경우, 노동절약적 발명, 생산과정의 개선, 새로운 발견은 토지 소유자로 하여금 더 많이 요구할 수 있게 만들고 노동자로 하여금 더 많이 지불할 수 있게 만들어서, 궁극적으로 토지 이용의 대가를 높이는 결과를 초래한다. 그 결과, 토지는 점점 더 비싸지지만 임금은 올라가지 않는다. 조금이라도 임금을 낮출 여지가 있으면 임금은 오히려 떨어질 수도 있다.

　이에 대해서는 이미 살펴본 바 있다. 현대의 발명은 운송수단의 개선을 포함하기 때문에 새로운 토지를 이용할 수 있게 해주는 효과가 있다. 그러나 그것이 이와 같은 현상을 막지는 못한다. 좀 있으면 그리되겠지만, 북아메리카 대륙의 모든 토지에 울타리가 쳐질 때 생산과정의 지속적 개선이 어떤 결과를 초래할지 상상해보려면, 신대륙이 발견되지 않았다고 가정하고 노동절약적 발명이 유럽에 어떤 결과를 가져왔을지 생각해보면 된다.

토지가 사유재산인 곳에서는 발명과 개선의 이익이 궁극적으로 토지 소유자에게 돌아간다는 내 주장에 대해, 사실을 무시하고 하나의 원리에 지나친 중요성을 부여한 주장이라는 비판이 나올 수 있다. 발명과 개선에 의해 증가한 부의 상당 부분은 분명 토지 소유자가 아니라 자본가, 제조업자, 투기꾼, 철도업자, 그리고 토지 독점이 아닌 다른 독점의 소유자에게 돌아갔기 때문이다. 유럽에서 가장 부유한 로스차일드 가는 토지 소유자라기보다는 대출업자 혹은 은행가라는 이야기, 미국에서 가장 부유한 가문은 애스터 가가 아니라 밴더빌트 가라는 이야기, 굴드는 토지 소유가 아니라 주가 조작과, 의회와 사법부를 이용한 국민 수탈로 돈을 벌었다는 이야기도 나올 수 있다. 또 내가 미국 노동자들을 보호하는 척하면서 부정과 관세 횡령, 그리고 통화제도—엉터리 주립은행들, 국립은행 제도, 무역달러 trade-dollar〔1873~1885년 사이에 미국이 동양무역을 위해 발행한 은화〕—를 이용한 사기에 대해서는 별 중요성을 부여하지 않는 것 아닌가 하는 의문이 제기될 수도 있다.

이미 앞에서 이런 반론들에 대해 답했지만, 여기서 다시 내 답변을 요약해보자. 나는 이 모든 것 가운데 어느 하나도 무시하지 않는다. 그러나 그것들이, 토지사유제하에서는 모든 개선의 혜택이 궁극적으로 토지 소유자에게 돌아갈 수밖에 없다는 자명한 원칙을 결코 부정하지 않는다는 점은 분명히 해두고 싶다. 어떤 사람이 도박장에서 계속 베팅을 한다면 결국 도박장이 그의 돈을 차지하고 말 것이다. 하지만 그사이에 그가 소매치기를 당하지 않는다는 법은 없다. 예를 들어

설명해보자.

주민들 중 소수가 토지를 전부 다 차지하고 있는 어떤 섬이 있다고 하자. 그 섬의 다른 주민들은 토지 소유자들에게 지대를 내고 토지를 빌리거나, 임금을 받고 노동을 팔지 않을 수 없다. 인구가 증가하면 토지를 갖지 않은 사람들이 일자리나 자기 고용의 수단[토지를 말한다]을 놓고 벌이는 경쟁은 점점 더 치열해지기 마련이고, 그로 인해 지대는 상승하고 임금은 하락한다. 이 경향은 토지를 갖지 않은 사람들은 간신히 생계를 유지할 만큼만 생산물을 갖고 나머지는 모두 토지 소유자들이 차지하게 될 때까지 지속된다. 아무리 놀라운 개선이 이뤄진다고 하더라도 궁극적인 결과는 마찬가지다.

예컨대 섬에서 생산되는 모든 부 혹은 토지 소유자들과 관련이 있는 모든 부를 절반의 노동만으로 생산할 수 있을 정도로 놀라운 개선이 이뤄진다면, 토지 소유자들은 나머지 절반의 노동자들을 굶게 만들거나 바다로 쫓아낼 수 있는 힘을 갖게 된다. 만일 그들이 전통적인 유형의 경건한 사람들—전능하신 하나님이 노동자들에게 먹고살 땅을 주시지는 않았지만 그들이 죽지 않고 살기를 원하신다고 믿는 사람들—이라면, 노동자들을 구호 대상으로 여겨 도와주거나, 영국 정부가 '잉여' 아일랜드인에게 하듯이 그들을 배에 태워 다른 나라로 실어 보낼 수도 있다. 토지 소유자들이 남는 노동자들을 죽이든 살리든, 그들에게 그 노동자들이 필요 없다는 사실에는 변함이 없을 터다. 게다가 개선이 계속된다면 그들이 필요로 하는 노동자들의 숫자는 점점 더 줄어들 것이다. 지금까지는 일반 원칙을 이야기했다.

이제 그 섬에 토지 소유자, 소작인, 노동자 외에 가게 주인, 발명가, 도박업자, 해적이 더 있다고 하자. 우리의 가정을 현대풍에 맞추기 위해, 도박업자와 해적은 각각 매우 존경받는 도박업자와 매우 신사적인 해적이라고 하자. 즉, 도박업자는 대학에 기부금을 내고, 이교도를 개종시키는 것을 지지하는 부류고, 해적은 빠른 배에다 해골과 뼈가 겹쳐 그려진 전통적인 해적 깃발이 아니라 요트 클럽 깃발을 달고서 옛날 해적보다 훨씬 더 규칙적이고 효율적으로 통행료를 징수하는 부류다.

가게 주인, 도박업자, 해적은 모두 사업을 잘해서 돈을 잘 벌고 있다고 가정하자. 그런 상황에서 발명가가 나타나 이렇게 말한다. "제가 발명을 하나 했는데, 그걸 이용하면 노동의 효율성을 획기적으로 높이고 이 섬의 생산량을 크게 증가시켜서 여러분 모두에게 지금보다 훨씬 더 많은 분배를 할 수 있습니다. 단, 조건이 하나 있습니다. 그 발명을 이용하는 대가로 저에게 로열티를 내주셨으면 좋겠습니다." 그의 제안이 받아들여져서 그 발명이 적용되고 부의 생산은 정말로 크게 증가한다. 그러나 노동자들에게 돌아가는 혜택은 없다. 노동자들은 자기들끼리의 경쟁 때문에 여전히 비싼 지대를 내거나 낮은 임금을 감수할 수밖에 없고, 그 결과 그들의 형편은 예전보다 나아지지 않는다. 여전히 노동자들은 간신히 살아간다.

물론 이 경우에는 발명의 이익이 모두 토지 소유자들에게 돌아가지는 않는다. 발명가는 로열티로 큰 수입을 얻고, 가게 주인, 도박업자, 해적의 소득도 모두 크게 증가한다. 이 네 사람 각각의 소득이 토지 소유자 한 사람의 소득보다 큰 경우도 얼마든지 상상해볼 수 있다. 네 사람이 얻는 이익은 노동자들의 빈곤과 충격적인 대조를 이룬다.

노동자들은 개선에 따라 증가하는 부 중에서 자신들에게 돌아오는 부분은 없다는 사실 때문에 몹시 실망한다. 그들은 무언가가 잘못되었다고 느낀다. 그들 중 일부는 창조주께서 극소수 주민들만을 위해 그 섬을 만들었을 리가 없고, 똑같이 창조주의 피조물인 자신들에게도 섬의 토지를 이용할 권리가 있다며 투덜거리기 시작한다.

그때 어떤 사람이 일어나서 이렇게 이야기한다고 하자. "토지문제와 같이 추상적인 문제를 논의해봐야 무슨 소용이 있겠습니까? 그 문제는 백날 이야기해도 실제 정치에서 다뤄지기는 어렵고, 사회적 갈등과 악감정만 유발할 뿐입니다. 더구나 공산주의의 냄새까지 납니다. 가진 것이라곤 누더기 같은 옷가지밖에 없는 노동자 여러분, 여러분도 잘 아시다시피, 공산주의는 매우 악하고 위험한 것입니다. 과부와 고아들을 착취하고 종교를 반대하는 걸 생각해보십시오. 우리 모두 현실을 바로 봅시다. 노동자 여러분이 가난하고 간신히 생계를 유지하는 이유는 가게 주인이 물건 값으로 사기를 치고, 발명가가 로열티를 뜯어가고, 도박업자가 여러분의 주머니를 털어가고, 해적이 여러분의 것을 도둑질하기 때문입니다. 우리의 이익을 위협하는 것은 이 뱀파이어들입니다. 그들이 토지 소유자건 아니건 상관이 없습니다. 우리 모두 단결해서 그들의 악행을 막읍시다. 가게 주인은 물건을 팔 때마다 10~15퍼센트의 이익을 얻습니다. 그러니 우리는 모든 물건을 원가로 파는 협동조합을 만듭시다. 그러면 노동자들은 가게 주인에게 돌아갈 수익을 아낄 수 있고 그만큼 부유해질 수 있습니다. 발명가는 이미 받을 것을 충분히 받았습니다. 그러니 이제 로열티 지급을 중지합시다. 그러면 토지 소유자와 토지를 갖지 않은 사람들이 나뒤 가질 몫이 그만큼 많아질 겁니다. 도박업자와 해적은 약식재판에 붙여서 이 섬에서 쫓아냅시다!"

박수가 터져 나오고, 이 제안이 실행에 옮겨진다고 하자. 그다음에는 어떻게 될까? 토지 소유자들은 더 부유해지겠지만, 노동자들은 빈곤의 궁극적 원인에 대해 좀더 분명히 이해하게 되는 것 말고는 아무것도 얻지 못할 것이다. 이유는 다음과 같다. 가게 주인을 쫓아내면, 노동자들은 예전보다 싸게 물건을 구입할 수 있지만 자기들끼리 벌이는 경쟁 때문에 곧 그 이익을 토지 소유자들에게 넘겨주지 않을 수 없을 것이다. 더 낮은 임금을 받거나 더 비싼 지대를 지불해야 하는 것이다. 발명가에게 로열티를 지급하는 일을 중지하고 도박업자와 해적의 갈취와 도적질을 막으면 어떻게 될까? 그때도 마찬가지로 토지가치는 더 올라가고 토지 소유자들의 수입은 늘어날 것이다. 요컨대 가게 주인, 발명가, 도박업자, 해적을 쫓아내면 발명이 생산에 적용되어 생산량이 증가했을 때와 마찬가지로 그 이익은 모조리 토지 소유자들에게 돌아가고 말 것이다.

이 모든 이야기가 진실임을 확인하는 것은 어렵지 않다. 예를 들어 말해보자. 철도사업의 성장은 우리나라 전체 운송사업의 대부분을 거대 독점기업들이 장악하는 결과를 가져왔다. 그런데 이 독점기업들은 대개 사람들이 감내할 수 있는 최고 수준으로 요금을 매기고, 자주 특정 지역을 터무니없는 방법으로 차별 대우한다. 독점기업들이 이런 짓을 저지르는 곳에서는 토지 가격이 하락하기 마련이다. 그 때문에 여기저기서 불평이 터져 나온다. 이 모든 것은 마음만 먹으면 얼마든지 바로잡을 수 있다. 그것은 임금을 인상하거나 노동조건을 개선하지 않고도 가능한 일이다. 그럴 경우 토지가치는 다시 올라간다. 운송비 절감으로 노동자는 지대를 더 낼 여유가 생기고 실제로 더 내기 때문이다.

다른 독점의 경우도 다 마찬가지다. 우리가 설사 토지 독점 외에 모든 독점을 철폐하더라도, 협동조합이나 다른 수단을 통해 상인들의 개입을 막아서 재화가 최소 비용으로 소비자에게 건네지게 만들더라도, 정부를 완벽하게 깨끗하고 경제적인 수준까지 개혁하더라도, 부의 분배를 평등하게 만드는 효과를 거두지는 못한다. 노동자들은 토지에 대해 아무런 권리도 없기 때문에 다른 누군가의 허락이 없이는 일을 할 수 없다. 그런 사람들이 서로 경쟁을 벌이기 때문에 어떤 경우에도 토지가치는 상승하고 임금은 최저생계비 수준으로 떨어진다.

내 말을 오해하지 말기 바란다. 나는 각 사람에게 (생명유지와 욕구 충족에 반드시 필요한) 자연자원에 대한 평등하고 양도 불가능한 권리를 인정하면 모든 사회문제가 해결된다고 주장하는 것이 아니다. 그렇게 한 이후에도 할 일이 많이 남아 있으리라는 것을 나는 충분히 인식하고 있다. 모든 사람에게 평등한 토지권을 인정하더라도 독재와 수탈은 지속될 수 있다. 그러나 자연자원에 대한 평등한 권리를 인정하지 않는 한, 다른 어떤 일을 하더라도 수많은 해악과 위험을 유발하는 부의 불평등한 분배를 시정하지는 못한다. 이 근본적인 개혁을 추진하기 전까지는, 어떤 개혁으로도 물질적 진보가 국민들을 엄청난 부자와 끔찍하게 가난한 사람으로 양분시키는 현상을 막을 수가 없다. 부가 아무리 많이 증가하더라도 대중은 간신히 생계를 유지하는 상태에서 벗어나기 어려울 것이며 수많은 범죄자, 극빈자, 방랑자는 사라지지 않을 것이다. 우리 주위에는 정직하게 해서는 살 수가 없어서 타락과 절망의 나락으로 떨어진 사람들이 넘쳐날 것이다.

19
가장 위대한 개혁

독립선언서에서 말하는, 창조주가 인간에게 부여한 평등하고 양도 불가능한 권리들 가운데 첫 번째 권리—즉, 자연적 기회의 사용과 혜택에 대한 평등하고 양도 불가능한 권리—를 모든 사람에게 보장하기 전까지는 무슨 일을 하더라도 실제적이며 지속 가능한 성과를 거둘 수는 없다.

항상 옳은 것과 그른 것 사이의 중도를 찾으려고 애쓰는 사람들이 있다. 그들은 부당하게 참수당할 운명에 놓인 사람을 보면 발을 자르는 정도가 적절하다고 주장할 사람들이다. 아일랜드와 영국에서 법원으로 하여금 지대를 평가하게 하고 소작농을 자작농으로 만들어서 토지문제를 해결하자고 주장하는 사람들과, 미국에서 공유지를 실제 거주자에게 불하하고 소유 규모를 제한해서 토지문제를 해결하자고 주장하는 사람들이 바로 그런 사람들이다.

하지만 그런 소심하고 비논리적인 방법으로는 아무런 성과도 달성할 수 없다. 사회적 질병을 치유하려면 뿌리부터 다뤄야만 한다.

남은 공유지를 실제 거주자들에게 불하하는 것은 아무 소용이 없다. 그것은 소 잃고 외양간 고치기에 불과하며, 설사 그렇지 않다 하더라도 문제해결에는 아무런 도움도 되지 못한다.

한 사람이 소유할 수 있는 토지의 규모를 제한하는 것도 소용이 없기는 마찬가지다. 그것은 설사 실행할 수 있다 하더라도 실효성이 없는 방법이며 뒤따를 어려움을 해결할 수도 없다. 도시에서 1에이커를 소유하면 인구가 희박한 지역에서 수십만 에이커를 소유할 때보다 다른 사람의 노동을 더 많이 차지할 수도 있다. 소유의 집중을 초래하는 일반적인 원인이 해소되지 않는 한, 어떠한 법적 수단으로도 그것을 막을 수 없다. 임금이 노동자가 간신히 생계를 유지할 수 있는 수준으로 떨어지는 경향을 보이는 동안에는 소유의 집중을 막는 것은 불가능하다. 그런데 자기 나라 토지에 대한 평등한 권리가 모든 사람에게 보장되기 전까지는 임금은 그런 경향을 보일 수밖에 없다. 한 명의 노예 주인이 소유할 수 있는 노예 숫자를 제한하는 방법으로는 노예제도를 철폐할 수 없었듯이, 토지 소유의 규모를 제한하는 방법으로는 산업 노예제를 철폐할 수가 없다. 두 경우 모두 소유 규모 제한은 제도 철폐에 저항할 사람들의 숫자를 증가시켜서 오히려 제도 철폐를 어렵게 만들 뿐이다.

다음의 방법이 아니고는 빠져나갈 길이 없다. 사회적 불평등과 정치적 부패가 구제 불능 상태에 이르기 전에 미국을 구하려면, 독립선언서의 원칙에 따라 창조주가 모든 사람에게 부여한 평등하고 양도 불가능한 권리를 인정하고, 토지를 공동소유로 해야 한다.

　모든 사람이 토지 이용에 대해 평등하고 양도 불가능한 권리를 갖고 있다는 생각이 이상하게 느껴진다면, 그것은 오로지 오래된 관습 때문에 눈이 멀어서 명백한 진리를 보지 못하기 때문이다. 노예제도, 일부다처제, 식인 풍습, 어린이 두상 변형, 전족 등은 그런 제도나 관습이 존재하는 곳에서 자란 사람들에게는 지극히 자연스럽게 느껴진다. 하지만 사실은 토지가 노동생산물처럼 개인의 소유물로 취급되어야 한다는 생각만큼 부자연스러운 것은 없다. 지금까지 지구상에 존재한 사람들 중에 땅 그 자체가 사유재산이 될 수 있다는 생각을 가진 사람들은 극히 일부에 불과하다. 그것조차도 강탈, 독재, 사기가 오랫동안 지속된 결과 그리된 것이다. 이 생각은 로마 사람들 사이에 널리 퍼졌는데, 그들은 그것 때문에 부패하고 멸망했다.

　우리 미국의 선조들에게 그 생각이 받아들여지는 데는 꽤 긴 시간이 걸렸다. 사실, 유럽에서도 약 200년 전 찰스 2세 치하에서 지주들이 장악한 의회가 봉건적 부담을 철폐〔중세 유럽에서는 절대적·배타적 토지 소유가 아니라 중층적 토지 소유가 지배했다. 봉건적 부담을 철폐했다는 말은 이 중층적 토지 소유를 철폐했다는 의미다〕할 때까지 그 생각은 충분히 인정받지 못했다. 마침내 우리는 그 생각을 받아들였는데, 그때 우리는 귀족적인 군대조직을 비롯한 다른 많은 것들을 받아들일 때 했던 것처럼 아무 생각 없이 유럽의 관행을 그대로 따랐다. 토지는 풍부하고 인구는 희박했기 때문에, 13개 주에 살고 있던 인구가 불과 두세 개 도시에 거주하게 되는 상황이 되면 그 생각을 받아들인 것이 어떤 영향을 미치게 될지 우리는 인식하지 못하고 있었다. 하지만 이제 그에 대해 고민해야 할 때가 되었다. 지금 우리는 자유로운 정치제도를 갖고 있음에도 유럽이 안고 있는 모든 문제에 직면하고 있다. 아직 처녀지가 전부 사유화된 것은 아니지만 노동계층, 범죄집단, 극빈계층이 출현했으며, 소위 자유로운 미국 시민들 중에는 아무리 열심히 수고해도 가족을 부양할 수 없는 사람들이 많아지고 있다. 다른 한편에서는 대토지 소유가 로마의 심장부를 점령한 이래 전 세계에서 한 번도 볼 수 없었던 가공할 만한 재산이 축적되고 있다.

토지를 개인의 소유물로 취급하는 것보다 더 터무니없는 일이 어디 있을까? 본질적으로 토지는 당연히 개인의 소유물이 되어야 하는 인간 노동의 생산물과 다르다. 토지는 하나님이 만든 것이지만 노동생산물은 인간이 생산한 것이다. 토지는 양이 고정되어 있지만 노동생산물은 무한히 증가할 수 있다. 토지는 여러 세대가 왔다가 가더라도 그대로 있지만 노동생산물은 금방 마모되어 다시 자연으로 돌아간다.

지구의 일부를 잠깐 빌려 쓰는 사람이 땅을 빌려 쓴다는 점에서는 마찬가지인 사람들에게서 토지 사용의 대가로 지대를 받는다든지, 그가 태어나기 이전부터 있었고 그가 죽고 난 다음에도 있을 토지를 돈 받고 판다든지 하는 것보다 더 터무니없는 일이 어디 있을까? 1883년 현재 뉴욕에 살고 있는 우리가 수백 년 전에 죽고 없는 어떤 영국 왕으로부터 우리의 노동에 의존해서 살아갈 수 있는 권한을 부여받은 지주들을 위해 일해야만 한다는 것보다 더 터무니없는 일이 또 어디 있을까? 현재 미국에서 살고 있는 우리가 우리 중 어떤 사람들이나 외국의 자본가들에게 미래의 미국 시민들이 만들 생산물을 빼앗을 권리를 부여한다는 것이 도대체 말이나 되는가? 요컨대 토지에 소유권을 인정하는 것보다 더 터무니없는 일은 없다. 설사 현재 지구에 살고 있는 사람들이 모두 단합한다고 하더라도 다음 세대 사람들을 파는 것이 불가능하듯이 그들을 상대로 토지 소유권을 파는 것도 불가능하다. 토머스 제퍼슨이 말했듯이 땅은 살아 있는 사람들의 것이다.

유익하다는 이유로 토지사유제를 옹호할 수는 없다. 눈을 들어 원하는 곳을 보라. 그러면 토지의 사적 소유가 오히려 토지 이용을 저해하고 있다는 사실을 발견할 것이다. 토지의 사적 소유 때문에 생기는 투기는 인구 분산이 필요한 곳에는 사람들이 몰리게 만들고, 인구가 모일 필요가 있는 곳에서는 사람들을 분산시키는 작용을 한다. 그뿐만이 아니다. 개선을 도모하는 사람들은 토지 구입을 위해 모아둔 자본의 상당 부분을 쓸데없이 지출하거나 여러 해 동안 노동을 담보로 맡길 각오를 하고 개선 허락을 받아야 한다. 사람들은 자신들이 원하는 자영 노동을 하지 못하고, 고용주가 주는 임금을 받으려고 서로 사력을 다해 경쟁해야만 한다. 그 결과, 부의 생산은 크게 억제되고 분배 또한 매우 불평등해진다.

토지의 개량과 적절한 이용을 위해서는 토지의 절대적 소유가 필요하다는 가정만큼 쓸데없는 것은 없다. 토지의 최선 사용을 위해 필요한 것은 개량물에 대한 보장이다. 즉, 토지에 투입되는 노동과 자본이 각각 그 대가를 향유할 수 있도록 보장하면 된다. 이것은 토지의 절대적 소유와는 매우 다른 것이다. 뉴욕의 최고 좋은 빌딩 가운데 몇 개는 빌린 토지 위에 세워진 것들이다. 영국의 런던이나 다른 도시들, 미국의 필라델피아와 볼티모어는 상당 부분이 그렇게 건설되었다. 모든 광산은 임대차 계약하에 채굴되고 운영된다. 캘리포니아 주와 네

바다 주의 대규모 광산사업들은 엄청난 자본이 소요되는데도, 토지 소유권은 주지 않고 광산이 유지되는 동안 점유권을 보장해준다는 조건만으로 시작되었다.

점유권 보장만으로도 사람들은 수직 갱도를 파고 터널을 뚫고 아주 비싼 기계를 설치하는데, 그런 조건으로 다른 개선은 왜 안 되겠는가? 다른 사람의 토지를 이용하고 개선하는 사람들이 왜 전체 국민의 토지는 그렇게 하지 않겠는가? 토지의 지대가 기업이나 개인의 손에 들어가지 않고 국고로 들어간다면 트리니티 교회나 세일러스 스너그 하버Sailors' Snug Harbor[뉴욕 시 스태튼 섬 북부 연안에 있는 은퇴 선원 마을]가 소유한 토지, 애스터 가와 라인란더 가가 소유한 토지, 그 외에 다른 법인과 개인 소유자들이 소유한 토지가 지금만큼 잘 개선되고 이용되지 않을 이유가 있는가?

사실 토지가 모든 사람의 공동재산으로 취급된다면 사람들은 지금보다 훨씬 더 적극적으로 개선에 나설 것이다. 개선하는 사람이 개선의 이익을 모두 차지할 수 있기 때문이다. 하지만 현행 제도하에서는 토지를 얻으려면 가격을 지불해야 하기 때문에 개선은 억제될 수밖에 없다. 구입하든지 임차하든지 해서 토지를 확보하고 개선에 나서면 개선의 성과에 대해 세금이 부과된다. 개선하는 사람이 사용하는 모든 것이 중과세 대상이다. 토지가 모든 사람의 공동재산으로 취급된다면, 공동체에 귀속되는 토지 지대로 공공경비를 충분히 조달할 수 있기 때문에 다른 세금을 모두 철폐할 수 있다. 개선하는 사람은 개선할 토지를 더 쉽게 얻을 수 있고, 개선의 이익을 몽땅 차지하게 된다. 게다가 세금은 면제다.

모든 시민에게 토지에 대한 평등한 권리를 보장하자는 것은, 일부 무지한 사람들이 추측하듯이 모두에게 농토를 지급하고 도시 토지를 잘게 분할하자는 뜻이 아니다. 그런 분할이 그 자체로 불가능하지는 않다고 하더라도, 그렇게 해서는 모든 사람에게 평등한 권리를 보장할 수가 없다. 산업과 관습이 단순한 소규모 원시사회, 예를 들어 모세가 율법을 선포했던 고대 이스라엘에서는 각 가족에게 토지를 똑같이 나눠주고 양도할 수 없게 만듦으로써 실질적인 평등을 실현할 수 있었다. 옛날 우리 조상들이 살았던 서유럽이나, 러시아와 인도의 촌락공동체와 같은 원시사회에서는 주기적인 재분배나 공동경작을 통해, 그리고 초기 뉴잉글랜드 식민지처럼 인구가 희박한 곳에서는 각 가족에게 택지와 종자 밭을 지급하고 나머지 땅은 마을 토지 또는 공유지로 유지하는 방법으로 실질적인 평등을 실현할 수 있었다. 그러나 고도 문명사회—인구는 급속히 증가하고 있고, 중심지는 계속 변하며, 대도시와 세분된 산업 그리고 복잡한 생산체계와 교환체계가 존재하는 곳—에서는 그런 조악한 방법들은 효과가 없을 뿐만 아니라 실행할 수도 없다.

그렇다고 해서 불평등을 용인해야 하는 걸까? 소수가 모든 사람에게 주어진 공동유산을 독점하는 것을 인정해야 하는 걸까? 결코 그렇게 해서는 안 된다. 두 사람이 함께 다이아몬드 하나를 발견했다고 하더라도 보석상에 가져가서 반으로 자르려고 하지는 않는다. 세 아들이 배 한 척을 물려받았다고 하더라도 톱으로 배를 세 동강 내려고 하지는 않는다. 그들도 그렇게 하지 않으면 똑같이 나누는 것이 불가능하다고 생각하지 않는다. 철도회사 주주들의 권리를 보장하기 위해 철길이나 기관차나 기차 차량이나 역을 주주 수대로 잘게 쪼개야만 하는 것은 아니다. 마찬가지로 토지에 대한 평등권을 보장하기 위해 토지를 똑같이 나눌 필요는 없다. 단지 토지 지대를 걷어서 공동의 이익이 되도록 쓰면 된다.

　토지 지대를 징수해서 공동의 이익이 되도록 쓰려면 어떻게 해야 할까? 일부 무식한 사람들이 생각하듯이 국가가 토지를 소유하고 1년 단위 혹은 일정 기간 단위로 임대해야만 하는 것은 아니다. 현행 조세 제도를 활용한다면 훨씬 간단하고 쉬운 방법으로 할 수 있다. 다른 조세를 모두 철폐하여 조세 부담이 토지가치에만 돌아가게 한 후 지대를 징수하여 공동의 이익이 되도록 쓰는 것이다.

　이처럼 간단한 방법으로 우리는 정부기구를 확대하지 않고, 아니 오히려 크게 단순화하면서 토지를 공동재산으로 만들 수 있다. 우리는 다른 모든 조세를 철폐하겠지만 그래도 정부재정은 큰 흑자를 기록할 것이고 그 흑자는 꾸준히 증가할 것이다. 공동기금[지대 총액을 가리킨다]이 증가하기 때문에 생기는 일이다. 모든 사람이 함께 이 공동기금의 혜택을 누리게 되면 그것의 관리방법은 그들 모두의 이해관계가 걸린 문제가 되기 때문에 횡령이나 낭비는 불가능하다. 이 제도하에서는 어떤 사람도 사용하지 않는 토지를 가지고 있을 수가 없다. 미사용 토지가 토지 이용을 원하는 사람들에게 개방되기 때문에 노동시장의 문제는 완화되고 생산과 개선은 엄청난 자극을 받을 것이다. 한편, 사용 토지에서는 사용자가 어떤 토지개량물을 그 위에 만들었건 상관없이 그 가치에 따라 대가가 지불된다. 하지만 토지개량물에 세금이 부과되는 일은 없다. 토지 사용자가 노동을 통해 전체 부를 증가시키고 절약을 통해 저축을 늘릴 경우, 지금처럼 그 때문에 벌금을 맞는 것이 아니라 전부 그의 것으로 인정받는다. 이 제도는 각 사람에게 노력의 대가를 보장한다는 점에서 진정한 사유재산제라고 불러야 마땅하다.

그러므로 모든 과세를 토지가치에 부과되는 조세에 집중시킨 후 지대의 대부분을 징수할 수 있을 정도로 무겁게 과세하여 공동의 목적을 위해 쓰는 것은 모든 개혁 중에서 가장 위대하고 가장 근본적인 개혁이라고 할 수 있다. 그것으로 말미암아 다른 모든 개혁이 쉬워지고, 그것이 빠지면 다른 어떤 개혁도 소용이 없다.

이 주제에 대해 한 번도 공부해보지 않은 사람들에게는 단순한 세제개편을 가지고 모든 개혁 중에서 가장 위대하고 가장 큰 영향을 끼칠 개혁이라고 주장하는 것이 터무니없게 보일 것이다. 하지만 앞 장들에서 내가 밝힌 일련의 생각을 잘 따라온 사람이라면 누구라도 이 간단한 제안 속에 가장 위대한 사회혁명이 포함되어 있다는 사실을 이해할 것이다. 이 혁명에 비하면 프랑스의 구체제를 무너뜨린 혁명이나 미국 남부의 노예제도를 타파한 혁명은 아무것도 아니다.

이처럼 단순해 보이는 개혁을 경제법칙과 관련지어 충분히 설명하려면 면밀한 논증이 필요하다. 그런 논증을 대하면 힘들어할 아마추어 독자가 대상인 이 책에서 그 개혁의 영향력에 대해 철저하게 밝히는 것은 곤란하겠지만, 분명히 드러나는 몇 가지 효과에 대해 이야기하는 것은 괜찮지 않을까 생각한다.

토지 지대*를 조세로 징수해서 공적 목적을 위해 사용할 경우, 지

---

* 내가 여기서 토지 지대ground-rent라는 용어를 택한 이유는 적절한 경제학 용어인 지대rent를 사용할 경우 상식적인 의미로 사용하는 습관을 가진 사람들이 그것을 빌딩이나 토지개량물에서 생

금 노동과 자본을 무겁게 짓누르고 있는 모든 조세를 철폐할 수 있다. 그리되면 생산에 대한 제약은 제거되고 생산을 자극하는 유인은 커지기 때문에 부의 생산은 비약적으로 증가할 것이다.

이 개혁이 부의 생산을 비약적으로 증가시키는 경로는 또 있다. 자연적 기회를 모든 사람에게 개방하는 것을 통해서다. 이 개혁은 사용자 외에는 누구도 토지 보유를 통해 이익을 얻지 못하게 함으로써 토지 독점을 완전히 무너뜨릴 것이다. 어떤 사람도 토지가치의 상승을 기대하여 토지를 보유하려는 유혹에 빠지지 않는다. 토지가치가 상승할 경우 조세가 그걸 그냥 두지 않는다는 것이 확실하기 때문이다. 어떤 사람도 비싼 땅을 보유하면서 놀릴 수는 없다. 토지가 최선의 용도에 투입되는 경우를 상정하여 세액이 결정되기 때문이다. 그 결과, 토지 투기는 완전히 근절되고 토지 이용을 원하는 사람은 누구나 미사용 토지를 자유롭게 이용할 수 있게 될 것이다.

자연적 수단과 기회가 모든 사람에게 개방되는 동시에 지금 생산을 방해하고 생산에 벌금을 매기고 있는 조세가 철폐됨으로써 생산이 비약적으로 증가하면, 모든 소득의 원천이 되는 기금도 비약적으로 늘어날 것이다. 그뿐만 아니라 이 개혁은 부의 분배를 지금보다 훨씬 더 평등하게 만들 것이다. 모든 소득의 원천이 되는 기금 가운데 토지 소유자들이 차지하고 있는 부분이 공동의 목적을 위해 쓰임으로써 사실상 모든 사람에게 분배될 것이기 때문이다. 지금 토지 소유자들은 생산에 무엇인가 기여한 것이 있어서가 아니라 자연적 수단과 기회를

기는 소득으로도 이해할 수 있기 때문이다.

자기 것으로 만들었기 때문에 그 엄청난 소득을 얻고 있다. 물질적 진보가 계속되고 토지가치가 상승하면 그들의 소득은 자꾸 더 커진다.

노동에 가해지고 있는 제약이 제거되고 자연적 기회가 모든 사람에게 개방되면, 노동은 자유롭게 스스로를 고용하게 될 것이다. 특정 부에 대한 욕구가 충족되지 않는데도 노동시장에서 노동이 남아도는 일은 더는 생기지 않게 된다. 알다시피 노동은 모든 부를 다 생산하지 않는가? 자연적 기회가 모든 사람에게 개방되면, 일자리를 얻으려 하지만 결국 실패하는 사람들은 찾아보기 어려울 것이다. 실업자가 넘쳐나서 일자리를 놓고 노동자들끼리 치열한 경쟁을 벌이는 바람에 임금이 최저생계비 수준으로 떨어지는 일도 없게 된다. 노동자들만 서로 구직 경쟁을 벌이는 일방적인 상황이 사라지는 대신, 고용주들이 노동자를 구하기 위해 서로 경쟁을 벌이게 될 것이다. 자연히 노동자들이 임금을 올리거나 유지하기 위해 연대할 필요도 없게 된다. 임금이 최저생계비 수준으로 떨어지는 것이 아니라 고용주가 지불할 수 있는 수준 중에서 최고치로 올라갈 것이며, 그에 따라 노동자는 자기가 만든 것의 일부만이 아니라 전부를 받게 될 것이기 때문이다. 물론 고용주는 기술, 예측 능력, 자본으로 생산에 기여한 부분을 가져가게 될 텐데, 그것은 그에게 돌아가야 정당하다.

이렇게 부의 분배가 평등해지면 엄청난 절약이 가능해지고 생산력은 크게 증가한다. 사회는 빈곤 때문에 생기는 나태, 극빈자 문제, 범죄 등에 대처하기 위해 써야 하는 비용을 절약할 수 있다. 부의 분배가 평등해지면 노동의 사회적 유동성이 증가하고 대중의 지성은 향상되며, 임금이 상승하여 발명과 생산과정 개선의 유인도 커질 텐데, 이 또한 생산의 비약적 증가를 자극할 것이다.

토지가치에 부과되는 조세를 제외하고 모든 조세를 철폐하면, 정부기구가 크게 단순화되고 정부지출도 크게 줄어든다. 세관 공무원, 국세청 직원, 세금 징수원, 세액 평가인, 서기, 회계원, 정보원, 형사, 기타 여러 정부기관 종사자들이 필요 없어진다. 간접세로 인한 정치의 부패도 사라진다. 지금은 현행 조세제도를 유지하고 싶어하는 패거리들도 이 개혁이 실행되면 더는 유권자들을 매수하기 위해 돈을 쓰거나 로비스트를 통해 입법권자들을 괴롭히는 일은 하려 들지 않을 것이다. 우리는 현재 조세 징수과정에서 자행되고 있는 속임수와 거짓 맹세, 뇌물 공여와 매수 등의 행위를 근절해야만 한다. 그리고 입법단계에서부터 시작되는 부정—예컨대 그 자체로 아무런 해악도 끼치지 않는 행위를 금지하거나 도덕적 기준으로는 죄가 아닌 행위를 처벌하면서도 탈세는 보호해주는 법률을 만드는 것—을 척결해야만 한다.

"토지는 집 밖에 있다." 감추거나 이동시킬 수 없다. 그래서 토지가치는 다른 어떤 가치보다 훨씬 쉽고 정확하게 측정할 수 있으며, 토지가치에 부과되는 조세도 100퍼센트 확실하게 그리고 최소의 비용으로 징수할 수 있다. 토지가치에 의존해서 전체 공공수입을 조달하게 되면 정부가 단순화되고 부패의 원인이 사라지기 때문에, 우리는 전신과 철도의 운영을 안심하고 정부에 맡길 수가 있을 것이며, 증가하는 재정 흑자분을 공동의 이익을 보장하고 공공 편의시설을 제공—사회가 요구하는 공동의 이익과 공공 편의시설은 문명의 진보와 함께 증가하기 마련이다—하는 일에 안심하고 지출할 수 있을 것이다.

공동의 관심사를 모두에게 이익이 되도록 관리하는 방법에 대해 생각할 때 중요하게 고려해야 하는 것은 내가 제안한 개혁이 가져올 정부의 단순화만이 아니다. 생활상태가 평등해지고 빈곤이 타파됨에 따라 사회생활 가운데 나타날 도덕적 분위기의 고양도 무척 중요하다. 부에 대한 탐욕은 궁핍에 대한 두려움의 반영에 지나지 않는다. 다수의 사람들이 부에 대한 탐욕을 품고 있으면, 모든 사람을 악당이라 여기고 대해야 한다는 것이 기업의 모토가 되고, 공직을 이기적 목적으로 이용하지 않을 사람을 찾기 어렵다는 절망감이 사회 전체에 확산된다. 사람들이 서로를 짓밟는 것은 짓밟힐지도 모른다는 두려움 때문이며, 비양심적인 졸부가 감탄의 대상이 되는 것은 치열한 생존경쟁—우리 대부분은 여기에 온 힘을 다 바쳐야 한다—이 만들어내는 왜곡된 사고방식 때문이다.

지금은 비양심적인 졸부에게 감탄을 보내는 분위기 때문에 부자들도 부를 늘리느라 여념이 없지만, 아무도 궁핍을 두려워하지 않을 때, 모든 사람이 가족과 함께 편안하고 독립적인 생활을 할 수 있다고 확신하고 있을 때는, 돈 버는 일이 아닌 다른 일이 감탄의 대상이 될 것이다. 그때는 자기가 쓸 수 있는 것보다 더 많이 벌려고 애쓰는 사람은 바보 취급—그는 정말 바보다—을 당하게 될 것이다.

이기심과 탐욕, 그리고 악덕과 범죄는 대개 인간의 본성 가운데 나쁜 부분을 강화하고 선한 부분을 억제하는 사회상태의 결과라는 사실과, 지금도 사람들 속에는 애국심과 미덕이 들어 있는데 사회제도와 정치제도를 잘 구축해서 그런 선한 본성을 활용할 수만 있다면 공적 사안들을 얼마든지 최선으로 관리할 수 있다는 사실을 깨닫지 못하는 사람은, 틀림없이 비열하고 더러운 자들에게만 시선이 가 있는 사람일 것이다. 가난하지만 엄청난 돈을 안심하고 맡길 수 있는 사람이 있지 않는가? 부자지만 이웃에 대해 뜨거운 동정심을 갖고 있고 그들을 이롭게 하는 일이라면 어떤 일에도 헌신하는 사람을 만나보지 못했는가? 오늘날 우리 주변에 있는 자선단체들을 보라! 그 단체들은 비록 영원히 선행을 할 수는 없다고 할지라도, 적어도 올바로 발휘된다면 엄청난 결과를 가져올 수 있는 비이기적인 동정심이 존재함을 보여준다.

 내가 제안하는 것은 단순한 세제개혁이 아니다. 그것은 가장 중요한 사회제도를 자연법에 맞도록 바꾸는 것이다. 이 문제에 대해 한 번도 생각해보지 않은 사람들에게 토지가치를 과세 대상으로 삼아서 지대를 전체 사회를 위해 쓰는 것이 창조주의 분명한 의도라고 주장하면 심히 주제넘은 이야기로 여길지 모른다. 그러나 이 문제에 대해 생각해본 사람이라면 누구나, 인간이 손이 아니라 발로 걷도록 하는 것이 창조주의 의도였다고 말하는 것이 주제넘은 이야기가 아니듯이, 우리의 주장도 결코 주제넘은 이야기가 아님을 알 것이다. 창조주의 창조 계획에는 인간의 물질적 관계뿐만 아니라 사회적 관계도 들어 있다. 물고기는 물속에서 헤엄치고, 새는 공중에서 날아다니고, 원숭이는 숲 속에서 살고, 두더지는 땅속에 파고들어가도록 계획되었다고 한다면, 인간은 이웃과 함께 살도록 계획되었다. 인간은 선천적으로 사회적 동물이다. 그리고 창조주의 계획 속에는 개인의 삶과 개인의 발달이 들어 있듯이, 사회의 생명과 사회의 발달도 분명히 들어 있다. 문명이 우리를 창조주의 법을 벗어난 곳으로 데리고 갈 수는 없다. 꽃이나 나무가 우연히 생기지 않은 것처럼 철도, 전신, 노동절약적 기계도 우연히 생긴 것이 아니다.

　인간은 본능적으로 사회를 이루며 사는 존재다. 그렇게 형성되는 사회에는 일정한 필요와 기능이 생기기 때문에 그에 맞는 수입이 있어야 한다. 사회가 발전할수록 그 필요와 기능이 커지므로 수입도 점점 더 많아져야 한다. 우리는 본능적으로 알 수는 없다고 할지라도, 경험과 분석을 통해 모든 자연적인 필요에는 그것을 충족시키는 자연스러운 방법이 있다는 것을 안다. 인간 사회가 자연의 일부—실제로 분명히 자연의 일부다—라면, 개인적 필요뿐만 아니라 사회적 필요에도 그것을 충족시키는 자연스러운 방법이 있을 것이다. 자연스럽고 올바른 보행방법이 있듯이 자연스럽고 올바른 과세방법 또한 틀림없이 존재한다.

　자연스럽고 올바른 보행방법은 손으로 걷는 것이 아니라 발로 걷는 것임을 우리는 확실히 알고 있다. 우리의 확신은 다음의 사실을 경험하기 때문에 생긴다. 발은 걷는 일에 적합하지만 손은 그렇지 않다. 발로 걸을 때는 몸의 다른 모든 기관이 그 기능을 자유롭게 수행할 수 있지만, 손으로 걸을 때는 그렇지 않다. 발로 걸을 때는 편하고 편리하고 빠르지만, 아무리 연습을 하더라도 손으로 걸을 때는 불편하고 느리고 고통스럽다.

　사회가 필요로 하는 공공수입을 확보하는 데도 자연스럽고 올바른 방법이 있다. 그것은 토지가치에 과세하는 것이다. 성질상 보행에 적합한 것이 발인 것처럼 성질상 과세에 적합한 것은 토지가치다. 또 몸과의 관계에서 볼 때 보행에 적합한 것이 발인 것처럼 사회와의 관계에서 볼 때 과세에 적합한 것은 토지가치다.

토지가치*는 사회가 통합되면서 공공의 혹은 공동의 수입이 필요하다고 느껴지는 순간부터 발생한다. 사회발전이 계속됨에 따라 더 많은 수입이 필요해지면 토지가치도 증가한다. 토지가치에 대한 과세는 다른 과세방법들과는 달리 생산과 저축의 동기를 저해하지 않는다. 오히려 생산력이 자유롭게 발휘되도록 허용하며, 생산을 제약하는 요인들이 생기는 것을 막는다. 토지가치에 대한 과세는 다른 과세방법들과는 달리 독점을 발전시키지도, 부의 분배에서 부당한 불평등을 야기하지도 않는다. 오히려 독점을 무너뜨리고 부의 분배를 평등하게 만드는 효과가 있다. 토지가치세는 다른 어떤 조세보다도 더 확실하고 경제적으로 징수될 수 있다. 이 조세는 다른 조세들과는 달리 탈세, 부패, 부정을 야기하지 않는다.

요컨대 토지가치세는 바람직한 조세가 갖춰야 할 모든 경제적·도덕적 조건을 다 갖추고 있다. 개인의 노력에 의해 만들어지는 것이 아니라 사회가 존재하고 성장하기 때문에 생기는 토지가치를 사회가 징수해서 사회의 필요를 충족시키는 데 쓰자는 말보다 더 정의에 부합하는 말이 어디 있겠는가?

앞에서 자연의 재료와 기회가 공기처럼 공짜인 세상을 상상한 적이 있는데, 그때 나는 우리가 살고 있는 이 세상은 부여받은 지성을 활용하고자 하는 사람들에게 좋은 세상이라고 말했다. 분명히 그렇다. 사회적 불의로 불평등, 고통, 타락이 초래되는 현상의 배후에 작

---

* 가치가 효용과 전혀 다른 것임에 유의해야 한다. 이 두 가지 다른 개념을 혼동하는 데서 많은 실수와 혼란이 발생한다. 어떤 물건이 아무리 유용하다 할지라도, 누군가 그것을 얻기 위해 노동을 하거나 노동생산물을 내놓기 전까지는 가치를 갖지 않는다.

용하는 법칙 그 자체는 분명 선하다. 악은 선의 나쁜 측면이다.

사람은 동물 이상의 존재다. 우리가 살고 있는 이 세상의 구조를 고찰하면 할수록, 우리는 인간이 동물적인 삶 이상의 삶을 살아가도록 이 세상이 조직되어 있음을 더 확실하게 알게 된다. 이 세상이 존재하는 목적이 단지 인간으로 하여금 잠깐 동안 먹고 마시고 입고 안락하게 거주할 수 있도록 하는 데 있다면, 내가 앞에서 상상했던 그런 세상이 최선일 것이다. 그러나 적어도 인간에 관한 한 이 세상의 목적은 분명히 도덕적·지적 능력을 발달시키는 데 있다. 인간 그 자체를 생각하건 인간과 외부 자연의 관계를 생각하건, 인간은 하나님의 형상을 따라 창조되었다고 하는 히브리 성경의 대담한 선언이 정말 진리임을 깨닫게 된다.

인간이 필요로 하는 모든 물자를 지구상의 모든 지점에서 똑같이 잘 생산할 수 있다면, 동물로서의 인간에게는 더 편리하게 느껴질 것이다. 하지만 그랬다면 인간이 어떻게 동물의 수준을 넘어설 수 있었겠는가? 사회발전의 역사를 보면, 상업이 사회를 문명화시키고 사람들을 교육시키는 데 큰 역할을 했고 또 하고 있음을 알 수 있다. 지구상 각 지역의 자연적 조건은 한없이 다양하기 때문에 생산물의 교환이 발생하게 되는데, 이는 고립을 막고 편견을 깨뜨리고 지식을 늘리고 사고를 넓히는 데 크게 기여한다. 개인의 재능과 사회의 능력이 그런 것처럼, 자연의 다양성은 자연력에 대한 우리의 지식이 늘어날수록, 사회가 발달할수록 더 커지는 것 같다. 그것은 인간이 토끼풀로 덮인 한없이 넓은 목초지에서 산다면 도저히 얻을 수 없는 숨은 능력과 기쁨을 준다. 우리가 관세를 무기 삼아 대항—인간의 이기적인 편견은 얼마나 근시안적인지!—하고 있는 '하나님의 국제법'은 사실은 정신과 도덕의 진보를 자극하는 법칙이고 문명의 원동력이 되는 법칙이다.

지대현상을 통해서도 우리는 아름답고 은혜로운 법칙 하나를 발견한다. 그 법칙은 다른 어떤 것보다도 더 많이 무한히 크신 분의 마음을 깨닫게 해주며 만물의 주인이면서도 일하시는 분을 엿볼 수 있게 해준다.

지대법칙의 내용은 다음과 같다. 개인들이 모이면 사회가 형성된다. 사회가 성장할수록 개별 구성원들은 점점 더 통합되고 일반적 이해관계와 삶의 조건이 점점 더 중요해진다. 그럴 경우 개인이 혼자 힘으로 창출할 수 있는 가치를 초과하여 사회 전체가 창출하는 가치가 생긴다. 이 가치는 토지가치로 표현되기 때문에 누구나 감지할 수 있고 확실하며 계산과 수취도 가능하다. 사회가 성장할수록, 사회 전체가 생산에 기여하는 부분에서 유래하며 그 부분을 감지 가능한 형태로 표현해주는 이 가치도 증가한다. 자연법—화학과 천문학의 목적이 각각 그 관련 방면의 자연법을 찾는 데 있듯이, 경제학의 목적은 이 자연법을 찾는 데 있다—덕분에 모든 사회적 진보는 필연적으로 이 공동의 가치 혹은 기금을 증가시킨다.

사회가 성장할수록 증가하는 사회적 필요를 충족시키기 위해 자연법이 마련해주는 기금이 여기에 있다. 사회가 불평등이 아닌 평등을 향해 자연스럽게 진보하도록 만드는 자연 활용 방법이 여기에 있다. 이는 통일을 지향하는 구심력이 다양성을 지향하는 원심력에서 발생하면서도 원심력과 균형을 이루는 것과 마찬가지다. 민간이나 공공의 구호금을 쓰지 않고도 약자, 무의탁자, 노령자를 돕고 모든 사람의 공동의 필요를 충족—각 사람은 공동의 권리를 갖고 있다—시킬 수 있는 기금, 즉 사회 전체에 속하는 기금이 여기에 있다. 이 기금을 활용함으로써 사회는 국방과 치안유지를 목적으로 하는 조악한 연합체에서 협동조합적 연합체로 순조롭게 성장할 수 있다. 협동조합적 연합체에서는 집합적 지성에 의해 집합적 능력이 발휘되기 때문에 각 구성원은 따로따로 생산할 때보다 더 많은 것을 얻을 수 있다.

우리가 탐욕과 욕망으로 가득 찬 개들에게 어린아이들의 빵을 던져주고 다양한 불평등의 원인이 되는 근본적 불평등을 만들어내게 된 것은, 토지를 사유재산으로 만들고 자연이 모두를 위해 마련해둔 이 기금을 개인이 차지할 수 있도록 허용했기 때문이다. 우리 문명의 한가운데에서 사회 부패의 전조라 할 수 있는 끔찍하고 터무니없는 일들이 일어나는 것은 우리가 창조주의 선한 선물을 오용하고 그분의 사회법칙을 무시하거나 거역했기 때문이다.

20
미국 농민

토지에 대한 공동의 권리를 인정하자는 제안은 자기 농장을 소유하고 있는 농민들의 반대 때문에 실행에 옮겨질 수 없다고 주장하는 사람들이 많다. 그 농민들이 미국 인구의 상당 부분을 차지하고 있기 때문에 마음만 먹으면 강력한 정치적 힘을 행사할 수 있다는 이유에서다.

새로운 사상이 농촌 인구에 파급되는 속도가 도시 인구에 비해 느리다—단, 미국의 경우는 다른 나라보다 그 정도가 덜한 것 같다—는 것은 사실이다. 하지만 그렇다고 해서 미국의 소농들을 토지사유제의 확실한 보루로 간주하는 것은 아주 잘못된 판단이다.

전체에 가져다주는 혜택은 매우 크지만 자신들의 개인적 이해에는 반하는 듯 보이는 정책에 농민들이 반대할 것이고 그래서 반대세력에게 든든한 우군이 될 것이라는 점을 인정—사실 나는 인정하지 않는다—한다고 하더라도, 내가 제안한 방안이 농민 상당수의 이해에 반한다는 것 자체가 사실이 아니다. 오히려 이 방안은 임금 노동자들에게 이익이 되는 것처럼 분명히 농민들에게도 이익이 될 것이다. 평균적인 농민은 처음에는 이것이 사실상 토지를 공동소유로 만들려는 방안이라고 생각할 수도 있다. 하지만 그에게 토론하고 숙고할 시간이 주어진다면, 토지가치에만 과세하는 것은 모든 세금을 그에게 부과하는 것과 같다고 하면서 그를 설득하는 자들이 성공하기는 어렵다. 마치 남북전쟁 때 북군이 흑인들을 납치해서 쿠바에 파는 일에 여념이 없다고 하며 흑인들을 설득하던 노예 소유주들이 성공하지 못했던 것과 마찬가지다.

평균적인 농민은 글을 읽고 쓸 수 있고 계산도 할 수 있다. 특히 자신의 이해와 관련이 있는 문제들에 대해서는 매우 면밀하게 계산한다. 그는 느릴지는 몰라도 사상의 큰 흐름에서 벗어나 있는 존재가 아니다. 또 무식하게 현실을 있는 그대로 받아들이면서 만족하고 개혁적 사상에는 무관심한 존재도 아니다. 평균적인 농민은 이미 현실에 불만을 품고 있으며, 지금 그의 불만은 점점 더 커지고 있다. 힘들고 무력한 농민의 삶은 사치스럽고 신나는 도시생활에 비하면 더욱더 힘들고 무력하게 느껴진다. 농민은 도시생활을 자주 볼 수는 없지만 그에 관한 글은 늘 읽고 있다. 그는 부의 총량에 아무것도 더하지 않은 사람들이 막대한 재산을 축적한다는 소식에 불의한 일이라는 느낌을 지우지 못한다. 그는 적어도 자신이 사회를 위해 감당해야 할 정당한 부담보다 더 많은 부담을 지고 있고 사회로부터 받아야 할 정당한 혜택보다 적은 혜택을 누리고 있다는 것을 느끼기 시작했다. 비록 그에게 각성의 시기가 아직 도래하지 않았다고 하더라도 정치적 이슈가

퇴조함에 따라 그의 관심이 사회경제적 문제로 점점 더 옮겨가고 있다는 것은 분명하다.

토지에 대한 평등한 권리를 보장하기 위한 수단으로서 내가 제안하는 세제개편은 다른 사람의 땅을 경작하는 농민들, 사실상 채권자의 소유가 되어버린 농장을 가지고 있는 농민들, 그리고 농장을 구하고 있는 농민들에게는 분명 이익이 될 것이다. 지금부터 이야기하겠지만, 내 제안에 대한 반론이 기대고 있는 농민들, 즉 자기 농장을 소유하고 있는 농민들은 농업 부문 유권자 중에서 점점 소수가 되고 있고 전체 유권자 중에서는 훨씬 더 빠른 속도로 소수가 되고 있다. 더욱이 다수의 소농들에게 이 세제개편이 이익이 된다는 것은 너무도 명백하기 때문에 그들은 그것을 알고는 반대하기는커녕 오히려 좋아할 것이다. 자기 손으로 자기의 작은 농장을 경작하는 농민이 토지 소유자라는 건 사실이다. 하지만 그는 노동자의 성격이 훨씬 강하고 가축, 토지개량물, 농업도구 등을 소유하고 있다는 점에서는 자본가이기도 하다. 그는 자기 땅에서 발생하는 토지가치로 생활하는 것이 아니라 자신이 소유한 자본과 자기 노동으로 생계를 꾸린다. 그에게 중요한 것은 생산자의 이해관계지 토지 소유자의 이해관계는 아니다.

몇 년 전 더블린에는 머피라 불리는 신사가 살았다. 사람들은 그를 코지 머피Cozy Murphy(Cozy는 편안하다는 뜻이다)라 불렀다. 그렇게 부른 이유는 그가 편안함을 무척 추구하는 사람이었기 때문이다. 코지 머피는 티퍼레리Tipperary(아일랜드 남부의 주)에 토지를 가지고 있었다. 하지만 그곳에는 마름을 두어 지대를 징수하고 소작인들이 지대를 납부하지 않을 때 쫓아내는 역할을 맡기고는 그 자신은 더블린에 살았다. 더블린이 티퍼레리보다는 더 편안한 곳이었기 때문이다. 마침내 그는 침대 위가 더블린에서 가장 편안한 곳―사실은 전 세계에서 가장 편안한 곳―이라는 결론에 도달했다. 그래서 그는 침대로 가서 약 8년 동안 거기 머물렀다. 몸이 아파서가 아니라 그곳을 좋아했기 때문이다. 침대 위에서 그는 저녁을 먹고 와인을 마시고 시가를 피우고 책을 읽고 카드놀이를 하고 손님을 맞고 마름의 계좌를 확인하고 수표를 발행했다. 8년이 지나자 침대에 싫증을 느끼게 되었다. 그는 일어나 옷을 입고 밖으로 나갔다. 그 후 몇 년 동안 다른 사람들처럼 살다가 죽었다.

그런데 가족의 삶은 그가 침대 위로 가지 않았을 경우에 비해 전혀 나빠지지 않았다. 아니 오히려 더 부유해졌다. 침대 위로 감으로써 그의 지출은 줄었지만, 소득은 조금도 줄지 않았기 때문이다. 이 사람은 전형적인 토지 소유자, 즉 순수하고 단순한 토지 소유자였다.

이제 일하는 농민더러 그와 그의 아들들이 침대 위로 가서 거기 머문다면 그의 가족은 어떻게 될지 생각해보라고 하라. 그러면 그는 자신이 토지 소유자의 이해관계보다 노동자의 이해관계를 훨씬 더 많이 갖고 있음을 금방 깨닫게 될 것이다. 일하는 농민이, 토지가치세를 제외한 모든 조세를 철폐하면 (자기보다 더 큰 토지 소유자들에게 어떤 영향이 미치건) 자기에게는 정말 이익이 된다는 사실을 깨닫는 데 추상적 개념들에 대한 이해가 필요한 것은 아니다. 일하는 농민에게 간접세가 얼마나 부담이 되는지 생각해보게 하라. 그는 간접세를 다른 사람에게 전가할 힘이 없다. 또 농민이 구매하는 상품의 경우 대부분 간접세가 가격 인상을 초래하지만 판매하는 상품은 그렇지 않다는 사실과, 간접세 때문에 정부 활동에 필요한 비용을 부자들보다 농민들이 (소득 대비 비율의 면에서) 훨씬 더 많이 낼 수밖에 없다는 사실을 생각해보게 하라. 그러면 그는 간접세를 직접세로 바꿀 경우 자신에게 이익이 될 가능성이 크다는 사실을 알게 될 것이다.

좀더 생각할 수 있도록 그에게 시간을 줘보라. 그러면 그는 토지가치에 한정해서 직접세를 부과할 경우 자신의 이익이 더욱더 커진다는 사실을 알게 될 것이다. 일하는 농민의 토지는 개량된 토지인데, 거기서는 보통 빈 땅의 가치에 비해 토지개량의 가치와 경작에 이용되는 가축의 가치가 상대적으로 높은 비중을 차지한다. 가치가 높은 토지가 모두 일하는 농민의 토지처럼 개량된 토지인 것은 아니다. 게다가 전자는 후자보다 훨씬 많다. 따라서 현재 토지개량분과 가축에 부과되고 있는 조세를 토지개량분과 무관하게 결정되는 빈 토지의 가치에 대한 조세로 대체하면, 개량된 토지의 소유자들, 그중에서도 특히 소규모 토지 소유자들은 이익을 보기 마련이다. 그들의 경우 토지가치 대비 토지개량분 가치의 비율이 대토지 소유자들에 비해 훨씬 높다. 게다가 그들은 토지개량분을 적절한 과세 대상으로 취급하는 제도 때문에 토지가치에 대해서조차 대토지 소유자들보다 훨씬 더 무거운 조세를 부담하고 있다.

일하는 농민은 자기 주위를 돌아보기만 해도 이 사실을 금방 확인할 수 있다. 면적이 80~160에이커에 불과한 자기 농장 가까이에서 면적이 500~1,000에이커, 심지어 어떤 곳에서는 1만 에이커에 달하는 대규모 토지를 발견하기는 어렵지 않다. 그 토지들은 일하는 농민의 토지와 가치는 같지만, 토지개량분, 가축, 농기구, 가재도구는 일하는 농민의 토지에 비해 훨씬 적다. 아예 개량이 되지 않았거나 놀고 있는 토지도 있다. 마을 안에서는 면적이 1에이커, 2분의 1 또는 4분의 1에이커인 부지들을 발견할 것이다. 이 토지들은 미개량 상태거나 조금밖에 개량되지 않았는데도 가액이 일하는 농민의 농장보다 더 비싸다. 좀더 살펴보면 광업용 토지나 기타 자연적 이점이 뛰어난 토지를 발견하게 될 것이다. 이런 토지들은 그 위에 과세 가능한 개량물이 거의 없거나 아니면 아예 없는데도 엄청나게 비싸다. 대도시에서는 면적은 세로 25피트, 가로 100피트(약 70평 정도)에 불과하지만 가액은 그의 농장만한 농지보다 더 비싼 빈 부지들을 발견하게 될 것이다. 도심 쪽으로 더 들어가면 매우 웅장하지만 건물 값이 부지 값에 못 미치는 빌딩들을 발견할 수 있을 것이다. 블록마다 1평방미터의 값이 그의 농장 전체의 값보다 비싼 땅들이 즐비할 것이다. 모든 조세를 토지가치에 대해 부과한다면, 일하는 농민이 부담해야 할 조세는 분명히 상대적으로도 절대적으로도 감소할 것이다.

    모든 조세를 토지가치에 부과하면 농촌 지역이 손해를 보고 도시 지역이 이익을 보게 된다는 것은 결코 진실이 아니다. 오히려 그 정반대가 진실이다. 지금 토지가치가 빠른 속도로 상승하는 쪽은 도시고, 현재의 성장 추세가 지속되는 한 이런 경향은 지속될 수밖에 없다. 모든 조세를 토지가치에 부과하면 농촌 지역의 조세 부담은 도시 지역의 조세 부담에 비해 줄어들 것이다. 이건 정의로운 결과다. 도시의 토지가치는 도시 인구의 존재만이 아니라 분산된 농촌 인구의 존재 덕분에 생기기 때문이다. 주변에 농촌 인구가 없다면 도시 인구가 사는 곳이 산업과 상업, 금융의 중심이 될 수가 없다.

    농민이 토지가치세를 제외한 모든 조세를 철폐하자는 주장을 처음 접하면, 그의 눈에는 자기보다 부유한 도시 주민들에게 면세 혜택을 주고 자신에게 부당하게 과세하는 것처럼 보이겠지만, 토론과 숙고를 거치고 나면 그 반대가 진실임을 확실히 깨닫게 될 것이다. 동산 personal property에 대한 과세는 공정했던 적이 없고, 지금도 공정하지 않으며, 결코 공정할 수가 없다. 부자는 항상 가난한 사람보다 쉽게 과세를 피하고, 도시는 항상 농촌보다 쉽게 과세를 피한다. 가격 인상을 초래하는 조세〔간접세를 가리킨다〕는 대개 대도시 주민들보다 인구가 희박한 지역의 주민들에게 더 큰 부담을 준다. 토지개량분에 대한 조세는 명백히 비싼 미개량 토지의 소유자들이나 도시 토지처럼 토지가치의 비중이 높은 토지의 소유자들보다는, 토지개량분의 가치가 농장 가치의 상당 부분을 차지하는 농민에게 무겁게 부과되기 마련이다.

일하는 농민은 세제개편을 통해 엄청난 이익을 얻을 것이다. 그가 토지가치에 대한 조세를 예전보다 더 많이 납부해야 하는 경우에도, 지금 그의 가축과 토지개량분에 부과되고 있는 조세와 그에게 무거운 부담을 주고 있는 모든 간접세는 내지 않아도 된다. 미개량 토지에 무겁게 과세하면 이용할 생각 없이 토지를 보유하고 있는 사람들이 토지를 매각할 수밖에 없게 되고, 그 결과 투기적 가치가 소멸한다. 그러면 인구가 희박한 지역의 농민은 세금을 거의 내지 않거나 전혀 내지 않게 될 것이다. 그가 그보다 많은 세금을 내게 되는 경우는 자기 농장 주변에 있는 동일한 수준의 토지가 모두 개발되고 이웃에 사람들이 잘 정착해서 그에게 이익을 안겨줄 때부터다.

자기 소유의 농장을 갖고 있는 농민은 토지의 판매가치를 잃겠지만〔완전한 토지가치세를 부과하면 토지의 매매 가격은 0이 된다〕, 토지의 유용성은 예전과 마찬가지일 것이다. 아니, 토지에 투입하는 노동으로부터 더 많은 수입을 얻게 되므로 토지의 유용성은 예전보다 더 커질 것이다. 다른 토지의 판매가치도 없어지기 때문에 그런 손실을 입었다고 해서 옮기고 싶을 때 다른 농장을 구하기가 더 어려워지지는 않을 것이다. 자녀를 분가시킨다든지, 경작을 더 많이 하기 위해 토지를 더 구한다든지 하는 일은 오히려 예전보다 쉬워질 것이다. 손실은 경미하지만 이익은 클 것이다. 소농, 특히 가족 수가 불어나고 있는 소농에게는 토지가 비싼 것보다 노동이 비싼 편이 더 낫다. 모순적으로 들릴지는 모르지만, 소규모 토지 소유자들은 토지가치가 상승한다고 해서 이익을 보지는 않는다. 토지가치가 상승하면 소농은 도리어 소멸한다. 이에 대해 이야기하기 전에 먼저, 소규모 자영농이 미국 국민 중에 다수를 차지하고 있으며 앞으로도 계속 그럴 것이라는 가정에 얼마나 많은 오해가 들어 있는지부터 살펴보기로 하자.

농업은 본원적 산업이다. 그리고 미국에서 농민은 개척자다. 그리 중요하지 않은 사례기는 하지만, 귀금속을 좇는 사람들의 정주定住가 시작되는 곳에서도 농업이 뿌리를 내려야만 그 정주가 지속될 수 있다. 그러나 인구가 증가하고 산업이 계속 발달하면 농업의 상대적 중요성은 감소한다. 미국에서 비농업 인구는 꾸준히 그리고 급속하게 농업 인구를 따라잡았다. 인구조사 보고서에 따르면, 미국의 도시 인구 비율은 1790년에 3.3퍼센트였지만 1880년에는 22.5퍼센트로 상승했다.* 농업은 여전히 최대 산업이지만, 다른 산업들을 모두 합하면

● 인구조사 보고서는 너무 무성의하게 만들어졌다. 일례로 표 V에 도시 인구라는 용어가 나오는데, 그것이 무엇을 의미하는지에 대해서는 아무런 정보도 제공하지 않는다. 유일한 단서는 도시 인

농업을 능가한다. 인구조사 보고서는 만족스러운 수준이 아니지만 지금 우리가 갖고 있는 권위 있는 통계는 그것이 유일하므로 그에 의거해서 이야기하자면, 1880년에 수입收入이 있는 직업에 종사하는 사람들을 모두 합하면 1,739만 2,099명이었는데 그중에서 농업에 종사하는 사람들은 767만 493명이었다. 약간의 계산이 필요하지만, 정치적인 힘을 비교하기에 더 나은 지표인 성인 남자의 숫자를 가지고 이야기하자면, 농업에 종사하는 16세 이상 남자는 649만 1,116명이었던 반면, 다른 산업들에 종사하는 16세 이상 남자는 742만 2,639명이었다. 이 숫자는 미국에서 농업 부문의 유권자가 이미 소수가 되었음을 말해준다. 비농업 부문 유권자의 우세는 꾸준히 그리고 급속하게 더 뚜렷해지고 있다.•

미국 전체 인구 중에서 농업 인구가 이미 소수가 되어버린 것처럼, 자기 소유의 농장을 가진 사람들은 농업 인구 중에서 이미 소수가 되어버렸다. 인구조사에 의하면 1880년에 농장과 플랜테이션의 숫자는 400만 8,907개였다. 그중에서 화폐지대나 현물지대를 내는 소작농이 경작하는 것은, 한 인구조사 결과 고시告示에 102만 4,601개로 나와 있다. 그러므로 자영농이 소유한 농장은 298만 4,306개였다고 봐야 한다. 전체 농업 종사자 767만 493명 중에서 최대 298만 4,306명

구가 286개 도시에서 살고 있다는 내용이다. 이 단서를 염두에 두고 다른 표들을 검토해본 결과, 나는 그것이 인구 8,000명 이상의 도시에 사는 인구를 의미한다는 추론에 도달했다.
• 1870년과 1880년의 직종별 종사자 통계를 비교해보면, 지난 10년 동안에 서비스업 종사자 수는 51.7퍼센트, 무역업과 운송업 종사자 수는 51.9퍼센트, 그리고 제조업·기계공업·광업 종사자 수는 41.7퍼센트 증가한 반면에, 농업 종사자 수는 불과 29.5퍼센트밖에 증가하지 않았다는 것을 알 수 있다.

이 명목상 자기 농장을 소유하고서 농사짓는 자영농인 것이다. 물론 실질적인 소유자의 수는 이보다 훨씬 적을 것이다. 모기지 대출 때문이다. 미국에서 가장 보편적인 소작 형태는 화폐지대나 현물지대를 내는 소작이 아니라 모기지 대출을 받음으로써 성립하는 소작이다. 명목상 소유자가 가진 농장 가운데 어느 정도가 모기지 대출을 받았는지는 짐작만 할 수 있을 뿐이다. 그러나 모기지 대출을 받은 농장의 수가 임대 농장의 수를 크게 초과한다는 데는 의심의 여지가 없다. 모기지 대출을 받은 농장의 숫자를 임대되지 않은 농장의 절반으로 추정하더라도 그리 지나치지 않을 것이다.** 하여간 자기 농장을 실질적으로 소유하고 있는 농민들은 전체 농민 중에서 소수이며, 전체 농

** 관련 사실이 분명하게 확인될 수만 있다면, 오래된 주에서는 소규모 농장 소유권의 최소 50퍼센트가 명목상의 소유권에 불과하다는 사실이 틀림없이 드러날 것이다. 그런 농장을 소유한 농민들은 과중한 부채를 지고 있거나 과다한 모기지 대출을 받고 있어서, 이자를 꼬박꼬박 지불하기 위해 엄청난 노력을 기울이고 있다. 그래야만 가족들이 버젓한 집에 살 수 있기 때문이다. 하지만 아무리 노력해도 결과는 동일하다.
신생 주에서도 사태는 비슷하다. 유일한 차이점은 거기서는 소농민이 보통 태산과도 같은 빚을 안고 출발한다는 점이다. 그는 대금 지불을 연기하되 이자를 내는 방식으로 토지를 매입하는데, 그 대금과 이자를 완전히 상환할 때까지는 소유권을 획득할 수가 없다. 또 그는 농기구도 외상으로 구입한다. 그 대금에 대해서도 이자를 지불해야 하고 수확물을 담보로 제공해야 한다. 가축, 가축우리, 종자, 식량, 의복 등을 구입할 때도 마찬가지다. 신생 주에서 소농민은 자본가가 아닌 한, 이처럼 과중한 부채를 안고 출발하거나 아니면 아예 출발조차 할 수가 없다. 그렇게 출발하는 소농민이 어떤 결과를 맞이하는지 확인하는 데는 그리 오랜 시간이 걸리지 않는다.
이런 지역들을 여행할 때 내 눈을 사로잡은 것 중 하나는, 오로지 팔려고 내놓은 소규모 농장들을 광고할 목적으로 만든 간행물들이었다. 그것들은 수가 엄청나게 많았고 가는 곳마다 있었다. 그러니까 소농민계급 전체가 모종의 이유 때문에 모든 소유물을 가장 좋은 조건으로, 가장 빨리 팔 수 있는 시장을 확보해두고 있어야만 한다는 결론이 나오지 않을 수 없다.
우리나라의 모든 농업 지역에는 전 세계 금융 중심지의 자본을 대표하는 대부업자들이 들끓고 있다. 그들은 모두 합하면 계산이 불가능할 정도로 많은 금액을 농장에 대출해주고 있다. 그 와중에 지역 자본가, 변호사 그리고 무역업자들이 적극적인 조력자로서 맹활약을 벌이고 있다(William Godwin Moody, *Land and Labor in the United States*, New York, 1883, p. 85).

업 종사자 중에서는 더 적은 소수에 불과하다는 사실만은 확실하다.

더욱이 요즈음은 전형적인 미국 농민, 즉 자기 손으로 자기 땅을 경작하는 사람이 사라지는 경향이 뚜렷하게 드러나고 있다. 이런 움직임은 최근에 막 시작되어 지금도 계속되고 있다. 현 상황이 유지된다면 이런 추세는 앞으로 더 빨라질 수밖에 없다. 인구조사 통계에 대한 분석에서 드러나는 대규모 농장의 비약적인 증가와 소규모 농장의 감소는, 다른 많은 산업 부문에서 확산되고 있는 집중화 경향―자기고용 노동자가 사라지는 대신 공장이 출현하는 현상인데, 이는 너무도 뚜렷해서 통계로 증명할 필요가 없을 정도다―이 마침내 농업에서도 나타나기 시작했음을 보여주는 증거에 불과하다. 계속 이어지는 발명 덕분에 이미 대농은 소농에 대해 압도적인 우위를 점했고 발명은 여전히 계속되고 있다.* 대농은 작물 재배에서만 우위를 점한 것이 아니다. 수송과 마케팅, 그리고 물자조달에서도 마찬가지다. 요즘 몇몇 사람이 주장하듯이 대규모 농장을 분할해서 소규모 자영농장으로 만들자는 것은 대규모 신발공장을 없애고 그 자리에 무릎돌과 송곳으로 신발을 만드는 제화공들로 채우자는 것만큼이나 어리석은 이야기다. 대규모 농장과 철조망을 두른 대규모 목장은 현 상황의 산물이다. 대규모 농장과 목장이 신개척지에 출현한 것은 그곳에 최대의 자유가 주어져서 그것들의 발달을 촉진했기 때문이다. 그러나 미국의 오래된

• 지금까지 나온 농업 부문의 발명들 중 가장 중요한 것 하나가 얼마 전 발표되었다. 오랫동안 연구되어오던 면화채집기가 완성되었다는 것이다. 만일 이 기계가 알려진 것과 같은 기능을 발휘한다면, 면화 재배 주들의 산업은 혁명적으로 변화될 것이며, 조면기cotton-gin[면화씨를 빼는 기계]의 발명이 흑인 노예제도를 부활시키고 확산시킴으로써 공격적인 정치 파워를 만들어낸 것처럼 광범위한 사회적·정치적 영향을 미칠 것이다.

주나 영국에서도 현대 산업의 영향이 미치는 곳에서는 항상 이런 경향이 나타난다.**

이 경향은 자기 농장을 아들의 도움을 받아가며 자신의 손으로 경작하는 전형적인 미국 농민이 소멸하고 있음을 보여준다. 브룩클린의 변호사나 보스턴의 은행가가 호화 열차를 타고 북서부 지역 신개척지로 나가서 토지 몇 섹션section〔1평방마일에 해당하는 땅〕을 매입한 후, 개간·파종·수확·탈곡을 감독할 마름을 두고 농장을 경영하면 첫해 수확으로 섹션당 6,000~1만 달러의 이익을 얻을 수 있는 마당에, 마차에 아내와 아이들, 그리고 소지품 몇 가지—그들에게는 그게 전 재산이다—를 싣고 고생 끝에 도착한 전통적인 이주 농민에게 무슨 기회가 주어지겠는가? 영국인 자본가나 미국인 자본가가 수 마일에 걸쳐 가시철조망을 두르고 그 안에서 엄청난 수의 가축을 길러 시장에 내다 팔면 막대한 이익을 올릴 수 있는 마당에, 암소 몇 마리로 축산을 시작하려는 사람에게 무슨 기회가 주어지겠는가?

자본가적 농민과 농장 노동자는 지금 사라지고 있는 전형적인 미국 농민과는 다른 존재들이다. 전자는 자기 손으로 일하지 않고 다른 사람의 손을 빌린다. 그가 자신이 경작하는 토지에서 보내는 시간은 사용 가능한 시간의 일부에 불과하다. 어떤 경우에는 토지에 머무는 시간이 거의 없다. 그의 집은 대개 도시에 있다. 그는 농민인 동시에 은행가이자 투기꾼이다. 후자는 프롤레타리아이자 유목민 같은 존

** 내가 보기에, 유럽 대륙의 일부 지역에서 소규모 농장이 지속되고 있는 것은 그 지역 사람들의 관습이 영어권 사람들의 관습과 다르고, 현대 산업의 집중화 경향이 아직 강하게 나타나지 않고 있기 때문이다.

재다. 1년 중 얼마 동안은 노동자로 살고 또 얼마 동안은 방랑자로 지내면서 이 농장에서 저 농장으로, 이곳에서 저곳으로 옮겨 다닌다. 가족도 없고 집도 없어서, 가장의 책임감이나 남자다운 성격을 기르지도 못한다. 우리가 토지를 계속해서 지금처럼 취급한다면, 우리나라의 독립적 소농들 가운데 일부는 전자로 변화하고, 다수는 후자로 변화할 것이다. 그런데 이처럼 생산의 성격 변화가 독립적 소농을 소멸시키는 작용을 하지만, 그 외에도 동일한 작용을 하는 또 하나의 강력한 경향이 토지가치의 상승을 통해 나타난다는 점에 유의해야 한다.

1860년 연합군이 베이징의 이화원을 약탈하던 때, 말단 병사들이 값비싼 보석을 획득했다. 하지만 그들이 그걸 얼마나 오랫동안 갖고 있었겠는가? 브런즈윅의 공작 한 사람이 자기가 갖고 있던 다이아몬드를 가난한 사람들에게 나누어준다 한들, 그들이 그걸 얼마나 오래 갖고 있겠는가? 아일랜드의 농민들과 런던의 행상들에게는 몇 실링 안 나가는 당나귀가 있다. 만일 몇 가지 사정이 겹쳐서 당나귀가 혈통 있는 말처럼 비싸진다면, 농민과 행상이 당나귀를 모는 모습은 보기 어려워질 것이다. 닭고기가 싼 곳에서는 보통 사람들이 그걸 먹지만, 비싼 곳에서는 부자들의 식탁 위에서만 볼 수 있다. 토지도 마찬가지다. 그것은 비싸지면 생계를 위해 일하는 사람들의 손을 떠나 부자들의 손아귀로 들어가버린다.

영국에서 토지 소유권이 극단적으로 집중된 것은, 봉건적 토지 소유권이 상속 무제한 토지 소유권fee simple으로 바뀌고 교회재산이 강탈되고 공동지가 사유화되었기 때문이라기보다는 토지가치가 상승했기 때문이다. 100~200년 전만 해도 영국에는 소규모 농장들이 많았다.* 하지만 지금은 대부분 대규모 농장의 일부로 바뀌었는데 그것은 주로 매매를 통해 이뤄진 일이다. 다이아몬드, 비싼 미술품, 멋진 말이 부자들의 손아귀에 흘러들어가는 것과 마찬가지로 소규모 농장들도 그렇게 되고 말았다.

대중이 바보처럼 토지사유제를 허용하는 한, 토지는 당연히 가장 안전한 재산으로 간주된다. 그것은 불에 타지도 않고, 사고 때문에 파괴되지도 않으며, 훔쳐갈 수도 없다. 게다가 인구가 증가하고 기술이 개선되면 그 가치는 꾸준히 상승한다. 이처럼 토지는 안전한 자산의 상징이고, 그 소유자는 (토지에 대한 법적 권리를 갖지 않은 사람들이 치열한 토지 획득 경쟁을 벌이는 가운데) 마치 신神이나 영주와 같은 존재로 대우받기 때문에, 토지 소유는 사회적 관심과 숭배의 대상이 될 수밖에 없다. 토지가 다른 어떤 자산보다도 자산 소득 대비 자산 가격의 배율倍率이 더 높은 이유는 그 때문이다〔지가 대 지대의 비율이 높다는 뜻이다〕. 안전한 투자보다 그때그때의 소득을 더 중요하게 여기는 사람은 토지를 사는 것보다 빌리는 것이 싸게 먹힌다는 것을 금방 알아챈다.

실제로 영국에서 토지 가격이 상승하자 소규모 소유자들이 토지를 팔기 시작했다. 그것은 그들의 생활형편이 변했기 때문이기도 하지만, 자본을 빌리는 것보다 토지를 빌리는 것이 더 싸게 먹히는 상황이 되자 갖고 있던 토지를 계속 보유하지 않고 파는 편이 더 유리하다고 판단했기 때문이다. 영국 농민은 토지를 팔고 난 다음 다시 임차함으로써 토지 소유자에서 차지인으로 신분이 바뀌었지만 적어도 얼마 동

* 머콜리Macaulay에 의하면, 제임스 2세가 즉위한 1685년에 영국 농민들 중 다수를 점했던 것은 자기 땅에서 경작하는 사람들이었다.

안은 더 많은 토지와 더 많은 자본을 이용할 수 있게 되었다. 하지만 그 결과, 토지 소유권은 일차적 목적이 생계를 유지하는 데 있는 사람들의 손을 떠나 일차적 목적이 안전한 투자에 있는 사람들의 수중으로 흘러들어갔다.

미국에서도 토지 가격이 상승하면 이런 일이 일어날 수밖에 없다. 이미 그렇게 되고 있는 것으로 보인다. 성장하고 있는 도시의 신개발 지역에서는 중간 정도의 생활을 하는 사람들이 자가주택에 거주한다. 하지만 토지가 더 비싼 곳에서는 그런 사람들이 임대주택에 거주한다. 성장하고 있는 도시에서 개발이 시작될 때는 주택이 지어지면 먼저 내 집 마련을 하려는 사람들에게 분양된다. 이때 모기지 대출이 제공되는 경우가 많다. 그러나 시간이 지나가서 토지가 비싸지면, 그 집과 부지들은 거주자의 소유에서 지주의 소유로 바뀌고 거주는 임차인이 하게 되는 것이 일반적인 경향이다.

농촌 지역에서도 자영농장이 일하는 농민과 그 가족의 소유로 오랫동안 유지되는 곳은 토지 가격이 거의 오르지 않은 곳이다. 간선 철도회사의 경영자 한 사람이 내게 말하기를, 자신은 농민들이 대거 서부로 이주하는 것을 보고 토지문제에 관심을 갖게 되었다고 했다. 널리 탐구해보니 토지가치의 상승이 서부 이주의 원인임을 알게 되었다고 한다. 일하는 농민은 토지 가격이 상승함에 따라 자식들은 자기 농장을 갖기가 점점 더 어려워진다는 것과, 자기 땅을 팔아서 땅값을 손에 쥐면 토지 가격이 싼 곳에 가서 훨씬 더 넓은 땅을 구할 수 있다는 것을 금방 알아챈다.

모기지 대출의 유혹에 끌리거나 모기지 대출을 받아야만 하는 경우도 생긴다. 그럴 경우 모기지 대출이 야금야금 그의 자산을 잠식하여 마침내 몽땅 집어삼키거나 아니면 도중에 농민이 농장을 팔아서 대출을 갚고 남은 돈을 가지고 서부로 이주하는 것이 가장 현명한 방법이라는 결론을 내릴 수도 있다. 많은 경우 농민은 모기지 대출의 부담을 안고 다시 시작한다. 지금 진행되고 있는 정착의 실태를 살펴보면, 철도회사와 투기꾼들이 정착민들에게 매각하는 토지에는 대부분 모기지 대출을 받는다는 조건이 붙어 있음을 확인할 수 있다. 보통 그 결과가 어떻게 될지는 카운슬 블러프스Council Bluffs〔미국 아이오와 주 서남부에 있는 도시〕 역 앞에 걸린 현수막의 내용으로 쉽게 짐작할 수 있다. 거기에는 '개량 농장 수천 곳 매각! 대금 지불은 자유!'라는 문구가 적혀 있다. 어떤 사람이 모기지 대출을 끼고 농장을 샀다가 대출금을 상환하지 못하거나 빚 갚는 일에 넌더리가 나서 다른 곳으로 이주해버리면, 그가 가꾼 농장은 다른 사람에게 매각되는데 그때도 모기지 대출을 받는다는 조건이 붙는다. 일반적으로 모기지 대출을 받는 사람이 아니라 모기지 대출업자가 완전히 농장을 소유하게 되면 모든 과정이 끝난다. 사실, 모기지 대출의 부담 아래 이뤄지는 경작은 소규모 소유자에 의한 경작이 대규모 소유자와 소작농에 의한 경작으로 이행하는 가운데 나타나는 과도기적 형태다.

자기 소유의 작은 농장을 경작하는 전형적인 미국 농민의 존재는 노동이 비싸고 토지가 싼 상황의 산물이다. 이런 상황이 변해서 노동이 싸지고 토지가 비싸지면, 전형적인 미국 농민은 영국에서 그랬던 것처럼 사라질 수밖에 없다.

오래된 주에서는 아무것도 갖지 않은 사람이 자기 노동으로 농장의 소유자가 되는 것은 이미 불가능해졌다. 공유지가 사라지고 있기 때문에 앞으로 미국 전역에서도 이런 일은 불가능해질 것이다. 소규모 소유자들이 사고를 당하거나 생활형편이 바뀌어서 농장을 잃는다든지, 자본가적 농장의 대규모 경작과 경쟁할 수 없다든지 하는 상황에 빠지면 회복은 불가능하다. 그들이 할 수 있는 일이라곤 소작농과 노동자의 숫자를 늘리는 것밖에 없다. 그러니 토지사유제가 지속되는 한 토지 소유의 집중은 계속될 것이며, 또 계속될 수밖에 없다. 요컨대 토지사유제를 수호하는 것은 일하는 농민에게는 결코 이익이 되지 못한다. 이 제도를 계속 인정한다면 그 자신은 괜찮을지 모르나 자식들은 땅에 대한 모든 권리를 상실하고 자유인에서 농노로 전락하고 말 것이다.

21
도시와 농촌

코빗Cobbet은 생전에 런던을 영국이라는 예쁜 얼굴에 자라고 있는 커다란 종기에 비유한 적이 있다. 그의 비유에는 진실이 담겨 있다. 인구가 점점 더 대도시에 집중하고 있는 현상만큼 현대 사회가 건강하지 못하다는 것을 분명히 보여주는 사례는 없다. 뉴욕의 도살장에서는 매주 약 1만 2,000마리의 소가 도축되고 있으며, 수출용을 제외하더라도 매주 2,100마리의 도축 소가 시카고에서 냉동차에 실려 뉴욕으로 수송되고 있다. 소고기는 대도시에 공급되는 식량 중 하나에 불과하지만 그것이 그와 같은 방식으로 공급된다는 사실이 토양의 비옥도에 어떤 영향을 미칠지 생각해보라. 땅으로 되돌아가서 토양의 비옥도를 높여야 할 요소들이 대도시의 하수구를 통해 씻겨나가고 있다. 이와 반대되는 것처럼 보이는 약탈적 농법도 문제가 되고 있다. 이 농법은 해가 갈수록 토양의 생산성을 떨어뜨려서 증가하고 있는 인구를 부양하는 데 필요한 경지 면적을 사실상 축소시키는 결과를 낳고 있기 때문이다.

생활의 모든 영역에서 이와 비슷한 일이 일어나고 있다. 대도시의 방대한 인구는 자연에서 거의 격리되어 있다. 그들 중 대다수는 1년 내내 땅을 밟지도 못하고, 야생화를 꺾지도 못하며, 시냇물이 졸졸 흐르는 소리와 곡식이 바스락거리는 소리, 그리고 나무 사이로 남실바람이 불어올 때 들리는 나뭇잎 소리를 듣지도 못한다. 자연이 주는 상쾌함과 기쁨을 누리지 못하는 것이다. 대도시에서 자연의 소리는 거리의 소음이나 옆방 사람들과 이웃집 사람들이 떠드는 소리에 묻히고, 자연의 경관은 즐비한 고층 빌딩들에 가려진다. 해와 달이 뜨고 지며 별자리들이 장엄하게 하늘을 가로질러 움직이지만, 도시 속에 갇힌 많은 사람들은 그것들을 깊은 굴속에 있는 사람이 보는 것처럼 볼 수 있을 뿐이다. 겨울에 흰 눈이 내리지만 도로를 더러운 진창길로 만들 뿐이고, 여름에는 해가 진 뒤에도 한참 동안 수많은 벽돌과 돌들에서 정오의 열기보다 더 심한 복사열이 뿜어 나온다. 필라델피아 시 당국은 현명하게도 광장의 모든 나무에 각기 그 이름을 붙였다. 그렇게 하지 않으면 도시에서 자라는 아이들이 나무들을 구별할 수도 없고, 풀과 클로버가 다르다는 것을 알 수도 없다는 이유에서다.

이와 같은 대도시의 삶은 인간에게 자연스러운 삶이 아니다. 그런 상황에서 인간은 육체적으로, 정신적으로, 도덕적으로 나빠질 수밖에 없다. 그러나 해악은 여기서 그치지 않는다. 위의 이야기는 해악의 일면일 뿐이다. 대도시의 삶이 자연스럽지 않으면 농촌의 삶도 마찬가지로 자연스럽지 않게 된다. 종기나 암세포가 생기면 건강하던 체액들이 유독 물질로 바뀌어 몸의 다른 부분들을 피폐하게 만드는 것처럼 사람들이 대도시에 밀집하면 농촌의 삶은 빈곤해진다.

인간은 무리를 지어 사는 동물이다. 또한 인간은 빵만 가지고는 살 수가 없다. 한곳에 밀집해서 다른 사람들과 너무 가까이 살아도 고통을 받지만, 다른 사람들로부터 너무 멀리 떨어져 살아도 고통을 받는 존재다. 자연이 아무리 아름답고 장엄하다 할지라도 인간은 다른 사람들을 만나지 못하는 곳에서는 금방 싫증을 느낀다. 자연이 아무리 다양하다 할지라도 인간은 사람들 간의 교제가 없는 곳에서는 금방 지루하게 느낀다. 그런 경우에 인간의 육체는 위안을 받기 어렵고 정신력 또한 약화된다. 인간을 동물보다 고상한 존재로 만드는 모든 요인이 사람과 사람의 만남에서 오는 자극이 없어서 고통을 받는다.

고립된 농부가 무력하게 살아가는 것을 생각해보라. 일하고 잠자는 것을 단조롭게 반복하다가 그 인생이 다 지나간다. 그보다 더 심한 농부 부인의 삶을 생각해보라. 그녀에게는 오락거리나 흥분되는 일, 음식 맛을 즐기는 일도 없고, 조화로움이나 아름다움을 느끼는 일도 없다. 끝도 없이 이어지는 가사와 노동으로 한창 꽃다워야 할 나이에 지치고 주름진 얼굴이 되고 만다. 이런 삶이 초래하는 불안과 해악은 공동주택에 사람들이 북적거려서 생기는 불안과 해악보다도 더 나쁘다. 사람들이 층층이 겹쳐 살아야 할 정도로 도시가 과도하게 성장하고 사람들이 지나치게 모여들면, 농촌에서는 사람들이 지나치게 떨어져 살게 된다. 이와 같은 도시 집중 현상이 나타나는 지역의 농촌생활은 가난하고 힘들다. 농민들은 인간에게 꼭 필요한 사회적 자극과 만족을 박탈당한 채 살아갈 수밖에 없다.

예전에 촌락공동체와 공동지에서 나타났던 건강한 사회생활은 이제는 모든 곳에서 사라지고 있다. 잉글랜드, 스코틀랜드, 아일랜드에서는 도시에 인구가 집중되는 것만큼이나 농촌 지역 인구가 희박해지고 있다. 아일랜드에서 차를 타고 나가보라. 운전수가 나이든 사람이라면 그는 당신에게 이곳저곳을 가리키며 자신이 어렸을 때는 사람이 많이 사는 마을이 있었다고 이야기할 것이다. 여름날 저녁에는 아이들이 웃는 소리와 젊은이들이 스포츠를 즐기는 소리가 울려 퍼졌는데, 그 후에 마을이 완전히 황폐해져서 사람 흔적이라고는 현재 불쌍한 사람들이 살고 있는 외딴 통나무집밖에 없다는 말을 덧붙일지도 모른다.

스코틀랜드의 글래스고 같은 도시에서는 사람이 너무 밀집해서 전체 가구의 3분의 2가 단칸방에서 살고 있다. 토요일 밤에 스코틀랜드의 거리를 걸어보면, 거기서 마주치는 가난한 사람들이 티에라 델 푸에고 사람들을 부러워할 수도 있겠구나 하는 생각이 들 것이다. 스코틀랜드에는 한때 사람이 많이 살았지만 지금은 소와 새, 그리고 사슴만 사는 넓은 땅과, 한때 수천 명의 병사들이 지나다녔지만 지금은 사냥터지기 두세 명이 빌려서 관리하고 있는 계곡이 있다. 런던, 리버풀, 리즈, 맨체스터, 노팅엄 등의 도시들이 성장하는 사이에, 트위드 강[스코틀랜드 남동부를 흐르는 강] 건너편에서는 '즐거운 잉글랜드'merrie England[16세기 튜더왕조 시대, 특히 엘리자베스 여왕 치하에서 번성했던 영국을 가리키던 말] 시절의 농촌 마을들이 대부분 사라졌다. 전체 인구의 3분의 2가 도시로 모여들었다. 전해오는 말에 따르면 셰익스피어와 그의 친구들이 흥겹게 뛰놀았다는 작은 마을들은 자취를 감추었다. 메이폴

May-pole〔메이데이(노동절)에 꽃이나 리본 따위로 장식하여 세우는 기둥〕이 서 있었고 사람들이 긴 활로 화살을 쏘아 과녁을 맞히곤 했던 마을 공동지들은 경지로 전환되거나 지주의 사유지로 바뀌어버렸다. 이곳저곳에 커다란 교회—여행 열차로 회중을 실어 나르지 않는 한 채워지지 않을 만큼 큰 교회—와 그 유적들이 남아서 과거의 신앙과 떠나버린 사람들의 흔적을 보여주고 있다.

우리 미국도 상황은 비슷하다. 동일한 경향이 오래된 주의 농촌 지역에서 나타나고 있으며, 신생 주는 더하다. 평방마일 단위로 측정되는 대농장에 반#야만인 같은 카우보이들이 살고 있는데, 그들에게 사회생활이라곤 소몰이하면서 흥분을 느끼는 일 아니면 정기적으로 읍내에 가서 술 마시는 일밖에 없다. 끝없이 이어지는 곡식의 물결 속에 덩그러니 집 한 채 있어서 다 보려면 싫증이 날 정도로 넓은 농장에서 농민들은 병영과도 같은 허름한 집에 살고 있고, 오로지 마름 한 사람만 사치하는 아내를 지켜보며 기쁨을 누리고 있다.

인구의 대도시 집중이 자꾸 더 심해지고 있는 것을 보면, 분명 현대 사회는 피할 수 없는 재앙을 향해 나아가고 있다. 100년 전 뉴욕과 그 교외에 살았던 인구는 약 2만 5,000명이었지만 지금은 200만 명을 넘어섰다. 향후 100년 동안 같은 일이 계속된다면 이곳의 인구는 1억 6,000만 명에 달할 것이다. 물론 그렇게 많은 사람들이 사는 도시는 있을 수가 없다. 하지만 현재의 추세가 계속될 경우 지금 태어나는 아이들은 인구 1,000만 명 혹은 2,000만 명 수준의 대도시들을 보게 될 텐데, 그런 도시들에 대해서는 무슨 말을 해야 할까?

나는 여기서 이 문제에 대해 깊이 다루지는 않겠다. 다만, 이와 같은 인구 집중이 도시의 사회생활에 해악을 끼칠 뿐만 아니라 농촌의 사회생활을 피폐하게 만든다는 사실, 즉 도시 주민뿐만 아니라 농민에게도 해롭다는 사실에 대해서는 주의를 당부하고 싶다.

이와 같이 인구가 부자연스럽게 분포하게 된 것은 부의 부자연스러운 분배—한 사람이 수억 달러를 분배받는 반면 다른 사람들은 방랑자로 전락한다면 그건 자연스러운 부의 분배라고 할 수 없다—와 마찬가지로, 새로운 산업적 힘이 작용하는데도 사회상태가 거기에 적응하지 못해서 생긴 일이다. 토지를 사유재산으로 취급한 것이 첫 번째 원인이며, 물질적 진보가 우리에게 요구하는 사회적 기능을 무시한 것이 두 번째 원인이다. 이 원인들을 제거하면 인구 분포가 자연스러워져서 모든 사람이 숨 돌릴 틈을 얻게 되고 이웃도 만나게 되리라.

내가 제안한 방법을 통해 농민이 얻게 될 큰 이익은 바로 이것이다. 토지에 대한 공동의 권리가 회복되면, 도시에 과도하게 밀집한 인구가 분산되고 농촌의 인구 밀도는 점점 높아지게 된다. 아무도 토지가치 상승으로 이익을 얻지 못할 때, 또 아무도 자기 자식들이 자연권을 누리지 못할 것이라는 두려움을 갖지 않을 때, 이용 목적의 토지 외에 더 많은 토지를 가지려는 사람은 없으리라. 반쯤 경작되고 있는, 생산성이 형편없는 농장들이 광대한 유휴지를 사이에 두고 띄엄띄엄 떨어져 있는 상황은 끝나고, 자영농장들이 서로 잇대어 자리를 잡게 된다. 이주자들은 미사용 토지를 건너다니며 일하지 않아도 될 테고, 농민들은 반쯤 경작되고 있는 토지를 거쳐서 수천 마일 떨어진 곳으로 수확물을 보내지 않아도 될 것이다.

기계를 안 쓰게 되는 일은 없을 것이다. 즉, 대규모 경작이 경제성을 확보한 곳에서는 기계는 계속 쓰일 것이다. 단, 독점이 타파되어 임금이 상승하고 부의 분배가 개선되기 때문에 이 산업은 점점 협동조합의 성격을 띠게 된다. 농업의 약탈적 성격은 사라지고 그 대신 땅에서 더 많은 것을 얻어내고 땅으로부터 빌린 것은 되돌려주는 새로운 형태의 농업이 등장할 것이다. 사람들이 가까이 살게 되므로 다양한 종류의 경제성이 생길 것이다. 노동의 생산성은 훨씬 더 높아질 테고, 농촌생활은 지금은 도읍의 일부 특권층만 누리고 있는 편리함과 오락, 자극을 제공하게 될 것이다. 토지 독점이 타파되기 때문에 농촌생활은 촌락공동체를 무대로 했던 예전 형태로 되돌아갈 것 같다. 과거의 촌락은 경지로 둘러싸여 있었고, 공동 방목지와 삼림이 다시 그 주위를 둘러싸고 있었다. 농촌생활이 과거의 형태로 되돌아간다고 하더라도 자연에 대한 거칠고 탐욕스러운 약탈이 질서 있는 협동으로 바뀌기 때문에 일하는 농민들은 엄청난 경제성과 이익을 누리게 된다.

지금 도시의 공동주택에 살면서 질병과 죽음, 악행과 범죄를 조장하는 환경을 벗어나지 못하고 있는 대중도 정원을 갖춘 자기 집을 가질 수 있다. 일하는 농민들은 매일 고역이 아니라 건강한 오락과도 같은 두세 시간 노동을 해서 충분히 먹고살 수 있게 된다. 그의 집은 지금은 사치품 취급을 받는 각종 편의품으로 가득할 것이다. 전기와 난방이 제공되고 이웃집과 전화로 연결될 것이다. 가족들은 자유롭게 강연을 듣고 교육을 받으며 도서관과 과학시설에도 자유롭게 다닐 수 있으리라. 원할 때는 언제라도 연극, 연주회, 오페라를 관람할 수 있고, 가끔씩 국내 다른 지역이나 유럽으로 여행을 갈 수도 있을 것이다. 요컨대 1,000명 중 한 명에 해당하는 성공한 사람뿐만 아니라 보통의 통찰력과 분별력을 가진 보통 사람들도 진보하는 문명에서 인간의 삶을 향상시키기 위해 제공되는 모든 것을 누릴 수 있게 된다는 것이다.

현실을 생각하면 이런 결과는 대마초 흡연자의 머릿속에나 등장하는 한갓 꿈처럼 보일 수도 있다. 그러나 이미 사람이 가지고 있는 힘을 활용하면 쉽게 달성할 수 있는 꿈이다.

서로 앞서려고 미친 듯 경쟁을 벌이는 와중에 우리는 풍요로운 자연이 제공하는 선한 것들을 얼마나 적게 취하는지 모른다. 다음의 사실을 생각해보라. 영국과 미국의 대중에게 과일은 사치품이다. 그러나 과일의 어머니인 지구는 그렇게 인색하지 않다. 만일 우리가 하려고만 한다면 모든 도로에 과일나무를 심을 수도 있지 않은가?

22
결론

 내가 보기에 현대 사회문제의 핵심 골자는 우리가 과거 어느 시대 어떤 사람들보다 더 많은 것을 받았고, **그래서 더 많은 것을 요구받고 있**다는 사실이다. 우리는 물질적 방면에서 엄청난 진보를 달성했고 지금도 달성하고 있다. 우리는 도덕적 방면에서도 그에 상응하는 진보를 달성할 필요가 있다. 문명은 진보할수록 더 고귀한 양심, 더욱 예민한 정의감, 좀더 따뜻한 형제애, 이전보다 넓고 부드럽고 진실한 공공심을 **필요로 한다**. 이런 것들을 갖추지 못하면 문명은 멸망의 길로 들어설 수밖에 없다. 야수의 윤리로 문명을 유지하기란 불가능하다. 문명은 사람들을 점점 더 긴밀하게 연결시키며, 전체에 비해 개인을 덜 중요하게 만드는 한편 사회적 조건을 점점 더 중요하게 만드는 경향이 있기 때문이다.

 우리가 직면하고 있는 사회적·정치적 문제들은 그에 대해 한 번도 생각해보지 않은 사람들이 느끼는 것보다 더 심각하다. 그러나 해결책은 의외로 단순하다. 사회적인 힘을 적절히 조정하면 된다. 인간은 자연의 법칙을 연구함으로써 자연을 다스릴 수 있다. 매우 위험해 보이는 상황 속에서 무서운 힘이 작용함에도 이미 인간은 수많은 물자로 가득한 창고와 매우 강력한 조력자〔기계를 의미한다〕를 만들어냈다. 자연과 물질세계에 관한 지식이 이제 막 체계화되기 시작했지만, 인간이 자연법칙에 따르기만 하면 자연은 결코 인간의 요구를 거절하는 법이 없다는 것은 분명하다.

또한 인간은 다양한 능력—수단을 목적에 맞게 활용할 수 있는 능력, 예전에는 아무도 다닐 수 없었던 대양을 도로처럼 오갈 수 있는 능력, 제비보다 빠른 속도로 이동할 수 있는 능력, 생각을 즉시 다른 지역까지 전달할 수 있는 능력, 암석을 온기, 빛, 힘, 그리고 수천 가지 용도로 쓰이는 물질로 전환할 수 있는 능력, 별을 탐구하고 태양을 분석할 수 있는 능력, 적도 부근에서 얼음을 만들고 겨울에 추운 북쪽 지역에서 꽃을 피울 수 있는 능력 등—을 갖고 있기 때문에, 그것들을 활용하려고만 한다면 얼마든지 사회적 어려움을 극복하고 사회적 위험을 피할 수 있다.

법칙이 작용하는 영역은 자연과 물질세계만이 아니다. 정신적·도덕적 세계는 물론이고 사회의 성장과 사회생활에도 물질과 운동의 법칙만큼이나 확실한 법칙이 작용하고 있다. 사회생활을 건강하고 행복하게 만들려면 이 법칙들을 발견해서 우리의 목적을 거기에 맞춰야만 한다.

나는 이 책을 읽는 사람에게 내 견해를 받아들이라고 요구하고 싶지 않다. 대신 나는 그에게 스스로 생각하라고 부탁하고 싶다.

편견과 자기 이익에 대한 집착을 내려놓고 분명히 드러난 사회악의 원인과 치유방법에 대해 정직하고도 조심스럽게 고찰한다면, 누구라도 온 힘을 다해 사회악 근절에 나서게 될 것이다. 이는 우리 개개인이 시민으로서, 인간으로서 감당해야 할 근본적인 의무다. 그 밖에 다른 일도 할 수 있겠지만, 제일 먼저 해야 할 일은 바로 이것이다. "눈 먼 사람이 눈 먼 사람을 인도하면, 둘 다 구덩이에 빠질 것"〔마태복음 15장 14절. 가장 중요한 일을 먼저 하지 않으면 다른 일도 잘될 수 없다는 뜻으로 인용한 듯하다〕이기 때문이다.

사회개혁은 고함과 아우성으로, 불평과 비난으로 달성되는 것이 아니다. 정당을 결성하고 혁명을 도모한다고 해서 되는 것도 아니다. 그것은 생각의 각성과 사상의 진보를 통해 달성된다. 올바른 생각이 없으면 올바른 행동이 나올 수 없고, 올바른 생각이 있으면 반드시 올바른 행동이 나온다. 힘은 항상 대중의 손에 있다. 대중을 억압하는 것은 그 자신의 무지와 근시안적 이기심이다.

사회상태를 개선하고자 하는 모든 사람, 모든 조직이 해야 할 가장 중요한 일은 교육, 즉 사상을 전파하는 일이다. 교육의 도움이 없이는 다른 어떤 일도 소용이 없다. 생각할 수 있는 사람이라면 누구나 이 일에 이바지할 수 있다. 방법은 간단하다. 처음에는 자신의 생각을 분명하게 하고, 그다음에는 만나는 사람들의 생각을 각성시키기 위해 노력하는 것이다.

많은 사람들이 고된 일과 생존 경쟁에 너무 눌려서 스스로 생각할 줄 모른다. 짐승처럼 되어버린 것이다. 그 결과, 사회개혁의 임무는 생각할 수 있는 사람들의 몫으로 남고 그들의 영향력은 커진다. 만일 생각하는 사람들이 극소수라면 그들의 영향력은 더욱더 커진다. 누구도 자신이 영향력이 없다고 생각해서는 안 된다. 생각하는 사람은 그가 누구든 어떤 처지에 있든 빛이 되고 힘이 될 수 있다. 사람이 무슨 무익한 말을 하든지 심판 날에 이에 대해 심문을 받을 것이라는 말〔마태복음 12장 36절〕은 바로 이해하기가 어려운 말씀이다. 하지만 모든 운동은 작용과 반작용을 계속한다고 가르치는 '힘의 지속에 관한 이론'이 물질세계뿐만 아니라 정신세계에도 적용될 수 있다는 것은 너무나도 명백하지 않은가? 누구든 고상한 사상을 갖게 되면, 횃불을 붙이는 불꽃을 피울 수 있고 숫자가 많든 적든 만나는 사람들에게 영향을 끼칠 수 있다. 그 영향이 어디까지 이어질지 그는 알 수 없을 테지만 포도원 주인the Lord of the Vineyard〔하나님을 가리킨다〕은 알 것이다.

이 책 앞부분에서 내가 말했듯이, 문명이 진보할수록 우리는 공적인 일에 더 많은 주의를 기울이고 지성을 발휘할 필요가 있다. 그래서 나는 여성들이 공적인 사안에 대해 목소리를 내지 못하게 막는 것은 큰 실수이며, 여성들에게 참정권을 부여하는 것만큼 사회문제 해결에 필요한 주의와 지성과 헌신을 증가시키기에 좋은 방법은 없다고 확신한다. 사회가 미숙한 단계에 있을 때는 남성의 지성만으로도 공동의 이해관계를 충분히 관리할 수 있다지만, 문명이 진보함에 따라 공적인 성격을 띠게 되는 훨씬 더 복잡하고 미묘하고 중대한 문제들을 관리하려면 남성만이 아니라 여성의 지성도 필요하다. 그런데 여성의 지성을 활용하려면 그들을 공적인 일에 참여시키지 않으면 안 된다. 나는 엄청나게 중요한 공적 사안에 대해 사람들이 보이는 무관심, 경솔함, 양심 불량은 상당 부분 여성들이 그 문제들에 관여하지 못하도록 막기 때문에 생긴다는 것을 알게 되었다. 여성들을 참여시키기 전까지는 남성들을 충분히 참여시키기란 불가능하다. 여성이 남성보다 덜 똑똑하다고 말하는 사람들이 있다. 하지만 누가 여성의 영향력이 남성보다 작다고 말할 수 있겠는가?

이미 이야기했듯이, 위대한 사회적 개선을 달성하기 위해서는 이기심이 아니라 동정심에, 자기 발전의 욕구가 아니라 의무감에 호소해야 한다고 나는 확신한다. 시기심은 부러워하는 마음과 유사한데, 귀족정치를 유지시킨 것은 바로 부자와 권력자들이 자아낸 부러워하는 마음이다. 대중을 소수의 특권층을 위해 장작을 패고 물을 긷는 존재로 만드는 사회적 불의는 10페니를 가진 잭Jack이 9페니를 가진 조Joe를 경멸하는 곳에서 가장 강력한 보루를 확보하게 된다. 새 부츠 한 켤레를 받아들고는 대중의 모든 불만이 해소되었다고 결론내린 피렌체의 한 사회운동가 이야기를 들은 적이 있다. 우리는 노동운동과 노동조합의 투쟁에서도 이런 유의 이야기를 얼마나 자주 듣는지 모른다. 이것은 이기심에만 호소하는 모든 운동이 가진 약점이다.

인간이 타인의 행복을 추구하지 않고서는 행복해질 수 없는 존재로 만들어진 것처럼, 개인이나 각 계급은 타인이나 다른 계급의 권리를 위해 투쟁하지 않고서는 자신의 정당한 권리를 누릴 수 없다는 것이 사물의 이치인 것 같다. 예를 들어 말해보자. 노동자들이 노동조합을 결성하더라도 고용주와 더 나은 조건으로 협상할 수 있는 힘은 개인의 이익보다 전체의 공동이익을 우선시할 때 생긴다. 그런데 노동조합의 결속력이 일자리를 얻으려는 비조합원들의 경쟁 압력에 부닥

쳐서 약화될 경우, 이 힘도 별 효력을 발휘하지 못한다. 노동자들이 아무리 결속하더라도 자신들의 임금을 통상적인 임금보다 훨씬 높은 수준으로 끌어올릴 수는 없다. 그렇게 하려고 시도하는 것은 마치 배에 난 구멍을 메우지 않은 채 배 안의 물을 퍼내려고 하는 것과 마찬가지다. 그렇기 때문에 노동자들이 자신들을 위해 뭔가 실질적이고 오래 지속될 성과를 달성하고자 한다면, 각 직종의 노동자들은 모든 직종 노동자들의 공동이익을 도모하기 위해 노력해야 하며 숙련 노동자들은 비숙련 노동자들의 상태를 개선하는 일에 온 힘을 다해야 한다.

노동자에게 투표권을 부여하고 사회정의를 실현하려고 할 때 가장 먼저 배려해야 할 사람들, 투쟁을 통해 도와줘야만 할 사람들이 있다. 스스로를 돕고 스스로를 위해 투쟁할 힘이 가장 약한 사람들, 재산도 숙련도 지성도 전혀 갖지 못한 사람들, 사회의 계급구조에서 제일 밑바닥에 있는 사람들이 그들이다. 이들에게 평등한 권리를 보장할 때 비로소 모든 사람에게 평등한 권리를 보장할 수 있다.

마치니가 말한 것처럼 사람들은 인권을 쟁취하려고 할 때 이기심의 깃발이 꽂혀 있는 곳이 아니라 의무감의 깃발이 꽂혀 있는 곳으로 모여든다. 우리는 이 사실에서 이웃을 자기 몸처럼 사랑하라고 명하실 때 하나님이 품고 있었던 깊은 뜻을 발견한다. 사회문제를 해결하고 문명을 전진시킬 힘은 바로 그와 같은 정신에서 나온다.

옮긴이의 말

내가 헨리 조지를 안 지도 어언 20년이 다 되어간다. 그동안 헨리 조지의 관점에서 글도 많이 썼고, 토지정의운동에도 참여했다. 근무하는 대학에서 수년간 헨리 조지의 『진보와 빈곤』으로 강의도 했다. 그러다 보니 그의 이론에 대한 지식이 늘고 이해가 깊어졌다. 나는 자연스럽게 조지스트로 불렸고, 지금까지 그게 당연한 듯 살아왔다.

그러다가 이 책 『사회문제의 경제학』을 번역하게 되었다. 이미 헨리 조지의 책 가운데 『진보와 빈곤』(비봉출판사, 1997), 『정치경제학』(축약본) *The Science of Political Economy* (아름다운 땅, 2010), 『노동 빈곤과 토지 정의』 *The Condition of Labor* (경북대학교 출판부, 2012)가 경북대 김윤상 교수의 번역으로 나와 있었다. 번역을 시작할 때는 한 서너 달 정도 고생하면 탈고할 수 있을 줄 알았으나 무려 1년이 걸렸다. 중간에 한 대선후보의 캠프에 참여하는 바람에 몇 달간 번역을 중단하기는 했지만 그래도 예상보다 훨씬 시간이 많이 걸린 셈이다. 이런저런 일이 끼어든 탓에 번역에만 전념할 수 없었기 때문이기도 하고, 인문학적 글쓰기의 전범典範이라 할 만한 헨리 조지의 화려하면서도 난해한 문장들에 발목을 잡힌 시간이 많았기 때문이기도 하다.

하지만 번역을 마무리한 지금, 나는 헨리 조지의 문장들과 씨름했다는 생각보다는 그와 긴 데이트를 했다는 느낌으로 충만하다. 이 책을 번역하기 전까지 나는 이성理性으로 그의 사상에 동조하는 정도에 머물렀던 것 같다. 하지만 번역을 마친 지금 나는 그를 마음속 깊은 곳에서부터 존경하고 사랑한다. 왜 그리 바뀌었는가 하면, 이 책을 번역하는 과정에서 그가 얼마나 약자들의 빈곤에 대해 가슴 아파했으며 독점가들과 지주들의 불의한 행동에 분노했는지, 그리고 문제를 해결하기 위해 얼마나 고심했는지 분명히 확인할 수 있었기 때문이다. 헨리 조지, 그는 그냥 뛰어난 한 명의 경제학자가 아니었다. 헨리 조지의 열렬한 지지자였던 맥글린Edward McGlynn 신부가 말한 대로 그는 정녕 세례 요한처럼 "하나님께로부터 보내심을 받은 사람"이었다.

이 책은 헨리 조지가 『프랭크 레슬리의 삽화 신문』*Frank Leslie's Illustrated Newspaper*이라는 잡지에 연재했던 13편의 글(논문이라 해도 무방하다)에다 아홉 개 장을 새로 집필하여 묶은 것이다. 그가 『진보와 빈곤』으로 세계적인 명성을 얻은 후인 1883년에 발간되었다. 많은 사람들이 헨리 조지 하면 『진보와 빈곤』을 떠올리고 좀더 관심이 있는 사람들은 『정치경제학』도 기억하지만, 사실 헨리 조지 사상의 전모가 드러나 있는 작품은 바로 이 책이다. 그래서였던지 세계적인 대문호 톨스토이로 하여금 인생 후반기 25년을 열렬한 조지스트로 살게 만든

책도 『진보와 빈곤』이라기보다는 이 책이었다고 한다. 톨스토이가 이 책의 러시아어 번역판 서문에서 "헨리 조지가 쓴 뛰어난 책, 연설문, 그리고 기사 중에서 이 책은 의심의 여지가 없는 최고의 작품이다. 이 책에서 드러나는 간결함, 명료함, 논리적 엄밀성, 논박하기 어려운 논증방식, 문체의 아름다움, 진리와 선과 사람에 대한 진실하고도 깊은 사랑이 그것을 입증한다"라고 했던 것은 결코 빈말이 아니었다.

내가 느낀 이 책의 장점을 이야기해보자면 다음과 같다.

첫째, 이 책은 비교적 내용이 쉽고 다루는 주제의 범위가 넓다. 이 책 7장에 『진보와 빈곤』을 읽다가 이해에 어려움을 겪고 있던 제빵사 이야기를 쓴 것을 보면, 헨리 조지는 『진보와 빈곤』이 엄청난 성공을 거두었음에도 일반 대중이 읽기에는 어렵다는 문제가 있다고 판단했던 것 같다. 그래서 그는 이 책을 쓸 때는 경제학 훈련을 받지 않은 사람도 읽을 수 있도록 평이하게 쓴 것이 아닌가 짐작된다. 게다가 이 책은 『진보와 빈곤』에 비해 다루는 주제의 범위가 넓다. 『진보와 빈곤』이 진보 속의 빈곤을 해명하고 극복하기 위해 주로 분배이론과 세제개혁에 집중하고 있다면, 이 책은 사회발전의 법칙, 정치의 부패, 독점의 발달, 실업과 과잉생산, 기술혁신, 재정 운용의 오류, 정부의 역할, 농촌문제, 문제해결 방안 등 실로 광범위한 주제들을 다루고 있다. 다루는 주제의 범위가 넓어지면 논의가 산만해지고 옅어지기 쉬운데 이 책은 전혀 그렇지가 않다. 기본 관점은 흔들림 없이 유지되고 있고 논의의 수준은 오히려 깊어지고 있다.

둘째, 이 책은 사람이 있고 삶이 있는 경제학 서술의 모본模本이라 할 만하다. 헨리 조지는 자연에도 법칙이 있는 것처럼 사회에도 법칙이 있다는 것을 굳게 믿었던 사람이다. 대개 법칙을 강조하는 학자들은 사람들의 구체적인 삶을 무시하는 경향이 있다. 특히나 오늘날의 경제학은 정밀성을 추구한다는 명분으로 온갖 수학적·통계학적 기법을 활용하면서 기계론적 인과관계만 따질 뿐이라서 거기서 사람들의 구체적인 삶의 흔적이라도 발견하기는 쉽지 않다. 하지만 이 책에서는 '이론 따로, 경제 현실 따로'라는 느낌이 전혀 나지 않는다. 마치 오늘날의 경제학과 사회과학을 비웃기라도 하듯이, 헨리 조지는 이 책에서 사회법칙과 경제이론을 구체적인 삶의 현실을 통해 설명하고 있다. 요즘 사회과학에서 인문학적 글쓰기의 중요성이 강조되고 있는데, 이 책은 그 대표적 모델로 꼽히기에 손색이 없다.

셋째, 이 책은 130년 전에 쓰였는데도, 그 내용은 현대 사회에 여전히 적실성을 지니고 있다. 오래전에 쓰였다는 사실을 모르고 볼 경우, 마치 오늘날의 사회문제들을 묘사하는 듯한 착각을 불러일으킬 정도다. 스스로의 노력이 아니라 독점과 강탈이 재산 형성의 주요 수단이라는 이야기, 실업은 일자리가 없어서 생기는 것이 아니라 많은 사람들이 토지를 비롯한 자연자원에 접근할 권리를 인정받지 못해서 생긴다는 이야기, 불로소득을 통해 부를 축적한 사람들이 의회와 사법부, 그리고 정부를 부패시키는 이야기, 공공부채와 간접세가 정부의 낭비적 지출과 파괴적 전쟁의 원인으로 작용한다는 이야기, 도시에 인구가 집중해서 문제가 생기면 농촌 사람들의 삶도 왜곡되고 피폐해진다는 이야기 등 현대 세계 곳곳에서 일어나고 있는 일들이 이미 이 책에서 생생하게 묘사, 설명되고 있다. 시간이 지나도 적실성이 떨어지지 않는 책을 우리는 고전으로 분류한다. 그 점에서 이 책은 우리가 기억하고 아끼기에 부족함이 없는 고전의 반열에 올라야 한다고 나는 믿는다.

  넷째, 이 책에서는 헨리 조지 본인의 사회사상이 완성된 형태로 표현되고 있다. 사실 『진보와 빈곤』은 하나의 뚜렷한 목표를 제시하고 그것을 이루기 위해 수행한 프로젝트의 결과물 같다는 느낌을 준다. 그래서 많은 중요한 내용들이 다루어지지 못하거나 가볍게 다루어졌다. 헨리 조지는 그 점을 잘 알고 있었던 것으로 보인다. 그래서 이 책에서 그는 자신의 사회사상을 명확하게 밝히면서 여러 가지 중요한 사회문제들을 테이블 위에 올려놓고 그것들을 유기적으로 연결시킨다. 인간의 자연권, 빈곤, 재산 형성, 일자리, 정부의 성격, 도농 격차 등에 관한 설명이 모두 서로 연결되고 있고, 그 설명의 결론 위에서 근본적인 해법이 도출되고 있다. 그러므로 헨리 조지 사상을 전체적으로 이해하려면 반드시 『진보와 빈곤』과 이 책을 함께 읽어야 한다. 거기다가 그의 종교관이 명확히 드러난 『노동 빈곤과 토지 정의』를 추가하면 금상첨화일 것이다. 나는 이 책과 『진보와 빈곤』, 『노동 빈곤과 토지 정의』 세 권을 헨리 조지의 명저 트리오라고 부르고 싶다.

  이 책을 번역하면서 많은 분들의 도움을 받았다. 쥬빌리교회 식구들은 내가 지치지 않고 작업을 해나갈 수 있도록 꾸준히 기도해주셨다. 내 가족들은 내가 2012년에 출간한 『토지의 경제학』(돌베개) 집필에 이어 또다시 1년 동안이나 번역에 몰두하면서 자기들을 위해 시간을 내지 못하는데도 불평은커녕 한없는 사랑으로 격려하고 성원해주었다. 큰딸 채경과 사위 범섭은 까다로운 문장 때문에 번역이 막힐 때마다 명쾌한 의견을 제시해 내가 난관을 극복할 수 있도록 도와주었다. 나는 어려운 문장을 내 페이스북에 올리기도 했는데 그때마다 많은 페이스북 친구들이 귀한 의견을 내주셨다. 그들과 대화를 나누면 전혀 의미가 파악되지 않던 문장들이 마침내 해석이 되는 신기한 경험을 여러 차례 했다. 돌베개 출판사는 『토지의 경제학』에 이어 이 책의 출판도 선뜻 맡아주셨다. 특히 소은주 팀장님은 내 번역의 어색한 부분을 꼼꼼히 지적하며 책의 내용을 개선하는 데 도움을 주셨다. 이 모든 분에게 깊이 감사드린다.

히브리어로 '안다'는 말은 부부가 서로를 알듯이 안다는 의미로 쓰일 때가 있다고 한다. 나는 이 책을 번역하면서 오랫동안 머리로만 알았던 헨리 조지를 그렇게 알게 된 것 같다. 그래서 나는 한 유명 가수가 텔레비전 방송에 나와서 했던 말—"살아서 노래 부를 수 있어서 얼마나 감사한지 모릅니다"—을 본떠서 이렇게 말하지 않을 수 없다. "살아서 『사회문제의 경제학』을 번역할 수 있어서 얼마나 감사한지 모릅니다."

2013년 8월
전강수